21. März 1685

Einer der tollsten Komponisten
aller Zeiten erblickt das Licht der Welt.

Die Zeichnungen & Aquarelle von Johann Sebastian Bach sowie von Vitus und Balthasar sind von Petra-Ines Kaune gemalt.

Die Deutsche Bibliothek – Bibliografische Informationen: Die Deutsche Bibliothek verzeichnet diese Publikation in der Deutschen Nationalbibliografie; detaillierte bibliografische Daten sind im Internet unter http://dnb.ddb.de abrufbar.

Für die liebenswürdige Hilfe danken wir besonders Martin Schlu. Ebenfalls herzlichen Dank an Petra-Ines Kaune über die Herstellung der Illustrationen hinaus. Danke auch an Dr. Jörg Hansen, Direktor des Bachhauses Eisenach und André Nestler für die Erlaubnis der Nutzung des Fotos „Bachbüste“ sowie Dr. Hansen für die Genehmigung der Nutzung des Bachportraits von 1830 (... der Rahmen hierzu ist eine Fotomontage des Verlags). Dem Künstler Wolfgang Rösler, Flein danken wir für die Genehmigung der Nutzung seiner Orgelzeichnung. Der Verwaltung der Thomaskirche Leipzig danken wir, dass wir das Grab Bachs fotografieren und publizieren durften. Danke an den Künstler Cao Phong Phan, Vietnam für die traumhaften Ölgemälde und an den Künstler Roberto Grimaldi, Mexiko für die Gestaltung des Bach-Siegels.

Diese Biografie für Kinder ist Teil des internationalen Bach-Projekts „Bach über Bach“, das sich die crossmediale Verbreitung des Werkes und Lebens von Johann Sebastian Bach und des Wissens um die Musikerfamilie Bach zum Ziel gesetzt hat.

Diese Biografie gibt es auch als E-Book und als Hörbuch in drei Varianten: zunächst als reiner Text, zweitens unterbrochen von 18 Musikstücken zu je drei Minuten Länge. Drittens mit 66 Musiksequenzen. Mehr hierzu auf „www.Bach4You.de“.

ISBN: 978-3-945760-00-0
Originalausgabe

Bildstraße 25
74223 Flein, Deutschland
Telefon: 0 71 31 - 57 67 61
Mail: info@bach4you.de
Homepage: www.bach4you.de



Autor: Peter Bach jr.
Zeichnungen & Aquarelle: Petra-Ines Kaune
Fotos (außer Versailles): Peter Bach jr.
Weitere Illustrationen: Fotolia.com (siehe Anhang)
Layout & Design: Renate Bach
Verlag: Renate Bach Verlag, Bach 4 You

startnext
Von der Crowd finanziert
über www.startnext.de

1. Auflage 2015
Printed in Germany

Wir bedanken uns herzlich für die Unterstützung zum Entstehen dieses Buches: www.roeslerdruck.de

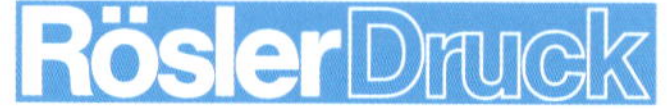

Peter Bach jr.
Petra-Ines Kaune

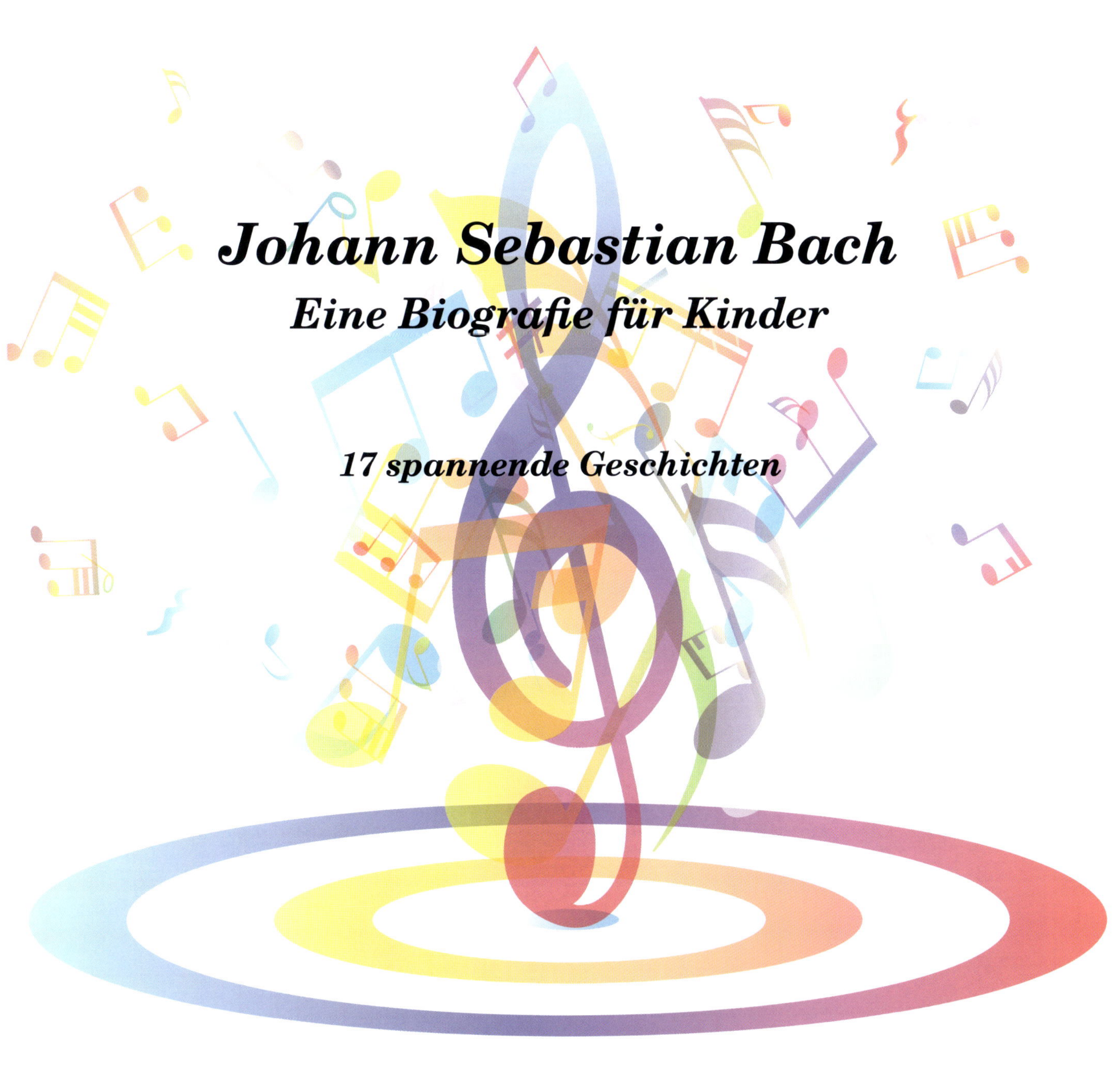

# *Johann Sebastian Bach*

## *Eine Biografie für Kinder*

***17 spannende Geschichten***

## *Das Leben von Johann Sebastian*

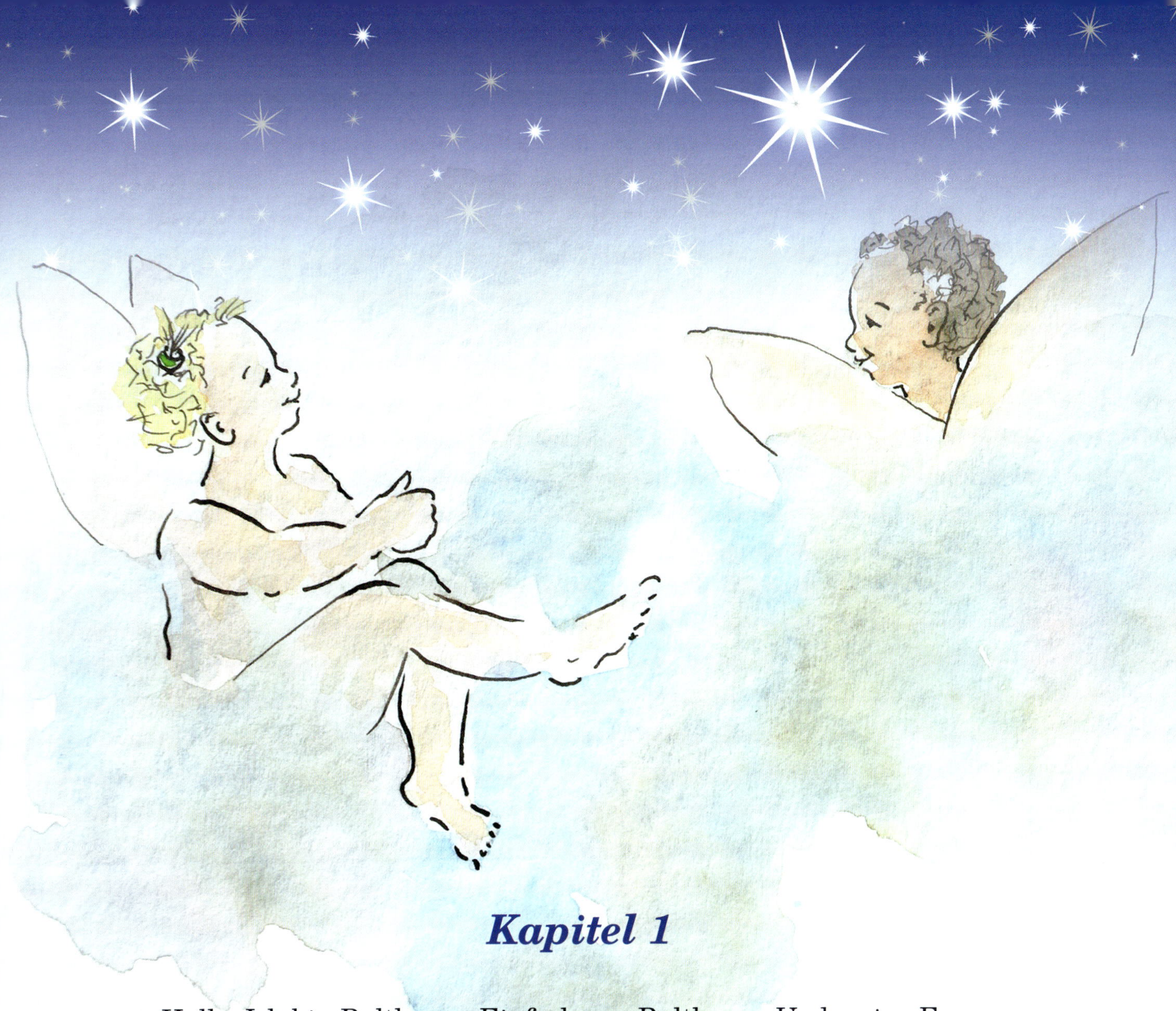

## *Kapitel 1*

„Hallo. Ich bin Balthasar. Einfach nur Balthasar. Und meine Freunde nennen mich Balti. Ich bin ein kleiner Barockengel. Von uns gibt es viele. Wir haben alle ganz unterschiedliche Aufgaben. *Ich* wollte einmal Schutzengel werden. Aber das ist eine sehr, *sehr* anstrengende Aufgabe für einen kleinen Barockengel. Und nun bin ich eben ein kleiner Engel, der *ganz* viele Geschichten weiß. Und sie auch richtig gut erzählen kann. Ich hätte auch ein kleiner Barockengel werden können, der gerne Musik macht. Aber ich fand, Geschichten zu erzählen, ist spannender. Vitus ist auch ein kleiner Barockengel. Vitus ist mein allerbester Freund."

So stellte sich der kleine Barockengel Balthasar immer vor, wenn er sein Publikum begrüßte, denn eigentlich erzählte er seine Geschichten immer *vielen* gespannten Zuhörern: also Engeln, die bis jetzt noch nicht wussten, wie viel Spaß Zuhören macht. Und Kindern. Und manchmal, ja, manchmal auch Erwachsenen, die so erwachsen waren, dass solche Geschichten eigentlich, ja, eigentlich *nicht* für sie gedacht waren. „Hallo", sagte Vitus auf seiner kleinen, weißen Nachbarwolke. „Ich mache gerne Musik. Ich kann *nicht* so gut Geschichten erzählen. Los, Balti, erzähl' die Geschichte vom Zipfelfagotist", plapperte Vitus einfach dazwischen. „Es heißt *Zippelfagottist* - statt dem ‚f' ein zweites ‚p'. Und zwei ‚t' später." „Woher weißt du, dass ich es mit *einem* ‚t' geschrieben hätte?", entgegnete Vitus. „Ich kenne dich gut – und die Geschichte mit dem *Zippelfagottist* erzähle ich später. Erst *viel* später. Wie gut, Vitus, dass *du* dich um *die Musik* kümmerst. *Du* würdest Geschichten in der Mitte beginnen. Ohne vorher zu sagen, um *was* es geht und um *wen* es sich handelt." „Das stimmt", entgegnete Vitus kleinlaut. Und er wurde auch ein klein wenig rot.

„Soll ich denn Musik machen, während du erzählst, Baltilinium?" „Nenn' mich doch nicht Baltilinium, ich finde das doof. Ich heiße Balthasar. Oder, wenn du möchtest, Balti. Ich sage ja auch nicht Vitutissimo zu dir oder Vitusselino." „Kannst du *dann* wenigstens erzählen, was ein Barockengel ist? Was ist denn Barock überhaupt? Hat man da einen Rock an?" Balthasar musste nachdenken. Alles fiel auch ihm nicht *immer* sofort ein. Und wenn es ihm doch sofort einfiel, dann wusste er natürlich nicht gleich, wie er es perfekt erzählen sollte. Und auch so, dass es sein allerbester Freund Vitus ebenfalls verstand. „Barock war …", überlegte er, aber er hatte schon angefangen zu sprechen. So stockte er ein wenig. „Also, Barock nannten die Menschen eine Zeit, in der alles so ein bisschen schnörkeliger war." „Schnörkeliger, aha", sagte Vitus und dann, „schnörkeliger? Was meinst du, Balti?" „Na, alles war irgendwie verspielter. Das fanden viele damals gut. Am besten kann man es bei Gebäuden heute noch sehen und auch bei Gemälden. Ja, bei Gemälden ganz besonders! Und auch bei Bilderrahmen und bei Stühlen. Das ist übrigens die Zeit, in der wir kleinen Engelchen besonders in Kirchen, aber auch in Schlössern und in Palästen zu sehen sind. Auf Bildern, aber auch in Stein: Sandstein, Marmor und – ja und noch ein Stein fällt mir gerade nicht ein. Und diese Schnörkel gab es auch in der Musik. Man kann nämlich solche Schnörkel auch in die Musik einbauen." „Wie geht *das* denn?", fragte Vitus erstaunt. „Weiß auch nicht. Ich hab's gelesen. Aber Johann Sebastian Bach – *der* hat es wohl ganz *besonders* gut gekonnt."

„Jo - hann Se - bas - ti - an und Bach", sagte Vitus gedehnt. „Das habe ich schon einmal gehört. Ich glaube, das stand in meinem Musikbuch. Ich glaube, von dem ist ein Lied – nein zwei – die ich schon einmal auf meiner Geige geübt habe." Vitus war ganz aufgeregt. „Und der macht also Barock!" „Nein, nein", sagte Balthasar, „Johann Sebastian Bach *lebte* in dieser Zeit, die man Barock nannte. Er hat nicht *Barock gemacht*. Er hat Musik gemacht." Vitus unterbrach Balthasar schon wieder: „Also, du meinst, er hat Musik gespielt. Zum Beispiel mit einer Geige oder auf dem Klavier." „Nein", sagte Balthasar, „ich meine, dieser Johann Sebastian hat Musik

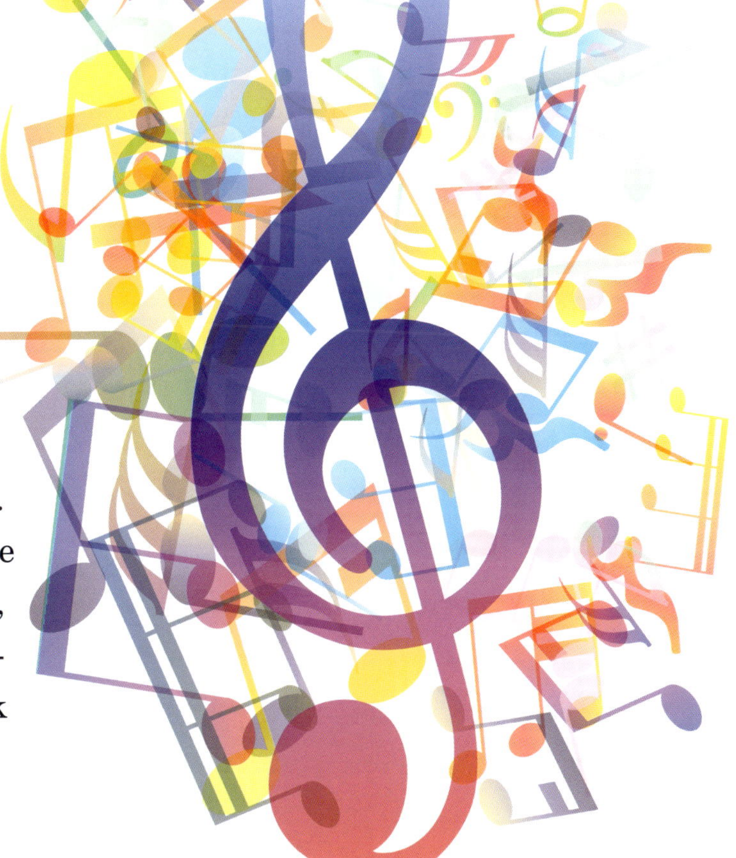

*gemacht*. Erfunden sozusagen. Aber genau *das* ist ja die Geschichte. Die Geschichte, die ich dir jetzt erzählen will."

Vitus war gespannt darauf, *wie* und vor allem, *wann* es denn nun anfing mit dem Barock und diesem *Musikerfinder*. „Wo wohnt denn dieser Johann Sebastian Bach?" Vitus hatte sich begeistert und wollte nicht nur *mehr* wissen, er wollte es *gleich* wissen. „Bach lebt heute nicht mehr", sagte Balthasar. „Das ist aber traurig, dann schreibt er wohl auch keine Musik mehr?!" „Nein, kann er ja nicht, aber er hat so viel davon geschrieben, dass sich immer mehr und mehr Menschen diese Musik anhören. Aber nun frag' mir mal keine Löcher in den Bauch. Sonst kann ich nie mit dem Anfang dieser tollen Geschichte beginnen. Machs dir also gemütlich, kuschele dir deine kleine Wolke zurecht und spitz' die Ohren. Menschen wie diesen Johann Sebastian Bach gibt es nicht sehr viele. Und es gibt sie nicht sehr oft. Eigentlich sogar nur ganz, ganz, ganz selten. *Fast* nie." Fast nie, das war selten genug für Vitus. *Nie* kannte er, *fast* auch. „Dann", so brach er hervor, „war dieser Bach etwas Besonderes? Etwas ganz Besonderes auf der Welt?" Und obwohl kleine Barockengel über viel, *wirklich* viel, viel Zeit verfügen, schüttelte Balthasar den Kopf, weil ihn Vitus schon wieder unterbrochen hatte. Er ließ die Flügel ein klein wenig hängen, schmunzelte dann aber doch und klopfte sich nun *seine* Wolke zurecht. Sodass jetzt auch *seine* Wolke bequem und kuschelig war. „Willst du nun die Geschichte hören? Die von Johann Sebastian Bach? Und zwar ganz von vorne? Oder willst du mich weiter fragen und ich erzähle dir schon alles vorweg? Und die ganze Geschichte ist dann kaputt, weil du ja dann alles schon irgendwie weißt?" Vitus kicherte, strahlte gleich danach über das ganze kleine Engelsgesicht und sagte feierlich: „Balthasar, mein bester Freund, bitte, beginne mit deiner Geschichte und ich gelobe, dich nicht zu unterbrechen. Also dich *kaum* zu unterbrechen. Ach, was sag' ich, wahrscheinlich habe ich schon nach dem ersten Satz eine Frage – aber wir können es ja 'mal probieren. Ich gebe mir Mühe. Versprochen."

## Kapitel 2

Balthasar und Vitus hatten es sich – jeder auf seiner eigenen, kleinen, weißen Wolke – richtig gemütlich gemacht. Vitus schaute seinen Freund erwartungsvoll an. „Ach, *noch* etwas", sagte Vitus, als Balthasar tief Luft holte, um zu beginnen. „Was denn?" Balthasar rollte die Augen nach hinten. „Wenn ich etwas nicht verstehe – kann ich dich denn *dann* unterbrechen? Denn sonst verstehe ich ja die *ganze* Geschichte nicht." „Klar kannst du dann fragen, sonst verstehst Du ja die ganze Geschichte nicht", papageite Balthasar und holte wieder Luft. Und da war sie schon, die erste Frage. Wie in der Schule, im Klassenzimmer, hob Vitus in diesem Fall deutlich sichtbar die Hand, *bevor* er fragte. Er wartete deshalb aber keineswegs ab, als er munter losplapperte. „Wenn *das* ...", begann er, „wenn *das* eine Geschichte ist, ist es denn auch ein bisschen wahr? Oder ist es *das Märchen* von Johann Sebastian Bach?" Balthasar lachte mit einem typischen Barockengel-Lachen, auch ein wenig verschmitzt, und schüttelte den Kopf. „Das meiste ist wahr!" Damit wollte er dieser

Frage ein wenig aus dem Weg gehen. „Aber“, setzte Vitus nach, „ein bisschen ist es auch geschwindelt?“

Balthasar musste nachdenken. Nicht *darüber*, ob ein Teil der Geschichte geschwindelt ist. Sondern darüber, wie er es Vitus am besten erklärte. „Schau, Vitus, ein Märchen ist eine Erzählung, die nicht wirklich wahr ist. Da gibt es Zauberer und Feen und Trolle. Oder Hexen, die aber auch nicht immer böse sind.“ Balthasar gab sich große Mühe, dass Vitus keinen Schreck bekam. Weil er doch von Hexen erzählte und von Zauberern und von Feen. Drachen erwähnte er aus gutem Grunde nicht. „*Ich* bin doch ein kleiner Barockengel, der Geschichten erzählt – und *Geschichten* sind keine Märchen. Meistens. Geschichten sind meist *das*, was einmal passiert ist. Vor langer, *sehr* langer, eigentlich *ganz* langer Zeit. Oft sind es viele, viele, viele Jahre. Und die Geschichte von Johann Sebastian Bach – sie ist zur einen Hälfte über 300 Jahre alt, zur anderen über 250 – *ist* wahr.“

Balthasar hörte sich selber diese eigenartige Beschreibung sagen. Und natürlich wurde auch Vitus hellhörig. „Wie geht denn *das*?“ „Nun ja“, meinte da Balthasar, „Johann Sebastian Bach wurde vor mehr als 300 Jahren geboren und lebte bis vor mehr als 250 Jahren.“ Es klang *nicht* sehr überzeugend. Und Vitus konnte dem auch nicht so ganz folgen. „Die Geschichte von Johann Sebastian ist also vor sehr, sehr langer Zeit *so* passiert, wie ich sie dir jetzt erzählen werde. Damit es *wirklich* spannend wird, habe *ich persönlich* …“ – Balthasar setzte sich ganz aufrecht hin – „… es noch sehr, sehr viel spannender gemacht“, sagte er feierlich. „Das habe ich gelernt. Deswegen bin ich ja ein kleiner Barockengel, der sich aufs Geschichtenerzählen versteht.“ „Und *ich* bin ein kleiner Barockengel, der gut Musik machen kann“, sagte Vitus, obwohl das ja gar nicht hierhergehörte. „Alles Wichtige“, fuhr Balthasar fort, „*ist* wirklich vor ganz langer Zeit so passiert. Aber damit es *richtig* Spaß macht, zu hören, *was* alles passiert ist, genau *deswegen* habe ich es hier und da ein klein wenig spannender gemacht.“

Balthasar wurde nun etwas ungeduldig. Er wollte gerne anfangen zu erzählen. Aber Vitus hatte eben eine Frage nach der anderen. Allerdings – genau jetzt, in *diesem* Moment, als Balthasar die nächste Frage erwartete – *hatte* Vitus keine Frage mehr. Und er sah Balthasar erwartungsvoll an.

Balthasar holte Luft. Eigentlich holte er tief Luft, sehr tief: „Es war einmal ...“ „aber so beginnen *Märchen*“, prustete Vitus los. Doch er bemerkte, dass Balthasar leicht gereizt und sogar ein *klein* wenig ärgerlich schaute. „So beginnen aber auch wahre Geschichten“, fuhr Balthasar fort. „Also – es war einmal – lange, lange Zeit, bevor Johann Sebastian Bach lebte, ein kleiner Ort in Thüringen. Thüringen liegt in der Mitte von Deutschland und dann rechts“, ergänzte Balthasar. „Dieser kleine, gemütliche Ort war Wechmar und die wunderschöne, größere Stadt, gleich in der Nachbarschaft, hieß Gotha. Das ist eine lange, lange Zeit her – es sind sogar über *400* Jahre. Und natürlich heißen beide Orte auch heute noch so.

Damals war das Leben viel, viel härter und Menschen mussten oft ihre Heimat verlassen, weil Krieg herrschte. Und auch, weil es verschiedene Religionen gab. Und immer vertrieben die Stärkeren die Schwächeren aus ihrer Heimat.“ „Verstehe ich nicht“, murmelte Vitus, der aufmerksam zuhörte. „Warum vertreiben die Stärkeren die Schwächeren?“ „Das, Vitus, ist jetzt zu schwierig zu erklären“, schüttelte Balthasar den Kopf. „Und das ist jetzt auch nicht so wichtig. Wenn wir beide größer sind, dann verstehen wir das besser. *Ich* ... weiß es eigentlich nämlich auch nicht.

Auf jeden Fall ist kurz vor dem Jahre 1600, vielleicht war es auch ein paar Jahre früher oder später, der Ururgroßvater des berühmten Musikers in dieses kleine Dorf Wechmar bei Gotha in Thüringen gezogen." „Das klingt aber lustig, diese Uren vor dem Opa. Das habe ich ja noch *nie* gehört. War der denn über 100 Jahre alt? Dieser Johann Sebastian und wie heißt er noch?" „Bach", sagte Balthasar. „Oder war er gar 150 oder sogar 200 Jahre alt?" setzte Vitus nach.

„Vitus", ermahnte ihn Balthasar. Der Ururopa von Johann Sebastian und Johann Sebastian kannten sich nicht. Natürlich ist der Ururopa *gestorben*, lange bevor Johann Sebastian zur Welt kam. 1619 war das. 1619 ist er gestorben. In Wechmar. Aber *vorher* war er in Wechmar Bäcker. Ein Bäcker war er auch schon *dort*, von wo er fliehen musste. Wegen seiner Religion." „Und wo lebte er vorher?" warf Vitus ein und wie überhaupt heißt der Opa von Johann Sebastian?" „In Ungarn", antwortete Balthasar wie aus der Pistole geschossen zur ersten Frage. „Und es war nicht der *Opa* von Johann Sebastian, sondern der Ururopa." „Meine ich doch. Und wie hieß der?"

„*Veit* hat er geheißen." „Veit?", fragte Vitus ungläubig. „Das klingt aber mal ähnlich wie *mein* Name", sagte er versonnen. „Okay, *Veit* Bach also, er hieß doch auch *Bach*, richtig?" Vitus war ganz bei der Sache. „Und er war ein Bäcker, sagst du?" „Ja, er arbeitete in einer Mühle in Wechmar. Und nicht nur er, sondern mit ihm lebte auch noch ein *Hans* Bach. *Das* war der Sohn von Veit". Vitus lachte ein wenig, aber plötzlich schüttete er sich aus vor Lachen. „Dann kann man ja eine Ur streichen, wenn das der Sohn von Veit war. Dann war der Hans ja der Uropa von Johann Sebastian. Hat er *den* denn gekannt?" „Nein", sagte Balthasar mit einem vergnüglichen Lächeln. „Das ist *immer* noch zu weit in der Vergangenheit. Der Sohn von diesem Hans hieß übrigens Christoph. Aber lass' uns weitermachen mit der Geschichte.

*Veit* also, und das erzählte Johann Sebastian nun *selber*, war demnach der Erste, der in der Bach-Familie Musik gemacht hat. Also

***Die Mühle, in der Ururopa Veit Korn mahlte.***

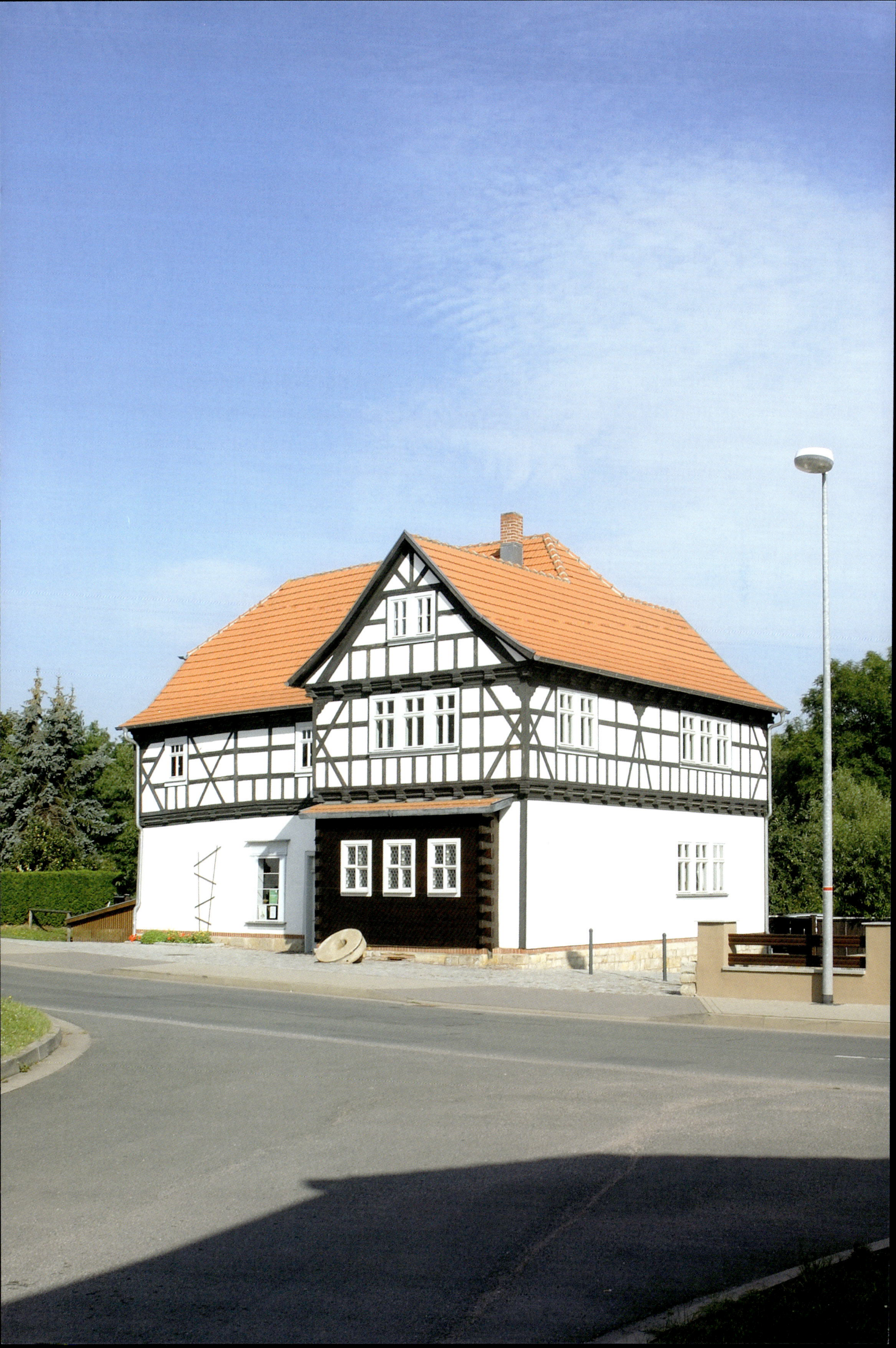

genau genommen, nicht der Erste, sondern sogar der *Allererste*. Als Veit das Korn in der Mühle mahlte, spielte er auf einer Zither. Damals hatte man ja für viele Dinge andere Namen gehabt und so hieß diese Zither zu dieser Zeit *Cythringen*. Und dieses Cythringen war auch ein ganz klein wenig anders als eine Zither heute. Johann Sebastian erzählte, Veit konnte gut zum Takt der Mühle spielen. Denn geklappert hat es ja immer, und wenn das Wasser so schön gleichmäßig über das Wasserrad floss, dann hörte sich das zu einer Melodie eben besonders schön an.

Und weil der Papa von Hans so schön spielte, hatte der eben *auch* seinen Spaß dran und machte ebenfalls gerne Musik. Und so wurde dieser Hans der *zweite* Musikant in der Familie. Und musizieren, das konnte er gut. *Richtig* gut. *So* gut, dass ihn die Leute im Dorf *Hans, der Spielmann* nannten." „Wo genau lebten denn die beiden, bevor sie nach Wechmar kamen?", fragte Vitus. Balthasar entgegnete: „Da ist man sich gar nicht so ganz sicher. Das weiß ich nicht, niemand weiß das. Wo *genau* in Ungarn, darüber haben schon viele Forscher gerätselt. Und sie tun das heute noch."

Vitus wurde ein wenig ungeduldig auf seiner Wolke und setzte sich in den Schneidersitz. „Kommt noch mehr über die Opas von Johann Sebastian? Oder kommt *er* jetzt in der Geschichte vor?" „Warte doch einen Moment. Sei nicht so ungeduldig", ermahnte ihn Balthasar, aber ganz und gar herzlich. „Es ist *wichtig*, weil dieser Ururopa der Grund ist, dass aus Johann Sebastian ein so toller Musiker geworden ist. Und wenn du noch ein klein wenig Geduld hast, dann kommt auch schon bald die Geschichte mit dem Zippelfagottist. Und auch die, als Johann Sebastian ins Gefängnis musste und auch die, als der junge Johann Sebastian seinen Degen gezogen hat. Aber zuerst – müssen wir am Anfang beginnen. Sonst – ist ja alles durcheinander! Also, wo waren wir? Ach ja, *Hans der Spielmann*. So nannten sie den Sohn von Veit in Wechmar. Selbstverständlich hatte auch er Kinder, aber von denen erzähle ich dir ein anderes Mal. Wichtig ist nur: Natürlich haben auch die Kinder von Hans Musik gemacht. Und die Onkel und Tanten und Neffen und Cousins von ihnen musizierten *ebenfalls*. So viele Kinder, Enkel und Urenkel und dazu auch noch Ururarenkel von Veit Bach machten Musik, dass diese Bachs bis heute die größte und berühmteste Musikerfamilie der Welt sind.

Und noch eins: Johann Sebastian Bach *selbst* hat einmal zusammengestellt, wie viele Verwandte er hatte, die *alle* Musik spielten. Er selbst machte eine Liste, in der er alle Männer, ganz junge und auch alte, in seiner Familie aufschrieb, die ihm so einfielen. *Wenn* sie denn nur Musik machten. Und er gab dieser Liste einen wirklich komischen Namen. Er nannte sie den *Ursprung der musicalisch-Bachischen Familie*. Aber irgendwie verstehen kann man den Namen auch noch heute. Nur würde das niemand mehr so sagen. Allerdings: *Frauen* sind da keine dabei: nicht Johann Sebastians Mutter, die ebenfalls aus einer Musikerfamilie stammte. Und auch nicht Johann Sebastians Frau Anna Magdalena, noch eine Musikerin. Aber – so war das damals. Männer waren früher einfach *mehr wert* als Frauen. Viel mehr.“

„Komisch!“, entwich es Vitus leise. „Natürlich wohnten nicht alle Bachs in dem kleinen Wechmar. Denn in der Zwischenzeit haben alle diese Familienmitglieder nicht nur zum Spaß Musik gemacht, sondern damit auch ihr Geld verdient. Das konnte man damals in der Kirche oder an Fürstenhöfen.“ „Was in aller Welt ist denn ein Fürstenhof?“ Vitus kratzte sich am Kopf, denn *das* hatte er noch nie gehört. Fürsten.

„Ich erkläre es mal einfach, lieber Vitus: Früher gab es Adelige und normale Menschen. Normale Menschen waren zum Beispiel Bäcker, Bauern und Kaufleute. Und es gab Menschen, die Schlösser besaßen und Burgen. Und viel, viel Land. Und *die* besaßen natürlich auch sehr viel Geld. Noch heute gibt es solche Menschen: *Adelige* heißen sie heute noch und normale Menschen informieren sich über sie in Zeitungen, in Zeitschriften und besonders im Fernsehen und im Internet.

Nur *eines* ist anders als früher: Heute *besitzen* Fürsten keine Menschen mehr. Das war früher anders. Ein Mensch war in einem Fürstentum *Besitz* des Regenten." „Und was bitte ist ein *Regent*?" „Ein Regent ist *der*, der regiert. *Der*, der sein Reich regiert. Sein Fürstentum eben. Und auch *die* waren nicht alle gleich. Da gab es Kaiser und Könige, Kurfürsten und normale Fürsten. Herzöge und Grafen, Barone und weiß ich nicht alles, was sonst noch mehr." „Dann ist das jetzt klar", sagte Vitus nachdenklich und er war mächtig stolz darauf, etwas so Seltsames nun zu wissen. Man wusste nie, wann man damit jemanden einmal so richtig beeindrucken könnte.

„Fürsten, also! Für *die* konnte man Musik machen. Klar, und in *einem* Ort, selbst in *einer* Stadt konnte es keine zwanzig Fürsten geben. Das gäbe ja ein *Hallo*." Das dachte Vitus nur, das sagte er nicht laut. „Also", fuhr Balthasar fort, verbreiteten sich diese Söhne und Töchter und Enkel und Urenkel von Veit immer mehr in Thüringen. Es war wirklich erstaunlich: Diese Bachs waren inzwischen so gut beim Musizieren, dass sie irgendwann eine Stelle sofort erhielten, *nur* – weil sie Bach hießen! Musik *mussten* sie natürlich spielen können. Aber, *das* ist ja logisch.

Jedenfalls sind es bis heute ungefähr 150 Musiker, die alle Bach heißen und Musik machten. Aber die spielten nicht mehr nur in Thüringen, sondern sie wanderten auch in Städte außerhalb Thüringens und manche fuhren auch mit der Kutsche. Zuerst bis nach Holland, Mailand in Italien und London in England. Schließlich reisten sie sogar mit Schiffen bis ins ferne, wirklich *weit* entfernte Amerika."

„Das geht mir zu schnell." Vitus holte tief Luft. „Ein bisschen noch, dann habe ich den ersten Teil erzählt." „Und dann kommt Johann Sebastian?" „Ja, Vitus, *dann* kommt Johann Sebastian Bach an die Reihe." freute sich Balthasar. „*Einer* der vielen Bachs schließlich – war Johann *Ambrosius* Bach. Johann Ambrosius Bach war der Vater von *unserem* Johann Sebastian."

„Wollen wir eine Pause machen?", schlug Vitus vor. „Und wir könnten in der Pause einen Schluck trinken, was meinst du Balti?" Der kleine Barockengel Balthasar war von der Idee seines allerbesten Freundes begeistert. Nicht von *dem* Teil, mit dem Erzählen anzuhalten, dazu war er viel zu sehr in seine Geschichte vertieft. Aber der Teil mit dem Getränk, *der* sagte ihm zu. „Was wollen wir trinken?", fragte Vitus. „Tee oder Saft? Und wenn ja – welchen?", ulkte er herum. Sie entschieden sich beide für einen eiskalten Traubensaft. „*Erzählen* macht auch durstig", sagte Balthasar. „*Zuhören* aber noch viel mehr", bestätigte Vitus.

„*Johann Ambrosius* ist ein komischer Name", sagte Vitus und ergänzte: „Aber Vitus finde ich auch ein wenig altmodisch. Ich

***Papa Johann Ambrosius***
***1645 - 1695***

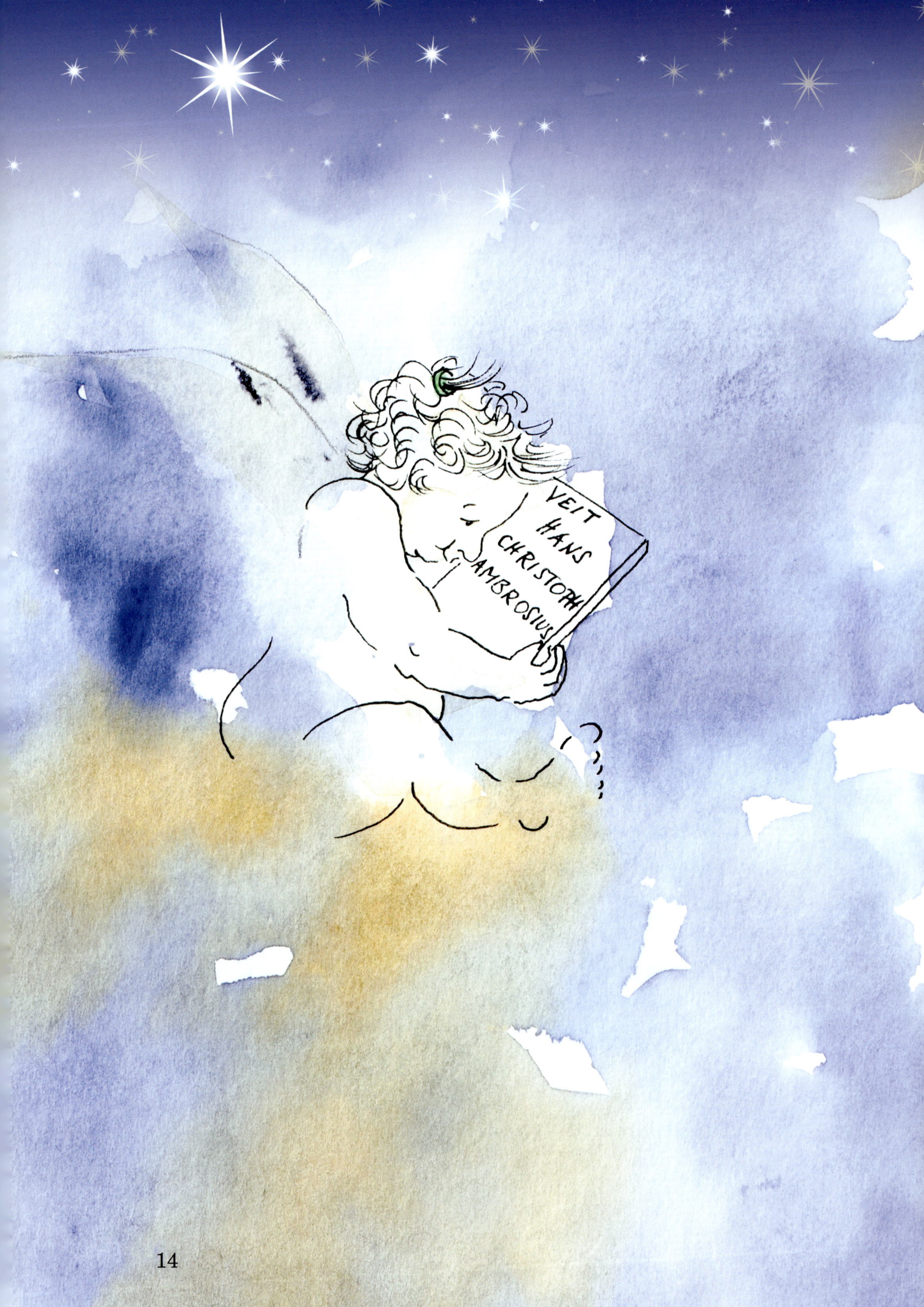
VEIT
HANS
CHRISTOPH
AMBROSIUS

würde viel lieber Sven heißen oder Tobi oder Kevin.“ Überlegte er und Balthasar entgegnete: „Ja, ich fand meinen Namen auch am Anfang nicht so toll, aber jetzt ist er doch etwas ganz Besonderes – gerade weil *nicht* so viele kleine Barockengel heißen wie ich. Vitus überlegte: „Ein kleiner Barockengel, der *Harry* heißt, oder *Mike* oder *Leon – das* wäre schon ein lustiger Name für einen Barockengel. Hat es in dieser Rock-Zeit auch rockige Namen gegeben?“ „Es heißt *Ba* - rock und was ist denn ein rockiger Name, Vitus? Menschen haben schon immer zu bestimmten Zeiten bestimmte Namen mal schicker, mal weniger schick gefunden.“ „Also, ich finde“, unterbrach ihn Vitus, „eigentlich *Vitus* gar nicht mehr so schlecht. Und Balthasarius ebenfalls nicht.“ Vitus krümmte sich vor Lachen, wusste er doch, dass Balthasar *eines* nicht mochte: Das war, wenn Vitus mit seinem Namen herumalberte.

„Aber Johann Ambrosius *ist* komisch.“ Vitus hatte das Thema mit den komischen Namen immer noch nicht abgeschlossen. „Aber so hieß er halt.“ „Und lebte der auch in diesem Wech?“ „In Wechmar? Nein, Johann *Ambrosius* Bach lebte nicht in Wechmar. Zuerst wohnte der in Erfurt, dann – später – zog er nach Eisenach.“ „Aber wir wollten doch eine Pause machen“, sagte Balthasar zu Vitus. Beide nahmen – das war lustig – *genau* zur selben Zeit einen tiefen Schluck des köstlichen Traubensaftes. „Und wir brauchen Kekse! Zur Stärkung.“ „Keine schlechte Idee. Also, Kekse zur Geburt von Johann Sebastian Bach. Dann feiern wir ihn doch, diesen Johann Sebastian. Aber *zuerst* machen wir eine Pause.“ Balthasar und Vitus aßen abwechselnd die verschiedenen Kekse, es war eine richtige Keksmischung, aber sie stritten nicht, weil kleine Barockengel erstens fast nie streiten und zweitens dem einen *diese* Kekse besser schmeckten, dem anderen die *anderen*.

# *Kapitel 3*

Als alle Kekse restlos aufgegessen waren, schnappte sich Vitus den Teller und leckte die Krümel komplett ab. Er grinste verschmitzt. Denn er wusste, dass sich *das* eigentlich gar nicht gehörte. Und als ob das nicht schon genug war, meinte er: „So, nun müssen wir den Teller nicht einmal mehr spülen.“ Auch unter kleinen Barockengeln gab es gutes Benehmen – das kannten alle. Aber nicht alle wollten sich immer ordentlich benehmen – und natürlich musste das Geschirr gespült werden nach dem Essen. Wie überall. „Den Teller hier aber nicht mehr“, sagte Vitus fröhlich. Balthasar nahm sich vor, das später doch zu erledigen. *Nach* dem Erzählen seiner Geschichte.

„Wer – um alles in der Welt – *ist* jetzt eigentlich dieser eine besondere Bach?“, fragte Vitus etwas gedehnt. „Wenn ich mir *so* viele Geschichten von diesem einen Bach anhöre, möchte ich doch eigent-

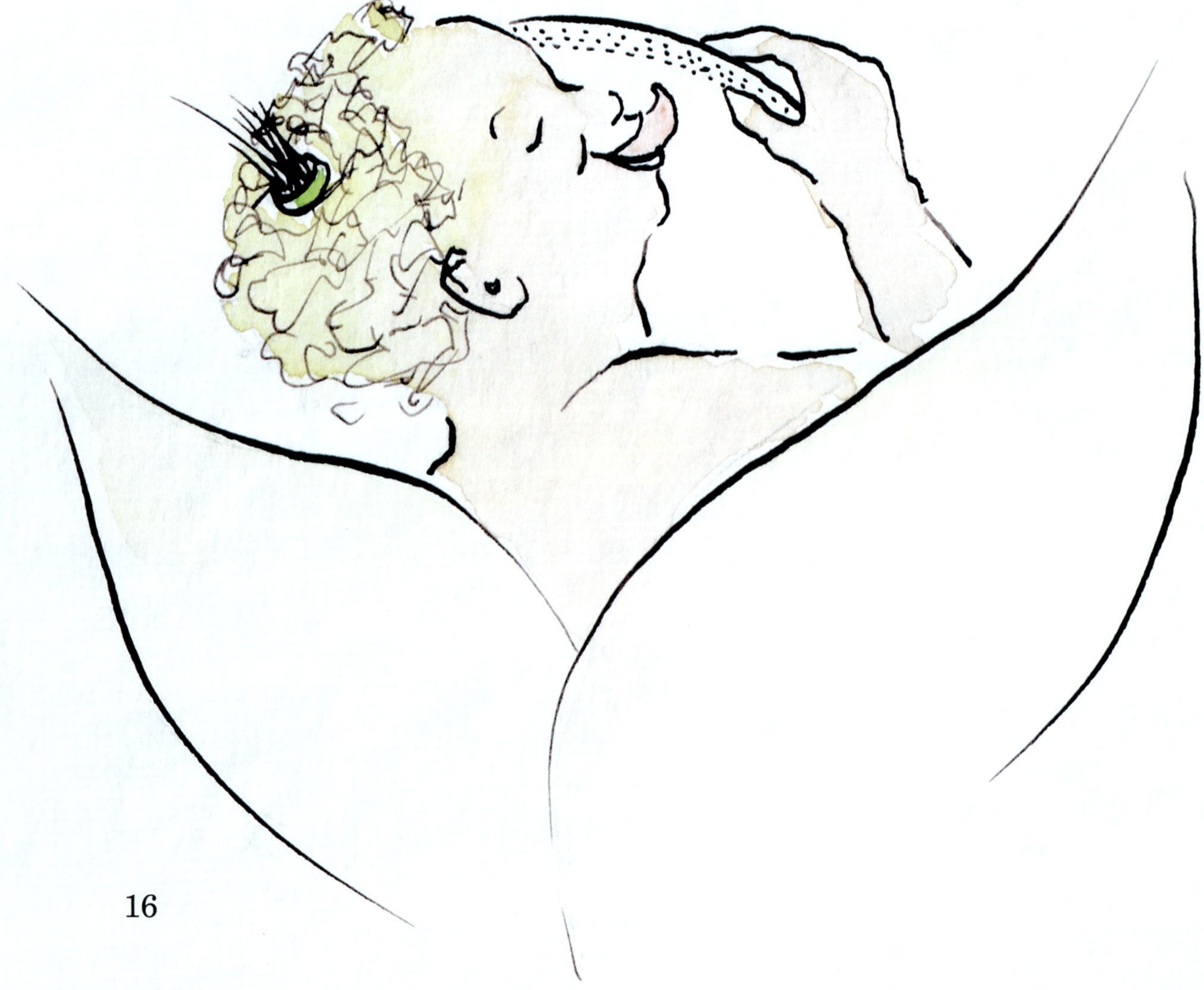

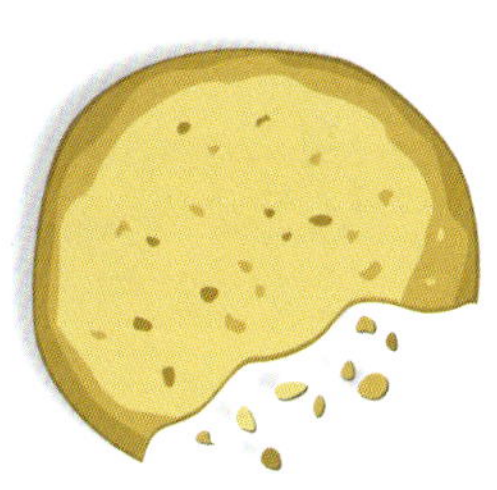
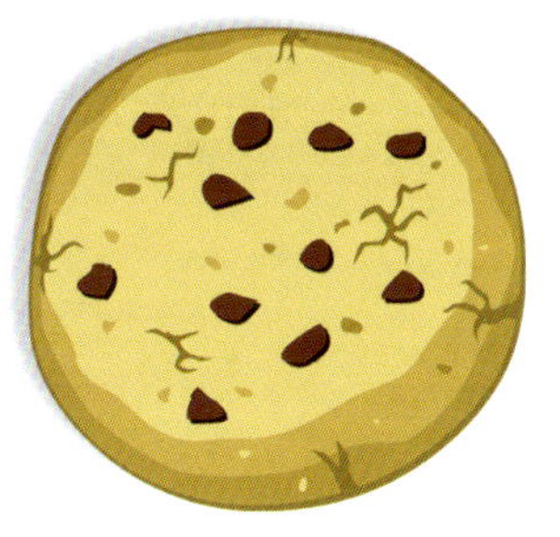
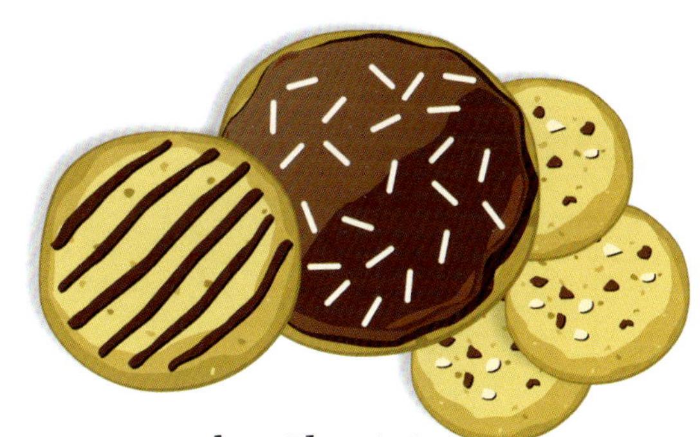

lich gerne vorneweg wissen, warum der sooooooooo berühmt ist. Kann er denn sooooooooo", Vitus übertrieb nun wirklich die Anzahl der ‚os', „sooooooooo gut Musik spielen?" „Nun", begann Balthasar den nächsten Teil der Geschichte. „Johann Sebastian Bach hat nicht nur Musik *gespielt*, er hat sie auch *gemacht*." „Was heißt denn *gemacht*?", fragte Vitus sofort, „Wenn ich auf meiner Geige spiele oder mich ans Klavier setze, dann *mache* ich doch auch Musik. Was ist denn der Unterschied?" „Na, Johann Sebastian Bach hat sich eben *auch* überlegt, wie es sich denn anhört, wenn man einen Ton an den nächsten setzt. Und das mal so und danach mal anders tut. Und er hat sich überlegt, dass es doch schön klingen müsste, wenn einmal nur *eine* Geige spielt, an einer anderen Stelle dagegen ganz viele Geigen." „Und noch später noch viel mehr Geigen", meinte Vitus. „Ja. Und dann hat Johann Sebastian sicherlich auch darüber nachgedacht, wie sich verschiedene Instrumente abwechseln könnten. Und das alles hat man früher *Töne setzen* genannt. *Ton setzen*. Johann Sebastian Bach war also ein Tonsetzer."

Vitus staunte. „*Tonsetzer*, das habe ich ja auch noch nie gehört. Ist das denn so etwas wie Ton*dichter*? Das *habe* ich nämlich schon einmal gehört", plapperte Vitus munter weiter. Er war mächtig stolz darauf, dass er auch etwas gewusst hatte. Dass er sich also in der *Musikszene* – wie alle das heute nennen – in der Musikszene von früher schon recht gut auskannte, so meinte er. „Ja, richtig, Tonsetzer oder Tondichter, so nannte man die Leute, die heute Komponisten heißen", sagte Balthasar. Vitus nickte eifrig, Komponist, *das* hatte er auch schon gehört. „Also ist der Johann Sebastian Bach Komponist gewesen", stellte Vitus fest. „Richtig", entgegnete Balthasar „und was für einer!" „Und ein Musiker auch", ergänzte Vitus. „Richtig, und ein Musiker auch." plapperte jetzt Balthasar nach, der natürlich wusste, dass ein Komponist ein Musiker *war*.

„Wo ist dieser Johann Sebastian geboren?“, fragte Vitus. „In Eisenach, auch in Thüringen“, antwortete sein Freund. „Er war also berühmt damals. In *Ei - se - nach*.“ „Nein Vitus, in Eisenach war er noch nicht berühmt. Da war Johann Sebastian ja noch klein. So klein wie wir beide etwa. Vielleicht auch noch kleiner. Über *diese* Zeit, die der kleine Johann Sebastian Bach in Eisenach verbrachte, ist nicht mehr wirklich viel bekannt. Berühmt wurde er dann erst viel, viel später. Da allerdings – wurde er *sehr* berühmt. Aber richtig wirklich ganz berühmt – das wurde er erst lange, lange, nachdem er gestorben war. Und *dann* wurde er immer und *immer* berühmter.“

Vitus hatte ein ungläubiges Staunen im Gesicht. Man merkte ihm an, dass er es nicht wirklich richtig verstand. Wie konnte jemand immer berühmter werden, wenn er doch gar nicht mehr lebte. „Wie geht denn so was?“, prustete er heraus. „So etwas geht nicht!“ „Doch“, entgegnete Balthasar. „Als Johann Sebastian Bach seine Musik komponierte“, Vitus fiel ihm ins Wort: „als er die Töne dichtete.“ „Ja, als Johann Sebastian damals seine Töne dichtete, da haben die meisten Menschen gar nicht erkannt, wie ungeheuer supertoll seine Musik *eigentlich* war. Nur andere Musiker und andere Tondichter wussten das. Und so ein anderer Tonsetzer, dir gefällt ja das Wort *Tondichter* am besten, richtig?“ „Yup“, bestätigte Vitus. „So ein anderer Tondichter eben, er hieß Felix *Men - dels - sohn Bar - thol - dy*, der mochte Johann Sebastians Musik, wie sonst überhaupt nichts anderes auf der Welt.

Und dieser Felix spielte 100 Jahre später eines der schönsten Werke von unserem Johann Sebastian vor ganz vielen Menschen. 100 Jahre lang – das ist so viel Zeit, wie dein Opa alt ist.“ „Mein Opa heißt auch Vitus“, sagte Vitus „und ich heiße Vitus, weil mein Opa ein toller Musiker war, sagte Papa“, fügte Vitus hinzu. „Also, dieser Felix, der hat die Matthäus-Passion ...“ „Was ist die Matthäus-Passion?“, unter-

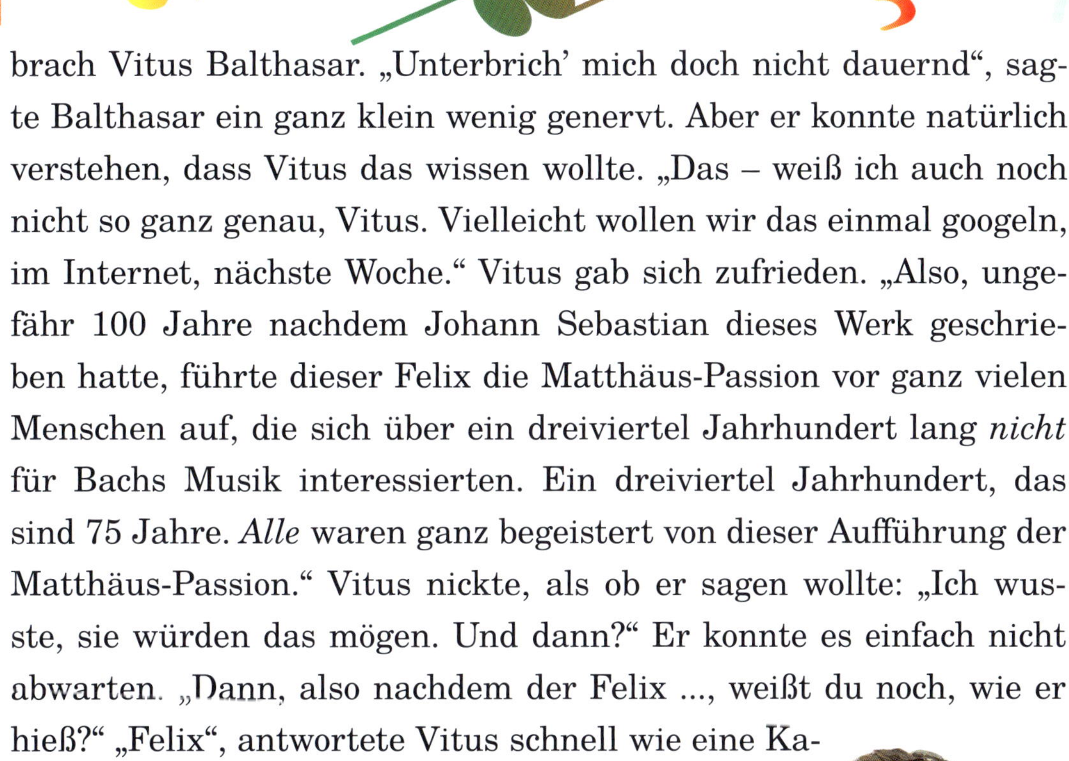

brach Vitus Balthasar. „Unterbrich' mich doch nicht dauernd", sagte Balthasar ein ganz klein wenig genervt. Aber er konnte natürlich verstehen, dass Vitus das wissen wollte. „Das – weiß ich auch noch nicht so ganz genau, Vitus. Vielleicht wollen wir das einmal googeln, im Internet, nächste Woche." Vitus gab sich zufrieden. „Also, ungefähr 100 Jahre nachdem Johann Sebastian dieses Werk geschrieben hatte, führte dieser Felix die Matthäus-Passion vor ganz vielen Menschen auf, die sich über ein dreiviertel Jahrhundert lang *nicht* für Bachs Musik interessierten. Ein dreiviertel Jahrhundert, das sind 75 Jahre. *Alle* waren ganz begeistert von dieser Aufführung der Matthäus-Passion." Vitus nickte, als ob er sagen wollte: „Ich wusste, sie würden das mögen. Und dann?" Er konnte es einfach nicht abwarten. „Dann, also nachdem der Felix ..., weißt du noch, wie er hieß?" „Felix", antwortete Vitus schnell wie eine Kanonenkugel. „Ja, aber wie *noch*?" „Mendel ...", sagte Vitus und, „... Bart." „Nicht ganz", korrigierte ihn Balthasar, „aber du bist ja auch ein Musikengel und kein Engel, der Geschichten erzählt. Deshalb ist das nicht so schlimm. Und den ganzen Namen kann man sich auch wirklich schwierig merken. Also – er hieß Men - dels - sohn Bar - thol - dy. Probier's einfach 'mal." Und Vitus versuchte sich: „Mendelin Bar - tholdy." Vitus hatte wohl ein wenig zu lange Geschichten gehört und er wurde nicht nur unruhig auf seiner kleinen weißen Wolke, er wurde auch ein

***Das ist der Felix.***

wenig – *albern*. „Oder Mendelinum Bartoldelinum?“ Balthasar schüttelte den Kopf. „Mendelssohn Bartholdy. Und ich glaube, wir müssen nach diesem anstrengenden Kapitel über den großen Johann Sebastian Bach eine ganz kleine Pause zum Ausruhen einlegen.

Was hältst du denn davon, wenn du versuchst, ein wenig Musik von Johann Sebastian zu spielen? Du hast ja deine Noten, und wie es geht, *das* hast du ja gelernt. Und ich bin natürlich auch nicht böse, wenn das am Anfang noch nicht so toll klingt. Und danach, *danach* machen wir einen kleinen Mittagsschlaf. Und wenn wir fertig sind mit dem Mittagsschlaf, erzähle ich dir vom Papa von Johann Sebastian, wo *der* in Eisenach lebte und wie *der* zusammen mit Johann Sebastian zum Musizieren ging. Nämlich, um Geld für die Familie zu verdienen.“ Vitus setzte sich an sein kleines Cembalo, das er zum Üben auf seiner Wolke hatte. Er zupfte sich die losen Enden seiner kleinen Wolke zurecht, machte ein ganz ernstes Gesicht, schlug die erste Seite in seinem kleinen Notenheft auf und begann zu spielen. Schön klang das, gleich beim ersten Mal, ganz ohne vorher zu üben. Aber, so dachte Balthasar, das können kleine Barockengel eben. Sie können Dinge viel, viel schneller und viel, viel leichter tun. Beide lachten bei so schöner Musik und weil sie soviel Neues ausgetauscht hatten. Und weil sie sich so gut unterhielten und auch voneinander lernten. Und: weil jetzt

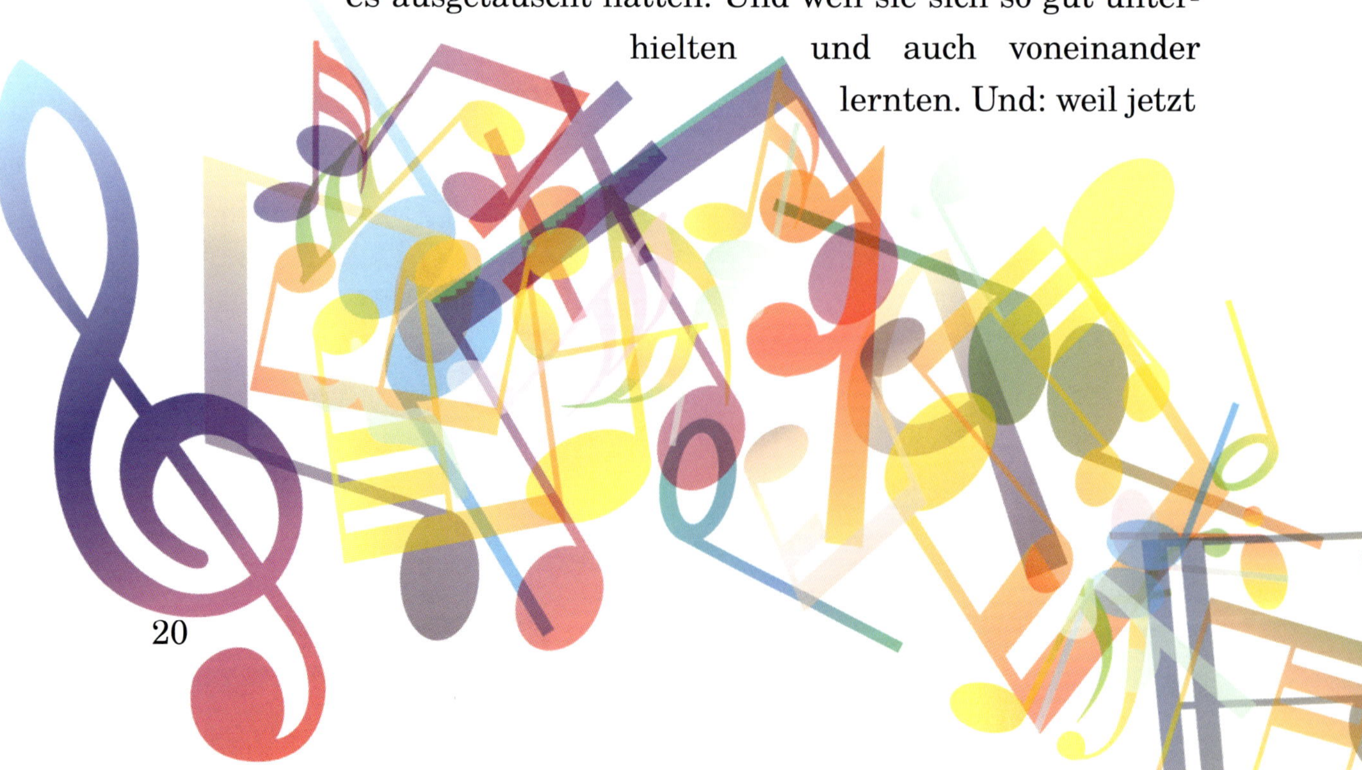

so schöne Musik dieses dritte Kapitel der Geschichten rund um Johann Sebastian Bach beendete. Beide waren sie hundemüde. Sie gähnten um die Wette, sodass die Münder fast nicht mehr größer werden konnten. Und sie schliefen in Nullkommanix ein.

## *Kapitel 4*

Balthasar rekelte sich gemütlich auf seiner Wolke. Er gähnte herzhaft. Einmal. Dann noch mal. Und nun passierte etwas, das ihm gar nicht gefiel: Er musste niesen. Ein lautes Hatschi. Und gleich folgte noch eines und weckte jetzt auch Vitus auf. „Wie geht's weiter?", waren seine ersten Worte. „Wie geht's weiter mit dem Johann Sebasti an in Eisenach?" „Jetzt müssen wir doch erst einmal richtig wach werden", meinte Balthasar nach dem ausgedehnten Mittagsschlaf. Er breitete beide Flügel und beide Arme aus und streckte sich genüsslich. Er hatte geträumt. Er hatte von Johann Sebastian und von Vitus geträumt. Wie sie gemeinsam in Eisenach auf dem Spielplatz waren. Er erinnerte sich, dass Johann Sebastian die ganze Zeit sang und dass Vitus dazu den Takt klopfte. Er musste über beide Backen grinsen.

„Es ist eine schöne Zeit in Johann Sebastians Leben und gleichzeitig eine ganz, ganz traurige gewesen", sagte Balthasar mit tragischer Miene. „Wie kann denn eine Zeit *gleichzeitig* toll sein *und* ganz, ganz traurig?", entgegnete Vitus sofort. „Früher, also in der Zeit, als Johann Sebastian und sein Papa und seine Mama lebten, hatten Menschen viel, viel mehr Kinder als heute. Aber, weil es noch nicht so viel und noch nicht so viel gute Medizin gab und auch die Ärzte nicht so viel wussten wie heute, wurden Menschen auch viel

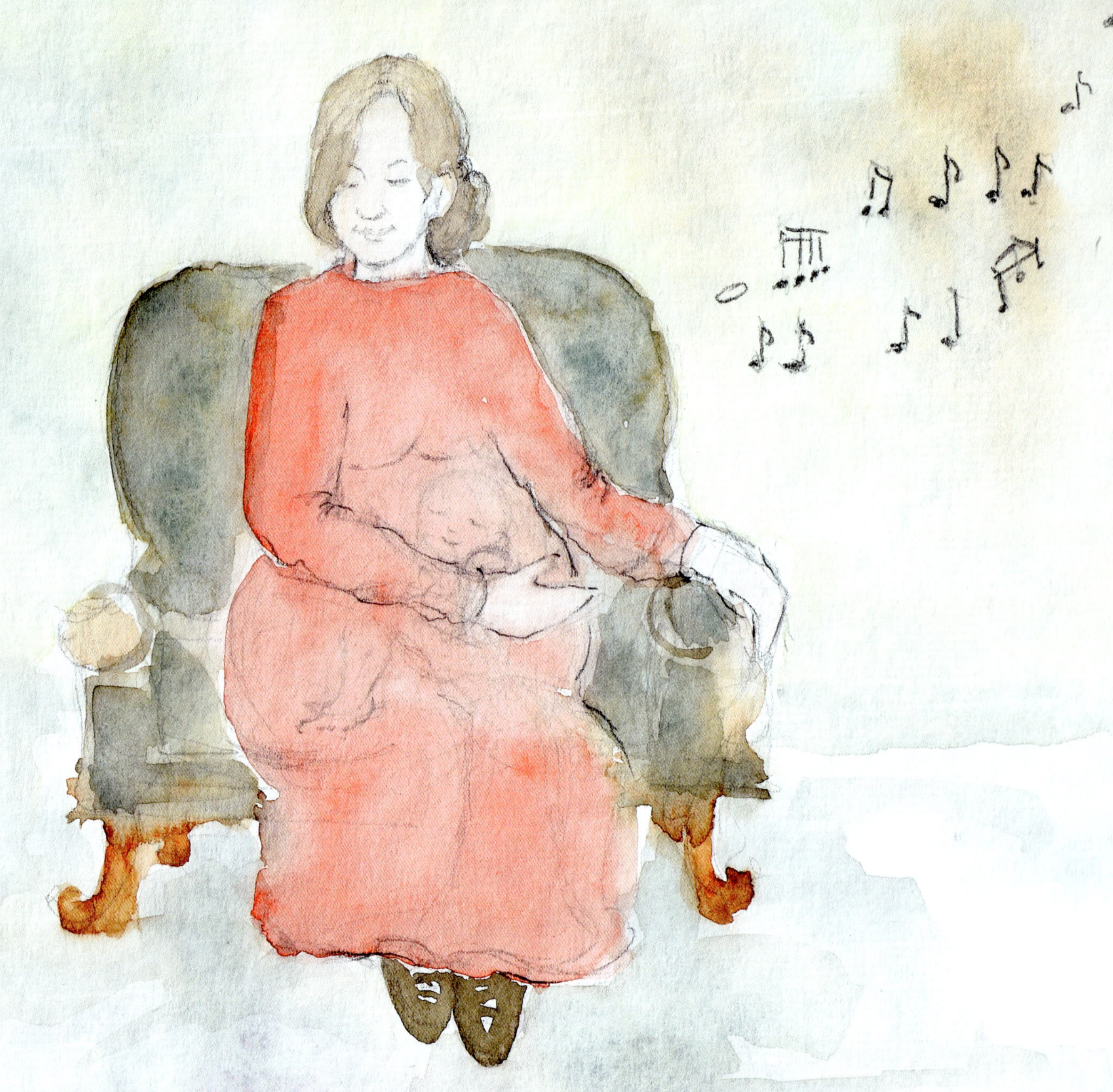

öfter und viel, viel schlimmer krank.“ „Gott sei Dank ist das nicht mehr so schlimm wie früher“, ergänzte Vitus mit Sachkenntnis. Meinte er zumindest. „Ja, und weil viel mehr Menschen viel öfter und viel schlimmer krank wurden, starben auch viel mehr von ihnen. Ganz schlimme Krankheiten gab es damals. Aber – jetzt hör’ dir erst einmal an, Vitus, warum Johann Sebastian eine *schöne* Zeit in Eisenach hatte.

Das begann *eigentlich* schon vor seiner Geburt.“ „Das geht doch wieder nicht“, feixte Vitus. „wie um alles in der Welt soll *das* denn gehen?“ „Nun“, fuhr Balthasar fort, „als Johann Sebastian noch im

Bauch seiner Mama war, da *konnte* er ja bereits die wundervolle Musik hören. Alle Babys können im Bauch der Mama hören, was Menschen in der Nähe sagen. Und *das* konnte Johann Sebastian eben auch. Und da tobten immerhin seine Geschwister. Und sein Papa war auch von morgens bis abends beim Üben. Das natürlich nur, wenn er auch zu Hause war. Erst, wenn es überhaupt kein Licht mehr gab, dann unterhielten sich Papa und Mama nur noch eine Weile. Bevor beide schließlich schlafen gingen. Sie hätten sonst eine Kerze anzünden müssen. Und Kerzen waren teuer. Licht aus der Steckdose, wie Menschen das heute kennen, das gab es noch lange, lange nicht."

„Also, da war Johann Sebastian schon Musiker und Tondichter, bevor er zur Welt kam?" Vitus alberte herum, als ob er gar keinen Mittagsschlaf gemacht hätte. Balthasar überging die Bemerkung seines allerbesten Freundes einfach. „Am 21. März 1685 ist Johann Sebastian zur Welt gekommen", sagte Balthasar feierlich. „Aber nicht im *Bachhaus*, wie es heute heißt. Da haben die Bachs *gewohnt*. Zur Welt gekommen ist er aber ganz in der Nähe." „Und was hat der klitzekleine Johann Sebastian Bach dann getan?" „Weiß nicht", überlegte Balthasar, „keine Ahnung. *Das* habe ich nicht gelernt. *Groß geworden* ist er und wahrscheinlich hat er auch gerne gespielt, so wie wir beide auch. Und er hat den ersten Musikunterricht bekommen. Von Papa Johann Ambrosius. Und sicherlich haben alle Bachs zusammen eine richtig hübsche Hausmusik gemacht.

Später bekam Johann Sebastian dann außerdem Unterricht vom Onkel. Natürlich hieß der ebenfalls *Bach*." „Wie hieß er mit Vornamen?", wollte Vitus wissen. „Weiß nicht. Hab's vergessen." Balthasar wurde ein klein wenig rot, aber er war um eine Ausrede nie verlegen: „Weißt du, Vitus, am besten, ich lasse viele, viele Vornamen einfach weg. Das sind so viele Bachs und so viele von denen haben

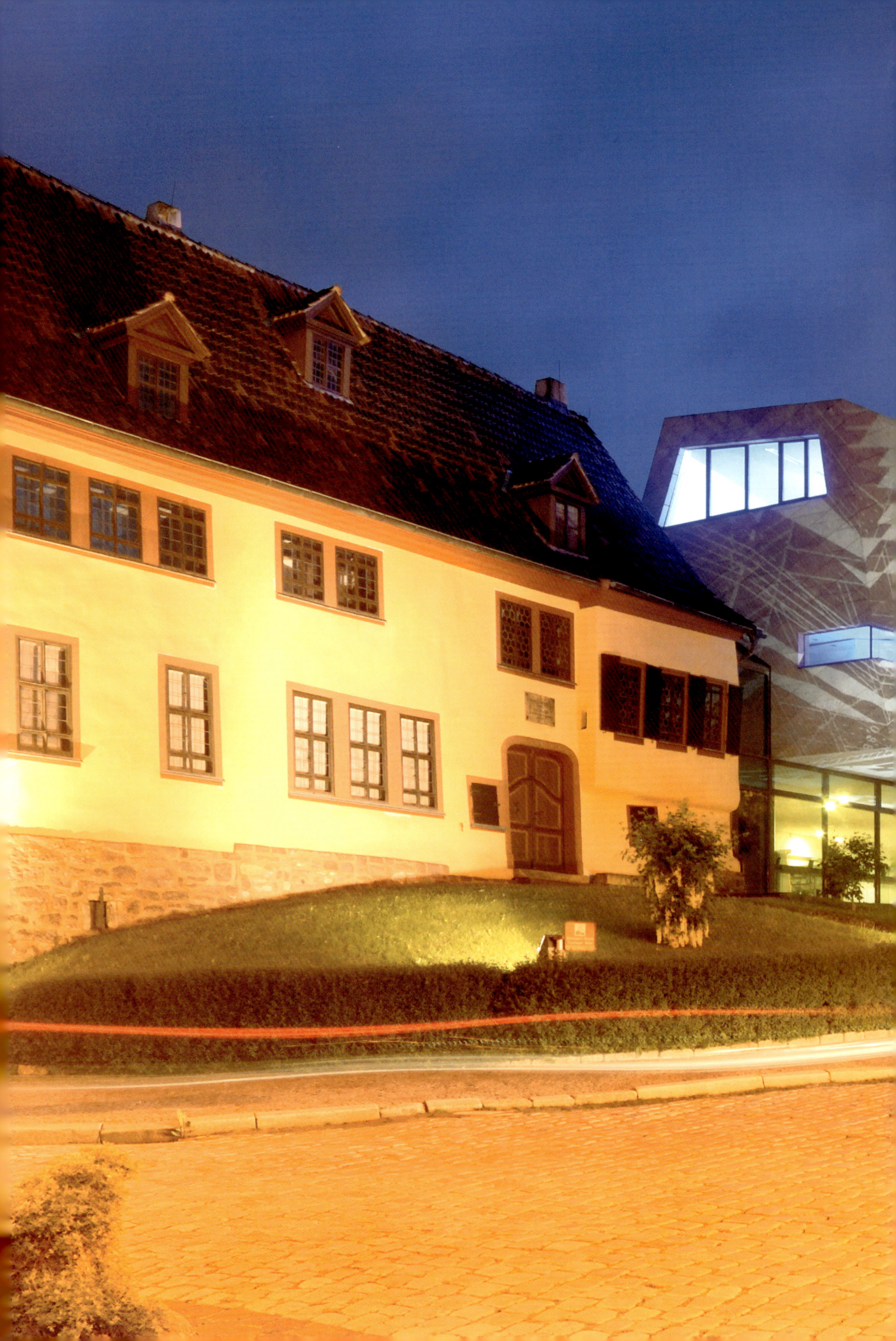

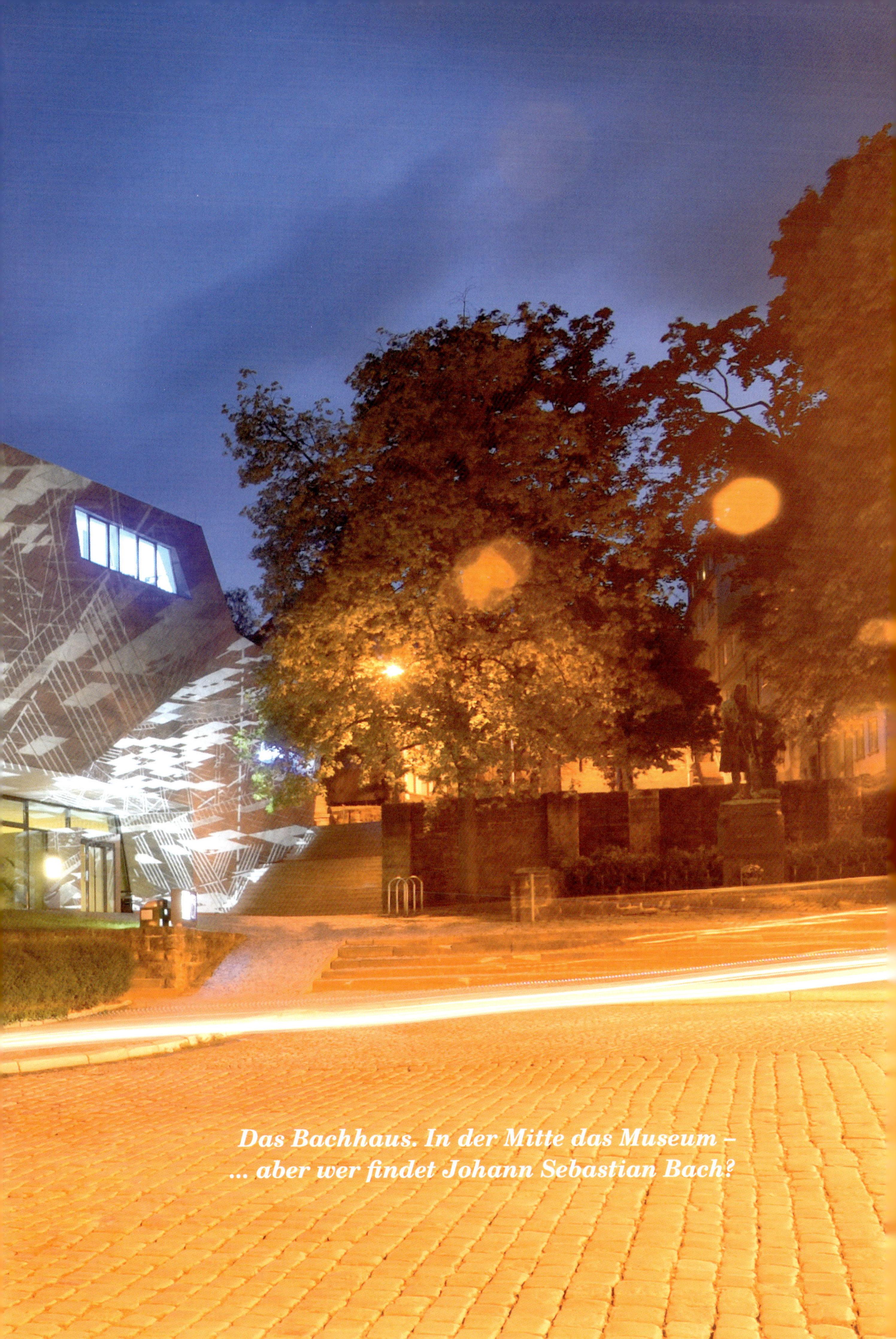

*Das Bachhaus. In der Mitte das Museum –*
*... aber wer findet Johann Sebastian Bach?*

Musik gemacht. Die waren so berühmt, weil *so viele* aus *einer* Familie ihr Geld mit Musik verdient haben. Wenn ich dir immer auch die Vornamen sage, dann verwechselst du alle am Schluss. Und deshalb sage ich dir nur die Vornamen der Wichtigsten.

Der Papa von Johann Sebastian jedenfalls hieß Johann Ambrosius, spielte auch in der Stadtkapelle mit und so war er am Wochenende oft nicht zu Hause. Aber Johann Sebastian durfte ihn begleiten, sobald er schon richtig singen konnte. Natürlich nicht zu den Auftritten der Stadtmusikanten. Aber Johann Ambrosius spielte auch zu Festen auf. Das waren Hochzeiten und Taufen und einfach Veranstaltungen, wo Männer und Frauen und Buben und Mädels sich trafen und fröhlich waren und tanzten. Überall und immer wurde Musik gebraucht und so war Johann Sebastian schon seit seiner frühesten Kindheit in ein richtiges Musikerleben hineingeboren. Sozusagen."

Balthasar fiel auf, dass Vitus ihn nicht ein einziges Mal unterbrochen hatte. Eine ganze Zeit lang nun schon nicht. Er sah auf, ob Vitus ganz vielleicht sogar eingeschlafen war. Obwohl: Das konnte eigentlich nicht sein, sie *hatten* ja gerade erst geschlafen. Nein, Vitus hörte andächtig zu. „Und natürlich ging Johann Sebastian in die Schule." „Und vorher in den Kindergarten", das *war* wieder Vitus, wie Balthasar seinen Freund kannte. „Ich glaube nicht, Vitus, einen Kindergarten gab es damals noch nicht. Und auch die Schule war anders als Schulen es heute sind." „War er denn ein guter Schüler, der Johann Sebastian? In Musik hatte er doch sicherlich die allerbeste Note." Balthasar sagte: „Wahrscheinlich war er sogar der Beste in Musik, aber Johann Sebastian fehlte oft im Unterricht." „Das gibt's doch gar nicht", entrüstete sich Vitus. „Wie kann denn einer so berühmt sein und gleichzeitig in der Schule geschwänzt haben?" Vitus

***Hier sieht man das Denkmal in Eisenach besser.***

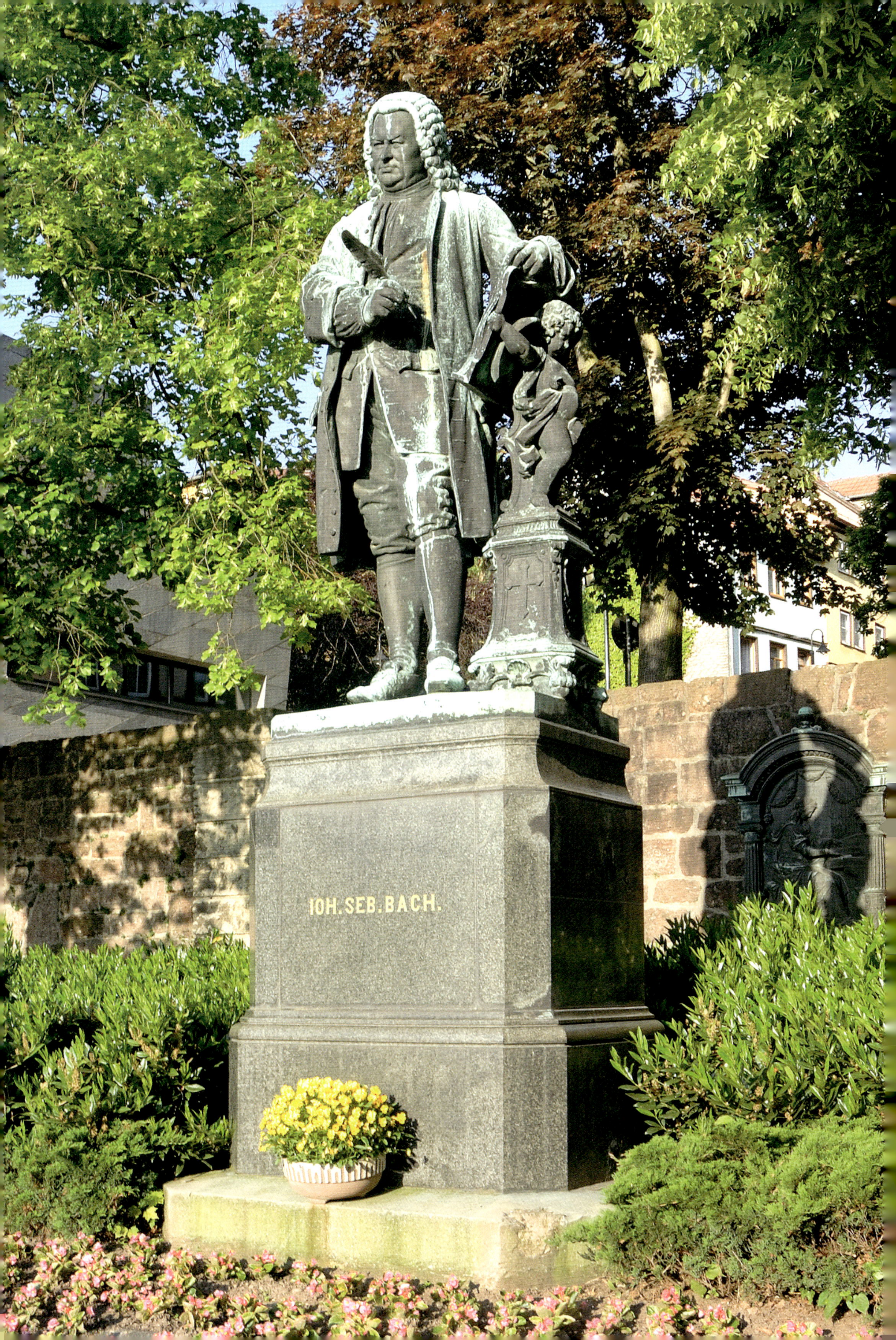
IOH.SEB.BACH.

steigerte sich regelrecht in das Schuleschwänzen des berühmten Komponisten hinein.

„Ich glaub' das nicht", sagte Vitus schließlich, als er nochmals ganz genau darüber nachgedacht hatte, „das stimmt bestimmt nicht." „Doch", sagte Balthasar, „andererseits meinte man, dass der kleine Johann Sebastian nur deshalb so oft fehlte, weil ihn eben der Papa mit zum Musizieren genommen hatte. Schule war schon damals sehr, sehr wichtig. Aber Geldverdienen, damit die Familie nicht hungern musste, das war eben einfach *noch* viel wichtiger." Vitus wurde sichtlich unruhig. „Jetzt erzähl' doch mal, warum es auch eine so traurige Zeit war", meinte er, „was ist denn dann passiert?"

Balthasar holte tief Luft, sehr tief. „Die Mama von Johann Sebastian ist krank geworden. Ganz schlimm krank und weil ihr kein Arzt in Eisenach helfen konnte, ist sie schließlich gestorben. Johann Sebastian war jetzt mit neun Jahren ein Halbwaisenkind. Und plötzlich war alles anders geworden! Johann Sebastian fehlte seine Mama sehr und genau so sehr fehlte sie seinem Papa, Johann Ambrosius." Vitus lief eine ganz kleine, durchsichtige, winzige Barockengel-Träne aus dem linken Auge und kullerte über die rosarote Backe. Und auch auf der anderen Seite passierte das. Vitus war jetzt traurig.

Nach so viel Spaß hörte sich das an, ein Musikantenleben. Mit dem Papa herumreisen. Hier und dort Musik machen. Singen und klatschen, tanzen und musizieren. Das war so viel Spaß. Und bezahlt wurde man auch. Und jetzt war Johann Sebastians Mama tot und alle waren sie traurig. So sehr traurig! Papa und Johann Sebastian musizierten gemeinsam auf weiteren Veranstaltungen, aber Papa war dabei nun immer so betrübt. Er war einfach nicht mehr so unbeschwert wie zu der Zeit, als Johann Sebastians Mama noch lebte.

„Aber es kam *noch viel schlimmer*", fuhr Balthasar fort. „Der Papa von Johann Sebastian fand zwar eine andere Frau, sogar schon

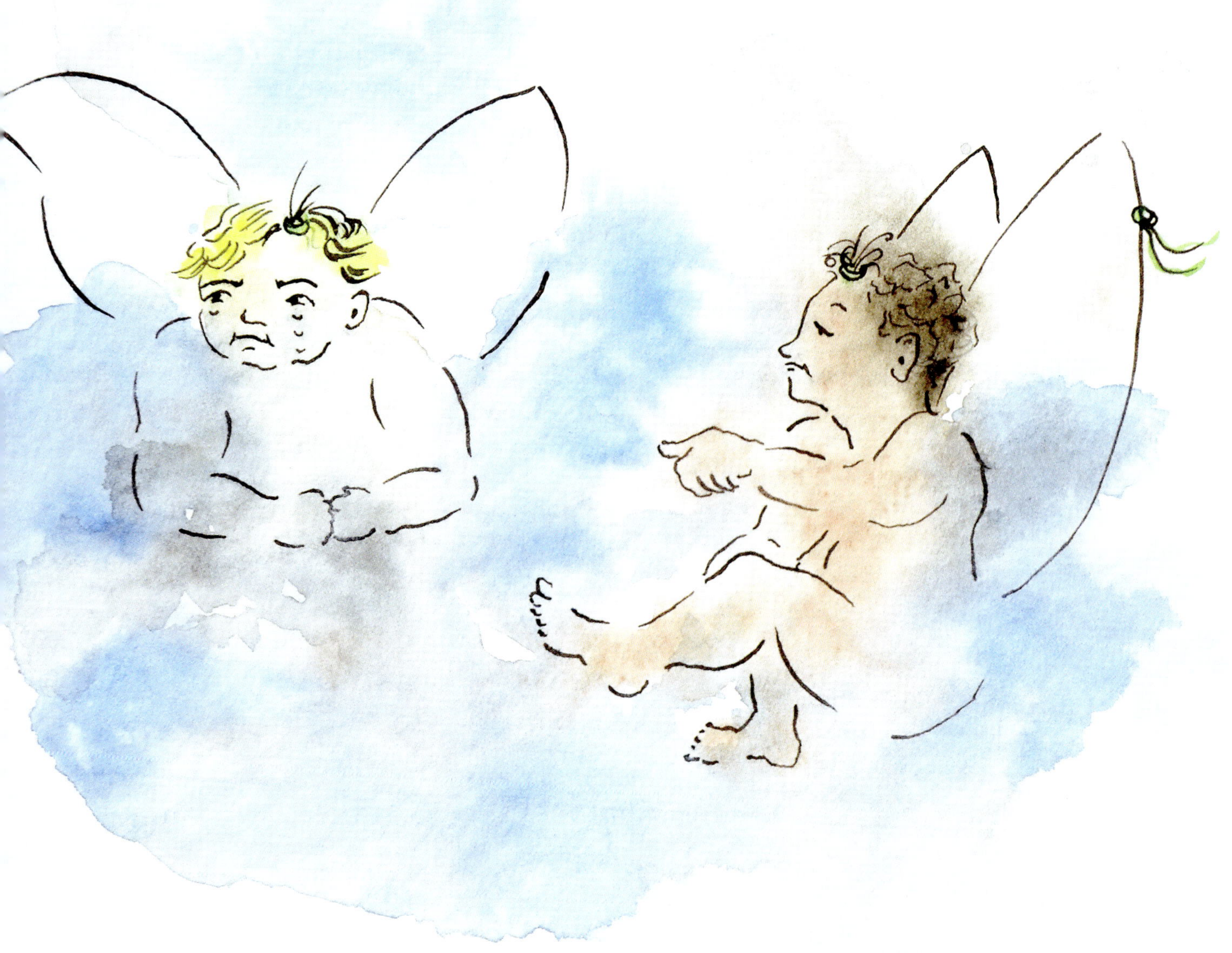

sehr bald und heiratete sie, aber dann wurde auch Papas Zwillingsbruder krank." „Johann Ambrosius hatte einen Zwillingsbruder?" „Ja", entgegnete Balthasar „und man weiß heute noch, dass beide ganz genau gleich aussahen. Dass man sie eigentlich gar nicht auseinanderhalten konnte." „Au fein, da kann man tolle Streiche anstellen", das *musste* aus Vitus einfach heraus. Aber gleich erinnerte er sich daran, dass die Geschichte ja gerade sehr, sehr traurig war. „Was ist mit dem Zwillingsbruder von Papa Johann Ambrosius passiert?" „Auch ihm konnten die Ärzte nicht helfen. Und so starb auch er. Johann Sebastian war da fast zehn Jahre alt."

„Und dann?", fragte Vitus ganz leise und ein wenig ängstlich. „Das war ja nicht einmal ein ganzes Jahr später. Zuerst seine Mama. Und dann auch noch sein Onkel." Balthasar setzte die betrübteste

Miene auf, die er zum Erzählen eingeübt hatte. Er wollte es wirklich richtig machen. Er war einen ganz kurzen Moment vollkommen still – so hatte er es gelernt: Das tat er, damit die Stimmung der Geschichte spannender wurde. Aber er wusste nicht so recht, ob man eine so schlimme Geschichte überhaupt so spannend erzählen durfte. Auch er wurde schon ein klein wenig traurig. Und im Gesicht von Vitus spiegelte sich eine Vorahnung. „Weil nun diese beiden Menschen gestorben waren, ging es auch Papa Johann Ambrosius, der ja auch seinen Bruder so sehr gemocht hatte, sehr, sehr schlecht. Und dann wurde auch der Papa von Johann Sebastian krank. Schlimm krank. Und …“, Balthasar hielt wieder zu erzählen an und Vitus schaute nun wirklich erschrocken! „Dann starb auch noch der Papa von Johann Sebastian.

Jetzt war der kleinste der Bach-Geschwister wirklich fast ganz, ganz alleine. Denn seine Stiefmutter – er kannte sie ja erst wenige Wochen – war in dieser kurzen Zeit noch keine *richtige* Mama für Johann Sebastian geworden. Innerhalb nur eines Jahres endete damit die schöne Zeit, die Johann Sebastian Bach in Eisenach hatte.“ Balthasar wartete einen Moment, bis Vitus diese schlimme Zeit in der Geschichte ganz verstanden hatte. „Johann Sebastian war jetzt eigentlich *ganz* alleine auf der Welt“, dachte Vitus.

„Aber es sollte wieder *noch* schlimmer kommen“, sagte Balthasar. „*Noch* schlimmer – das *geht* einfach nicht!“ Vitus war nun noch mehr erschrocken. In seinen schlimmsten Träumen konnte er sich nicht vorstellen, was da *noch* schlimmer hätte kommen können. Er war sich nicht einmal sicher, ob er nicht zu müde war, die Geschichte von Johann Sebastian weiter anzuhören. Vielleicht sollte er besser bis morgen damit warten. Wie sollte denn etwas *noch* schlimmer werden, als mit neun Jahren die Mama und mit fast zehn Jahren dann auch noch den Papa zu verlieren?“ Aber Vitus war dann doch zu neugierig. „Erzähl’ schnell weiter, Balti.“

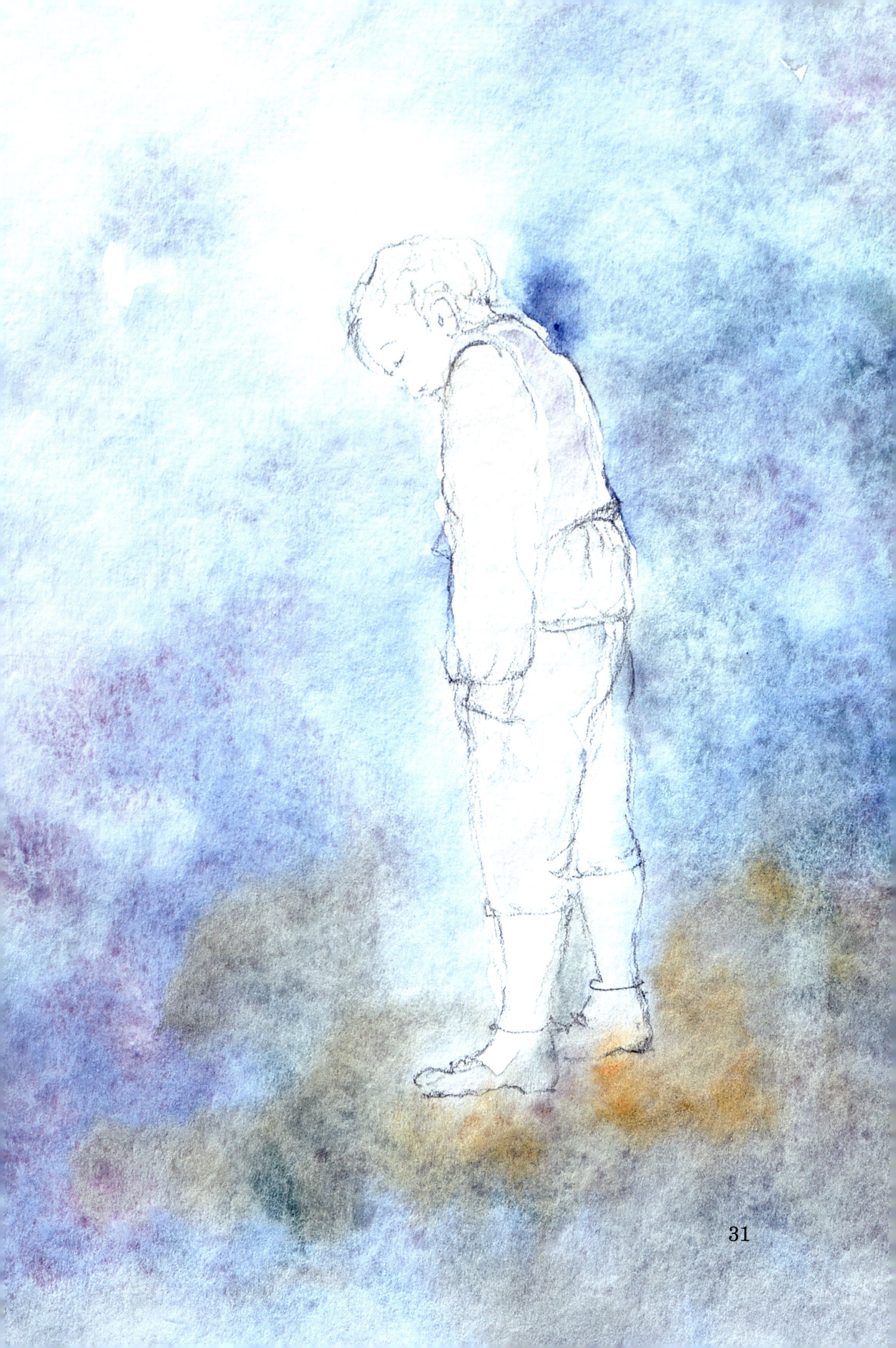

Balthasar merkte, wie ihn Vitus nannte. Nämlich nicht Balti-Neum, nicht Balti-Narium und nicht Balti-Notelli – Vitus war nun *mitten* in der Geschichte. Sie fesselte ihn. „Erzähl' weiter, bitte *jetzt*." wiederholte Vitus. „Auch das Geld ging der Familie aus, denn da war ja niemand mehr, der musizieren konnte. Da war niemand mehr, der Gehalt bekam oder auf Festen aufspielen konnte. Und so kam es, dass die Stiefmutter von Johann Sebastian schon bald fast kein Frühstück, kein Mittagessen und auch keinerlei Nachtisch mehr für Johann Sebastian und seine Geschwister kaufen konnte. Sie litten beinahe Hunger und schließlich blieb keine andere Möglichkeit mehr, als Johann Sebastian und seinen älteren Bruder zum ältesten Bruder nach Ohrdruf zu schicken." „Ist der wichtig?", fragte Vitus und Balthasar wunderte sich.

„Ist dieser älteste Bruder von Johann Sebastian so wichtig, dass du mir seinen Namen verrätst?" Offensichtlich erinnerte sich Vitus an Balthasars Hinweis mit den vielen Vornamen und war eigentlich auch ganz froh darüber, dass er sich bis jetzt von diesen supervielen Bachs nur Johann Sebastian, Johann Ambrosius und Veit und Hans merken musste. „Veit und Hans, wer waren die beiden noch einmal? Das habe ich ganz vergessen", dachte Vitus. „Hans Bach und Veit Bach. Wer war noch mal Veit und wer war noch mal Hans?", fragte Vitus am Ende der Geschichte, die in der Zeit in Eisenach passierte. „Veit war der Ururgroßvater von Johann Sebastian und *Hans, der Spielmann* war der Sohn von Veit." „Ach ja," Vitus wusste, da wäre er selber drauf gekommen, wenn er sich denn mächtig angestrengt hätte. Aber *fragen* war einfach einfacher.

„*Wo* hat denn der große Bruder, also der älteste große Bruder vom kleinen Johann Sebastian gewohnt? Auch in Eisenbach?" „Eise*nach*, Vitus. Eisenach. Dort ist Johann Sebastian geboren. Trotzdem heißt die Stadt nicht Eisenbach. Sondern Eisenach. Johann

Christoph Bach, der älteste Bruder also, der wohnte in Ohrdruf. Das war ganz in der Nähe von Eisenach. Dorthin konnte man an nur einem Tag laufen. Dieser älteste Bruder Johann Christoph hatte bereits eine *eigene* Familie. Also eine Frau und auch sogar schon einen Sohn. *Trotzdem* bot er auch seinen beiden kleinen Brüdern ein liebes Zuhause an. Und er sorgte sich um sie – wie ein Vater – in jeder Beziehung." „Aus die Maus mit Eisenach", wurde Vitus schon wieder fröhlicher. Denn Vitus war gerne fröhlich und die Geschichte war ihm an dieser Stelle doch ein großes Stück viel zu traurig. „Dann musste sich der kleine Johann Sebastian ja außerdem auch lauter neue Freunde suchen", überlegte sich Vitus. „Haben sich denn Johann Sebastian und seine besten Freunde in Eisenach wenigstens ab und zu eine Mail geschickt?" „Eine Mail? Vitus – eine Mail? E-Mails gibt es erst seit Kurzem! Und ob Johann Sebastian seinen Schulfreunden in Eisenach jemals einen Brief auf Papier geschickt hat ..., das weiß wohl gar niemand mehr. Aber *ich* glaube das nicht.

Selbstverständlich ging Johann Sebastian ab dieser Zeit in Ohrdruf auch auf eine ganz andere Schule und er musste sich neue Schulkameraden suchen. Und neue Freunde." Vitus wusste im Moment ganz und gar nicht, ob er immer noch traurig sein sollte oder ob er sich mehr auf das nächste Kapitel im Leben von Johann Sebastian freuen wollte. „*Wird* es denn wieder lustiger?“, fragte Vitus vorsichtig. „So traurig, das macht mir nicht so viel Spaß wie das Kapitel davor.“ Auch wenn das alles vor so langer Zeit passiert war: irgendwie berührte es doch das Herz der *beiden* kleinen Brockengel und irgendwie – waren jetzt beide traurig. „Ja, Vitus, es wird jetzt *richtig* lustig.“ „Au ja – *richtig lustig*, das ist gut. Sie haben sicherlich herrlich miteinander gespielt, die drei Bach-Brüder in Ohrdruf. Und sie haben Spaß gehabt und neue Freundschaften geschlossen.“ Balthasar lachte, denn *er* wusste ja schon, dass der Älteste der Drei zwar Johann Sebastians Bruder war, aber eben kein Kind mehr. „Gespielt – haben die drei Brüder nicht miteinander, Vitus.

Johann Christoph hatte ja schon einen Beruf. Er war viel, viel älter als Johann Sebastian und er musste tagsüber zur Arbeit. Aber – weißt du was – was *da* in Ohrdruf Tolles passiert ist, das erzähle ich dir morgen. Da habe ich dann auch ausgeschlafen und ich bin frisch. Und wenn ich frisch ausgeschlafen habe, kann ich alles am besten erzählen. Was hältst du davon, wenn du jetzt für mich noch ein wenig tust, was *du* am besten kannst? Komm’, spiel ein Lied für mich. Von Johann Sebastian. Eines von denen, die du am besten kannst.“ „Was?“, fragte Vitus ein wenig trotzig, „du hörst jetzt einfach auf zu erzählen. Es ist doch noch hell! Ich bin noch kein Stückchen müde“ und Vitus gähnte herzhaft. „Also willst du nichts für mich spielen, wo ich dir doch schon so viel aus dem Leben des allerallergrößten Musikers der Welt erzählt habe?“ Vitus überlegte kurz, stand auf und setzte sich dann an seine kleine Orgel, ganz an der linken Seite seiner kleinen Barockengel-Wolke. „Ist es nicht spannend, wie viele kleine Instrumente auf einer winzigen Barockengel-Wolke Platz haben?“, fragte Vitus und grinste schon wieder.

Vitus hatte ruckzuck vergessen, dass er sich gerade noch darüber beschwert hatte, dass die Geschichte für heute nun schon zu

Ende war. „Dann wollen wir aber nach meinem Musizieren ganz schnell schlafen. Denn je schneller wir schlafen, desto schneller sind wir fertig mit Schlafen. Und wenn wir fertig sind mit dem Schlafen, dann kannst du weiter erzählen, Balthasar. *Was* denn in Ohrdruf so spannend gewesen ist. Hat es denn auch mit Musik zu tun?“ Balthasar nickte nur, grinste über beide Barockengel-Bäckchen und machte es sich auf seiner Wolke kuschelig. Ganz weit weg, am Horizont, war inzwischen die Sonne untergegangen und über ihnen färbten sich die ersten hohen Wolken rosa und schließlich in ein ganz kräftiges Rot. Vitus hatte mit seiner Musik begonnen und es klang – ganz einfach himmlisch. „Wie kann ein Mensch nur solche Musik erfinden: Sie dichten, sie setzen, sie komponieren? Vielleicht war es tatsächlich der liebe Gott, der Johann Sebastian Bach dieses Können geschenkt hat.“ dachte Balthasar laut nach. Er schaute in den Himmel, während er diesen wunderschönen Tönen zuhörte.

Der Himmel wurde auf der einen Seite schon richtig dunkelblau und Balthasar konnte ganz zart den Mond erkennen. Etwas später begannen die ersten Sterne zu funkeln. Vitus spielte und spielte und schließlich, als er das Stück zum vierten Mal gespielt hatte, war alles so schön, dass Balthasar einfach die Augen zufielen und er in einen tiefen, ruhigen Schlaf fiel. Er merkte überhaupt nicht, wie Vitus zu seinem besten Freund hinüber schaute und sah, dass der schon mit einem ganz verschmitzten Lächeln auf seiner kleinen Barockengel-Wolke schlief. Noch einmal spielte Vitus das Stück vom großen Johann Sebastian. Natürlich spielte er es jetzt ganz, ganz leise. Balthasar schlief inzwischen immer tiefer. Er träumte, dass diese wunderschöne Musik immer leiser wurde, bis sie schließlich ganz verstummte. Vitus hatte das Stück zu Ende gespielt, sich auch hingelegt und war ganz fix eingeschlafen. Bald schliefen beide tief und fest. Viele, eigentlich sehr, sehr viele Sterne wachten am Himmel und beide träumten von der Zeit, als Johann Sebastian so viel Spaß daran hatte, mit seinem Papa zusammen Geld zu verdienen. Mit Musik machen. In Eisenach. Auf so vielen Festen und Hochzeiten.

## Kapitel 5

„Aufwachen, Schlafmütze! Es ist schon hell. Wir wollen frühstücken." Beide kleinen Barockengel liebten Müsli zum Frühstück und ein Glas Milch noch dazu. „Willst du Erdbeeren oder Pfirsiche in dein Müsli?", fragte Vitus, der ganz offensichtlich morgens immer schon richtig hellwach war. Balthasar dagegen konnte morgens kaum aus den Augen schauen. *Das* war ihm alles noch viel zu hell. Ach was, eigentlich war es viel, viel, viel zu hell. Und Vitus war auch schon viel zu wach. Und viel zu fröhlich. So kurz nach dem Aufwachen. Überhaupt: Wie konnte man so schnell nach dem

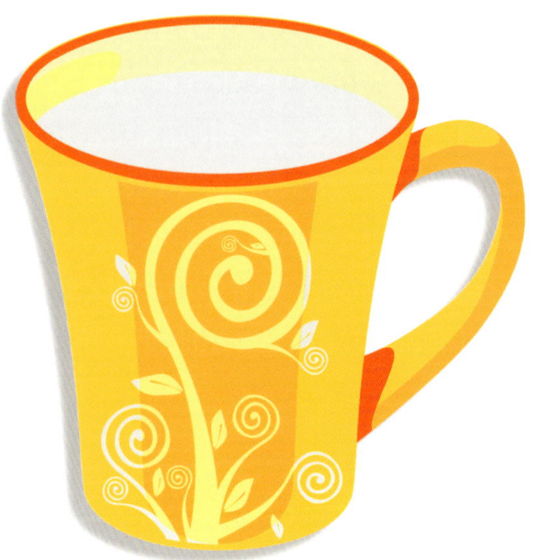

Aufwachen so fit sein? Das war nicht Balthasars Ding. Überhaupt nicht. Er brauchte es langsam – erst einmal wach werden.

„Wir müssen heute sehr, sehr schnell frühstücken“, prustete Vitus los. „Fürchterlich schnell sogar.“ „Warum *das* denn?“, entgegnete Balthasar und lachte, „nimmt uns das Frühstück sonst jemand weg?“ „Nein, Balti - ne - le - um.“ „Aha“, dachte Balthasar. „Vitus ist wieder frisch und ausgeruht. Jetzt geht das mit den Spitznamen für mich wieder los.“ „Ich bin doch so gespannt, was Johann Sebastian in Ohrdruf *Lustiges* erlebt hat.“ „Das erzähl' ich dir sofort. Aber davor – wird gefrühstückt. Und zwar in aller Ruhe. Dann kommt die Milch an die Reihe“. Und so mampften sie ihr Müsli, tranken dann die köstliche Milch und Balthasar erzählte schließlich weiter:

„Inzwischen war Johann Sebastian ja nicht mehr klein. Er hatte nun in jungen Jahren schon eine ganze Menge erlebt. Viel mehr, als ihm lieb gewesen war. *Ein* Gutes hatte alles wenigstens: Er war mit einem Schlag ein *richtiger* Onkel geworden. Das heißt, er war es natürlich schon vorher, aber sein Neffe, der Sohn seines ältesten Bruders, wohnte eben einen Tagesmarsch entfernt. Dass er Onkel war – da war er schon ein wenig stolz darauf. In Ohrdruf war Johann Sebastian plötzlich auch kein Schulschwänzer mehr, so wie das manche von ihm dachten. Der Papa hatte ihn ja gebraucht und an zwei Plätzen zur selben Zeit zu sein, das konnte auch ein Johann Sebastian Bach nicht. In Ohrdruf konnte er sich ganz und gar aufs Lernen konzentrieren. Ein Schulfach machte ihm mehr Spaß, das andere weniger, so wie das bei den meisten Schülerinnen und Schülern auch heute noch ist. Ganz besondere Freude aber hatte er an …?“, Balthasar hörte auf zu erzählen und Vitus schaute ihn mit großen Barockengel-Kulleraugen an. „An was denn?“, fragte Vitus. Wieder merkte man, dass es vieeeeeeel einfacher war, sich dumm zu stellen und *deshalb* zu fragen, als einfach selbst ein wenig nachzudenken. „Na,

Vitus, mein allerbester Freund“, sagte Balthasar, „an was, glaubst du, hatte Johann Sebastian am meisten Freude? Was, meinst du, war sein Lieblingsfach? Etwa Turnen?“ „Könnte sein“, sagte Vitus. Das passte, wenn ein anderer die Antwort schon mundgerecht servierte.

„Quatsch!“, sagte Balthasar. „W*as* glaubst du denn, an welchem Schulfach der Musiker und Tondichter Johann Sebastian *Bach* wohl am meisten Spaß hatte?“ Er betonte dieses *Bach* ganz besonders. „Also ein Komponist – was glaubst du, tut so einer am liebsten?“ „Hm, er mag Musik als liebstes Schulfach!“, platze Vitus endlich heraus. Er war sichtlich stolz, mit ein ganz klein wenig Hilfe die Antwort doch *selbst* gefunden zu haben. „Richtig. Musik. Darin war Johann Sebastian richtig gut. Andererseits: wer so viel von Musik umgeben war, der konnte eigentlich gar nicht anders, als richtig gut zu sein im Schulfach Musik. In Ohrdruf verdiente der große Bruder sein Geld als Organist. Und zwar in der Michaeliskirche. Johann Sebastian bekam in Ohrdruf auch sehr viel Musikunterricht. Auf den verschiedensten Instrumenten. Und natürlich lernte er auch, Noten selbst zu schreiben – aber genug von Musik hatte er nie.

Johann Sebastian war ungeduldig. Er war so ungeduldig, dass sich Johann Christoph sogar sorgte, der jüngste Bruder könnte es schließlich übertreiben. Richtig aufpassen musste der älteste der Söhne von Johann Ambrosius inzwischen, dass sein Johann Sebastian nicht bis tief in die Nacht Noten schrieb oder übte oder sich anderweitig mit der geliebten Musik beschäftigte. „Ja, ja, ja“, sagte Vitus, „ich will *jetzt* und ich möchte gerne bitteschön endlich diesen *lustigen* Teil der Geschichte hören. Du hast das gestern gesagt. Eigentlich hast du es beinahe versprochen, Balthasar. Was ist denn da Lustiges passiert?“ Schule war ein Thema, mit dem man Vitus *nicht* so richtig begeisterte. Er fand es toll, wenn man alle diese Noten auf dem weißen Papier mit den Linien so wunderbar spielen konnte, sodass jeder sich daran begeisterte. Der Weg dorthin allerdings, um *das* alles zu können, der war schon etwas anstrengender als mit Freunden Spaß zu haben. Und das Üben – das war hin und wieder auch ein sehr, sehr lästiger und seiner Meinung nach vollkommen überflüssiger Teil der Kunst. „Also, dann will ich dich ‘mal nicht noch länger warten lassen, mein bester, mein allerbester Freund Vitus:

Etwas, das seinem ältesten Bruder gehörte, wollte Johann Sebastian ganz besonders gerne haben. Es war eine Sammlung von Kompositionen damals schon berühmter Komponisten. Johann Sebastian wollte diese Kompositionen zu gerne abschreiben. Um sie anschließend dann auch üben zu können. Aber genau *das* – das wollte sein Bruder nicht.“ „Warum *das* denn nicht?“, fragte Vitus. „Gibt’s doch gar nicht“, fügte er hinzu und Balthasar musste schmunzeln. „Hör doch weiter. *Das* wollte eben Johann Sebastian. Wahrscheinlich brauchte er viel weniger Zeit, um ein neues Stück zu üben, bis er es perfekt spielen konnte.“

Vitus machte einen leicht gequälten Eindruck. Er fand, *er* konnte neue Musikstücke auch schon ganz schön schnell perfekt spielen. „Der kleinste Bruder wollte einfach so gerne nur diese Musikstücke abschreiben und so bettelte er bei seinem großen Bruder, doch bitte nachzugeben und sie ihm dafür zu überlassen. Johann Christoph aber war tatsächlich besorgt, der kleine Johann Sebastian würde zu schnell zu schwere Stücke lernen wollen und sagte – *Nein*!“

Vitus meinte: „Mist!“ Balthasar war ein wenig erschrocken, denn solche Worte gehörten eigentlich nicht zum Wortschatz eines kleinen Barockengels. Besonders dann nicht, wenn der für Musik zuständig war. Denn: auch von Schutzengeln und von kleinen Barockengeln, die besonders gut Geschichten erzählen konnten, und eben auch von kleinen Barockengeln, die für Musik zuständig waren, erwartete man, dass sie sich ein wenig höflicher ausdrückten.

„*Schade*“, sagte Balthasar, „wäre das richtige Wort gewesen, Vitus. *Mist* sagt man nicht.“ „Also sage ich nicht mehr Mist.“ „Genau“. „Ich sehe das ein, Baltar-Solum, also *Mist* und gleichzeitig *schade*! Besser? Ich habe ja nur gesagt, ich sage *Mist* nicht mehr. Ich habe ja nicht gesagt, ich sage es *nie* mehr.“ Vitus grinste. Vitus war ein Schalk und das wusste Balthasar. Ab und zu gab's deshalb einen kleinen Rüffel von seinem allerbesten Freund – aber dann war schon kurz danach alles wieder gut. „Also, ich finde die Geschichte nicht besonders lustig“, sagte Vitus. Er war ein wenig enttäuscht, „mir ist so etwas Ähnliches schon öfter passiert. Nämlich, dass ich etwas nicht bekomme, was ich mir soooooo sehr wünsche.“

„Ich habe die Geschichte in meiner Geschichte doch noch gar nicht zu Ende erzählt“, meinte daraufhin Balthasar und grinste von einem Barockengel-Ohr zum anderen. „Jetzt geht's doch erst richtig los.“ Vitus strahlte wieder und rutschte auf seiner Wolke ein Stück näher an die Wolke von Balthasar heran, als ob er so die kommende Geschichte dann noch besser verstehen könnte. „Also“, begann Balthasar, „Johann Sebastian hatte ja nun schon eine ganze Menge im Leben erlebt. Damit, dass er dieses Notenheft mit den vielen, schönen Werken damals sehr bekannter Komponisten nicht haben durfte, damit fand er sich aber einfach nicht ab. Wie das Jungs in seinem Alter eben so tun, schmiedete er einen Plan. Er wusste ja, dass sein Bruder dieses Heft in dem kleinen Schrank, mit den Gitterstäben davor, im Erdgeschoss eingeschlossen hatte. Was der große Bruder allerdings *nicht* wusste: Die Hände Johann Christophs waren *viel* zu groß, um zwischen dem Gitter mit den Schnörkeln hindurch zu fassen.“ „Es war ein Barock-Schränkchen“, platzte Vitus heraus „du hast Schnörkel gesagt. Und dass so vieles in dieser Zeit Schnörkel hatte und Verzierungen.“ „Ja, Vitus, da könnest du sicherlich recht haben, es könnte ein richtiges, kleines Barock-Schränkchen gewesen sein!

Auf jeden Fall waren zwischen Johann Sebastian und diesem Notenheft nur die Gitterstäbe, die allerdings für große, erwachsene Männerhände sicherlich ein gewaltiges Hindernis darstellten. Aber sie waren kein Hindernis für die noch sehr, sehr kleinen Hände eines älteren Kindes. Und so dachte Johann Sebastian über seinen Plan nach. Es war ja nicht nur ein Abenteuer, dieses Heft zu *entwenden*. Oder besser, es sich eine kurze Zeit auszuleihen, denn er wollte es ja nicht stehlen. Er musste es auch ganz und gar unbemerkt *abschreiben*. Wie sollte er *das* in einem nun kinderreichen Haushalt mit seinen zwei Brüdern, der Frau von Johann Christoph und einem Neffen überhaupt bewerkstelligen? Da wusste man nie, wem man wann und wo im Haus begegnete oder wer Durst hatte und in die Küche unterwegs war. Oder wer mal zur Toilette wollte. Auch, wer zur Türe hinein kam oder wem man im Gang begegnete – mitten in der Nacht. Relativ sicher war es nur, wenn der älteste Bruder abends zum Spiel in der Kirche war, oder auf einem Fest. Wenn es hell war, war es fast nie möglich. Denn einen großen Teil des Tages verbrachte Johann Sebastian ja in der Michaelisschule im Unterricht. Nur in der Nacht dachte sich der junge Musiker, da *könnte* es funktionieren."

„Ein ganz schön schlauer Fuchs, dieser junge Herr Komponist", warf Vitus ein. „Aber sagtest du nicht vorhin, es gab Kerzen? Dann hatte er wohl sicherlich auch keine Taschenlampe." „Natürlich, Vitus, damals gab es noch keine Taschenlampen. Aber – es gab den Mond. Und du weißt doch, wann es in der Nacht am hellsten ist!?" „Ja, klar", war Vitus schnell bei der Sache. „Am hellsten ist es bei Vollmond – da sind sogar unsere Barockengel-Wolken von der Erde aus sehr gut zu sehen. Und drei oder vier Tage *vor* Vollmond auch und drei oder vier Tage *nach* Vollmond." „Aber nur ...?", meinte Balthasar und schaute fragend zu Vitus. Der zuckte mit den Schultern und wusste nicht, was Balthasar wissen wollte. „Wenn der

Mond zu Vollmond auch scheint?“, meinte Vitus vorsichtig. „Nein, Vitus, denk doch mal nach. Nur wenn es am Abend schönes Wetter gehabt hatte und am besten gar keine, also überhaupt keine Wolken am Himmel waren. *Dann* konnte man in einer Vollmondnacht – oder die wenigen Tage davor und danach – wenn die Augen an die Dunkelheit gewöhnt waren, auch richtig gut sehen.“ Vitus nickte. Das hatte er auch schon bemerkt: Von ihren Barockengel-Wolken, also von oben, konnten man bei Vollmond nämlich auch die Landschaft auf der Erde unten richtig gut sehen. Man sah Städte und Dörfer, Felder und Wälder und Schlösser und Burgen. Klar, nicht so gut wie am Tage. Aber man konnte sich doch gut orientieren. Das ging bei Vollmond richtig gut. *Wenn*, ja *wenn* keine Wolken am Himmel segelten.

„Und Johann Sebastian?“, fragte Vitus. „Johann Sebastian“, fuhr Balthasar fort, „wartete am nächsten Abend, ein paar Tage vor Vollmond, bis alle im Haus ganz tief und fest eingeschlafen waren. Dann zählte er, um auch ganz sicher zu gehen, ganz leise bis 175. Und krabbelte anschließend aus seinem Bett. Die Füße auf den Fußboden aufsetzen war dabei die erste Herausforderung. Die Dielen knarzten dabei nämlich schon tagsüber sehr laut. Aber komischerweise *in der Nacht* – da knarzten sie irgendwie *noch* viel lauter. Aber, wenn einer von den Bach-Buben in der Nacht einmal dringend musste, dann knarzten die Dielen ja auch. Übrigens knarzten sie scheinbar *besonders* laut, wenn man auf einer *Notenheft-Jagd* war. So nannte Johann Sebastian sein Abenteuer inzwischen. Er stellte also fest, dass *ein wenig* Knarzen niemanden alarmieren würde. Nicht den großen Bruder, nicht die Frau seines Bruders. Und sein Neffe schlief ja auch regelmäßig und ruhig weiter, wenn ein anderer nachts einmal musste.“

„Stimmt“, sagte Vitus unvermittelt, „*das* kenne ich. Man kann sich *nirgendwo* hinschleichen in der Nacht. Warum das in der Nacht lauter ist als am Tag, verstehe ich aber überhaupt nicht.“ Balthasar konnte seinem besten Freund diese schwierige Frage auch nicht beantworten, nahm sich aber vor, das nachzuholen, wenn er älter war. Nämlich dann, wenn er es *selbst* gelernt hatte, *warum* nachts alle Geräusche lauter waren als am Tag.

„Das nächste Problem für Johann Sebastian“, fuhr Balthasar fort, „war die hölzerne Treppe nach unten. Sie ächzte und stöhnte tagsüber auch so laut, dass Johann Sebastian es sich gar nicht ausmalen wollte, wie laut das wohl des Nachts sein würde. Da musste er sich schon etwas ganz Besonderes einfallen lassen. Ganz am Rand laufen? Das war *eine* Möglichkeit: Aber sollte er *das* riskieren? Wahrscheinlich wäre sein ganzer toller Plan aufgeflogen, wenn man ihn erwischt hätte, wie er ins untere Stockwerk schlich. Denn im Erdgeschoss waren nur die Küche, das Arbeitszimmer seines ältesten Bruders und auch das Esszimmer.“

Man sah Vitus inzwischen an, wie er *selbst* ganz angestrengt nach einer Lösung für das *Dielen-Knarz-Problem* suchte. Es sah auf jeden Fall so aus, als ob auch er keine Lösung gefunden hätte. Doch plötzlich, da strahlte Vitus über beide Barockengel-Bäckchen, klatschte in die Hände und rieb sie anschließend aneinander: „Das Geländer! Balthasar, das Geländer. Johann Sebastian hat das Geländer benutzt“, polterte es nur so aus ihm heraus. „Er ist hinuntergerutscht.“ Auch Balthasar strahlte nun und sagte: „Richtig, Vitus, Johann Sebastian war ja auch sportlich. Immerhin *lief* er zu allen Plätzen und Orten. Schon früher tat er das mit seinem Vater. Immer liefen sie zu den Festen und Hochzeiten in der ganzen Umgebung. Und so rutschte Johann Sebastian in der ersten hellen Nacht kurz vor Vollmond ganz, ganz vorsichtig – und auch ganz, ganz langsam – das Treppengeländer zuerst auf der einen Stiege, dann auf der anderen Stiege hinab.

Er stand also vor dem Schränkchen. Mit der Sammlung. Mit der Sammlung der heiß begehrten Werke dieser ganzen berühmten Komponisten. Johann Sebastian machte seine kleine Hand ganz flach und probierte es. Ja, es klappte! Er *konnte* sie ganz ohne Mühe durch die größte Öffnung im barocken Gittertürchen hindurch stecken. Was war das für ein gutes Gefühl. Er war dem Ziel so nahe. Die Notenblätter im Heft – sie waren nun im wahrsten Sinne des Wortes: zum Greifen nah. Als er aber das Heft in der Hand hielt, bemerkte er, dass er es, so wie es lag, niemals durch das Gitter durchziehen konnte. *Das* allerdings bereitete ihm nur ganz kurze Zeit ein Problem, denn Johann Sebastian war nicht nur in Musik sehr gut, sondern er konnte auch Probleme ganz flink lösen. Er drehte das *Beutestück* senkrecht, nachdem er auch seine zweite Hand durch das Gitter steckte, die bei dieser Aktion nötig war. Inzwischen war da nicht mehr so viel Platz, denn sein anderer Arm versperrte ja inzwischen einen Teil der Öffnung. Das Fach im Schrank war nur wenig höher, als er für das Heft in der Höhe sein musste. Aber mit ein wenig Geschick gelang es ihm, zuerst die linke Hand wieder herauszuziehen und dann die rechte kleine Hand, die inzwischen die Notenblätter hielt. Ganz vorsichtig zog er sie durch das Gitter zurück aus dem Schränkchen."

„Traraaaaa!", rief Vitus, nahm eine kleine Trompete und *trompetete* auch noch ein *Trara*. Anschließend bog sich Vitus auf seiner Wolke vor Lachen zu einer Kugel. Was nun so lustig war an dieser Stelle von Balthasars Geschichte, war dem allerdings *nicht* ganz klar. „Was ist denn nun soooooo lustig, Vitus?" „Ach Balta-Rosselino, ich habe bei meinem Trompeten-Traraaaaa daran gedacht, dass ich ja auch ein kleiner Barockengel bin, der besonders gut, ach was sage ich, himmlisch gut Trompete spielen kann. Ich habe mir gerade vorgestellt, wie es wäre, wenn ich ab sofort immer die Trompete spiele –

an dieser Stelle. Du erzählst die Geschichte von Johann Sebastian, und wenn der kleine Komponist das Heft aus dem Schränkchen gezogen hat, dann kommt mein Teil mit der Trompete. Ein heftiges *Traraaaaa* – und dann bin ich fertig mit meiner musikalischen Aufgabe. Das wäre doch toll.“ Beide lachten herzlich. „Weißt du denn schon, Vitus, welches Problem denn nun auf Johann Sebastian wartete?“ Vitus wurde augenblicklich wieder ernst und er überlegte. Das tat er ja sonst nicht so gerne, weil fragen viel einfacher war. Doch schon nach kurzem, aber heftigen Nachdenken sprudelte es aus ihm heraus: „Johann Sebastian kann die Treppe nicht *hoch*rutschen.“ „Richtig!“, sagte Balthasar. „Und genau das fiel dem kleinen Musiker ein, als er das Gestohlene – na ja, es war ja ein stibitztes Heft – in der Hand hielt. Der große

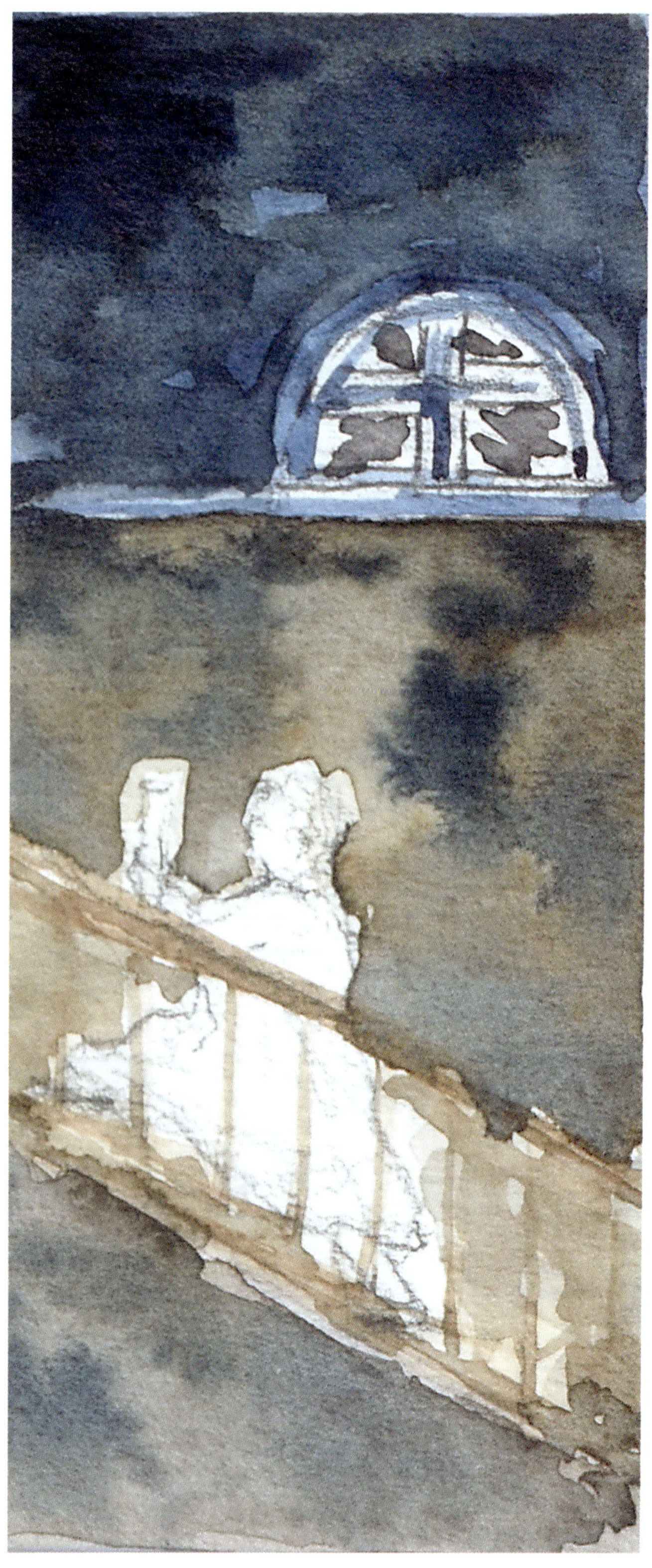

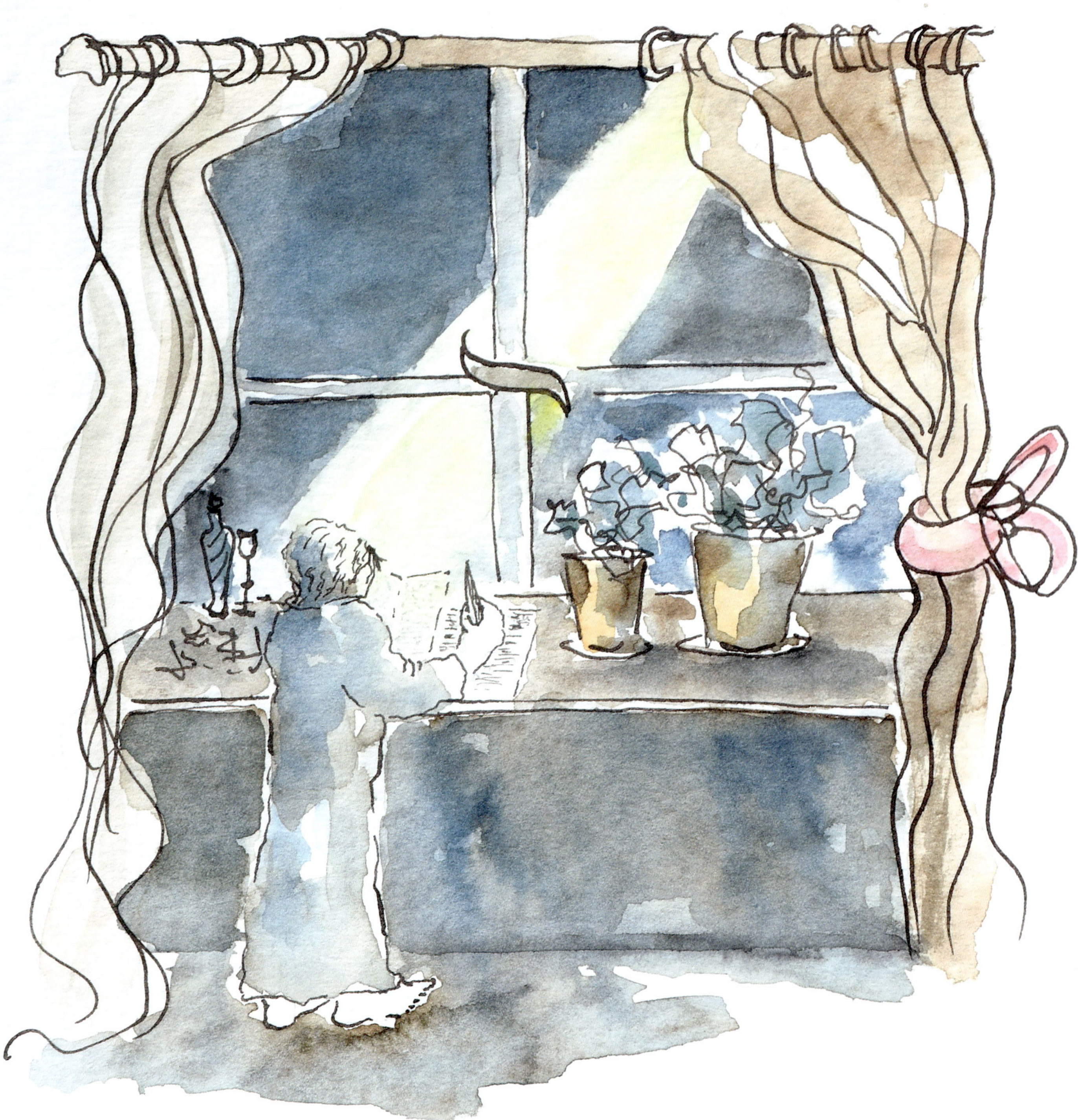

Bruder würde ihn also doch entdecken! Unten am Schränkchen mit dem Heft in der Hand. Oder er würde ihn auf der Treppe ertappen, wenn sie denn so besonders laut stöhnte und ächzte, wie sie eben nur des Nachts stöhnen und ächzen würde. Doch Johann Sebastian war immer gut für eine neue Idee. *Aufgeben* war nicht seine Sache. Und so sagte er sich, warum es nicht einfach einmal probieren: und zwar ganz am Rand der Treppe zu laufen.

Vorsichtig, Stufe für Stufe. Vielleicht – hatte er Glück. Gesagt, getan – und siehe da: Alles blieb mucksmäuschenstill. Es war kaum zu glauben: Er war nicht nur auf dem Rückweg zu seinem Bett, sondern stand inzwischen schon davor. Die Noten in der Hand. Natürlich hatte er auch schon einen weiteren Plan, der ja nötig war, damit niemand merkte, was er da so trieb." „Da bin ich aber mal gespannt", murmelte Vitus, wie das funktionieren soll. „Ohne richtiges Licht? Und die ganze Sache mit der Feder und der Tinte? Das war ja eine Vorbereitung wie zu Weihnachten." „Nun wart's doch ab", sagte Balthasar, „dann erfährst du es ja gleich. Johann Sebastian hatte sich natürlich sehr gut vorbereitet. Der Mond schien zum Fenster hinein und der junge Musiker griff unter sein Bett. Dort hatte er nicht nur ein kleines Tintenfässchen und die Feder, die er tagsüber mit in die Schule nahm, bereitgelegt, sondern auch schon einige Blatt Papier. Auf sie hatte er bereits am Vortag Notenlinien gemalt. Und so stellte er sich an die Fensterbank, schob die beiden Geranienblumentöpfe ein wenig zur Seite und schrieb viele, viele Stunden. Note für Note. So lange, bis der Mond hinter der rechten, oberen Ecke des Fensters seines Zimmers verschwunden war. Note für Note. Zeile für Zeile. Seite für Seite. Dann – war alles plötzlich dunkel.

Also, es war nicht wirklich dunkel, aber es war eben viel dunkler als zuvor. Als der Mond noch zum Fenster hinein geschienen hat. Sein Bett, die Türe und auch ein Bild an der Wand, das konnte Johann Sebastian noch gut erkennen, aber er brauchte das direkte Mondlicht eben zum Schreiben. Ohne das ging es nicht. Und so musste er an diesem ersten Tage aufhören. Und ein wenig müde –

das war er auch. Er hatte in dieser Nacht ja noch kein einziges Auge zugetan. Bald aber sollte der letzte Teil seines Abenteuers kommen und Johann Sebastian wusste, dass erst mit dem Abschluss dieses dritten Teils sein ganzes Projekt erfolgreich werden konnte. Nachdem er jede einzelne Note abgeschrieben hatte, schlich er sich wieder hinaus in den Gang – wie schon einige Wochen zuvor, vollkommen leise – und rutschte – dieses Mal war es etwas komplizierter, denn er hatte ja die Noten in der Hand. Einmal bis zur Mitte des Treppenhauses, danach dann den zweiten Teil.

Ganz senkrecht und ganz behutsam schob er das Heft wieder durch das Barockgittertürchen vor dem Barockschränkchen, drehte es zwischen dem oberen und dem darunter liegenden Fachboden und platzierte es an seinen ursprünglichen Platz. Natürlich vergewisserte er sich, dass alle Bücher und eben auch das Notenheft genau so lagen, wie er alles damals antraf. Und als er sich dessen sicher war, schlich er, ganz vorsichtig und auf Zehenspitzen, wieder in sein Schlafzimmer hinauf – auch wie schon beim ersten Mal: eben wieder ganz am Rand der Treppe. Er krabbelte in sein Bett, zog sich die Decke bis über beide Ohren und fiel erschöpft in einen tiefen Schlaf.

Er träumte davon, selbst eines Tages berühmte Musik zu komponieren." „Toll!", sagte Vitus andächtig. „Das war ja ein ganz schön flinkes Wiesel, dieser Johann Sebastian. Ein ganzes Notenheft hat er in nur einer Nacht abgeschrieben." Vitus saß mit offenem Mund da. „Vitus, jetzt denk doch mal nach", sagte nun Balthasar etwas energischer, „du machst es dir immer ein wenig einfach. Johann Sebastian hat im dunklen *Meisterwerke* abgeschrieben. Mit vielen, vielen, ja Hunderten von Noten. Und sie mussten alle, also jede Einzelne, ganz, ganz genau dorthin, wo sie diese berühmten Komponisten ebenfalls hingemalt hatten". „Warum *das* denn jetzt, reicht denn nicht auch *ungefähr*?" Balthasar wusste, dass Vitus rumalberte, denn *er* musste ja *ganz genau* wissen, warum Noten ganz genau dort sitzen müssen, *wo* sie eben sitzen müssen – und eben nicht *ungefähr irgendwo*. Also schüttelte Balthasar nur den Kopf. „Johann Sebastian schrieb immer nur ein oder zwei Seiten ab. Und in *mancher* der eigentlich perfekten hellen Nächte war es zappenduster. Weil – einfach das Wetter nicht gut genug war für Johann Sebastians Plan. Und so wurde dieses Projekt für den kleinen Musiker aus Eisenach, der ja nun in Ohrdruf größer und älter wurde, eine heimliche Aufgabe, die viele, viele Wochen lang dauerte. Doch eines Tages schließlich war Johann Sebastian fertig. Die kompletten Noten waren abgeschrieben und in einer der hellsten Vollmondnächte überhaupt hatte er die allerletzte Note platziert und schließlich den Schatz in das kleine Barock-Schränkchen mit dem kleinen Barock-Schränkchen-Gitter, durch das Johann Sebastians kleine Kinderhände so gut passten, zurückgelegt."

„Und nun?", fragte Vitus. Balthasar antwortete: „Nun übte Johann Sebastian diese Musikstücke!" „Und wenn er nicht gestorben ist, dann übt er sie noch heute?" schnodderte Vitus herum. „Pustekuchen", entgegnete Balthasar. „Johann Sebastian übte natürlich diese Musik so oft er konnte und so oft niemand wusste, *was* er denn da so fleißig spielte. Doch eines Tages, vielleicht brauchte man seinen großen Bruder für ein paar Stunden nicht in der Kirche, da kam der vollkommen unvermutet nach Hause. Johann Sebastian war so in sein Spiel vertieft, dass er die Rückkehr seines ältesten Bruders Johann Christoph überhaupt nicht bemerkte. „Schlecht", sagte Vitus trocken, „sehr schlecht." „Johann Christoph hörte", fuhr Balthasar fort, „was Johann Sebastian eigentlich noch gar nicht spielen *konnte*, noch durfte. Er ahnte etwas, ging nach oben zu Johann Sebastian in dessen Zimmer und nahm ihm das Heft mit den Noten weg. Natürlich gefiel das Johann Sebastian nicht. Er bat und bettelte, weinte schließlich sogar und führte alle möglichen Gründe an, warum dieses Üben sinnvoll war. Warum er ja dazu das Heft und die Noten abschreiben musste und dass dieses Abschreiben und auch das Üben der Stücke seiner Gesundheit nicht schaden würde. Sein Bruder aber blieb hart. Er nahm ihm diese Noten weg. Johann Sebastian bekam seine Abschrift vom ältesten Bruder Johann Christoph niemals wieder." „Da war der kleine Musikus aber sicherlich ganz schön sauer auf seinen großen Bruder. Ich *wäre* es gewesen", sagte Vitus. „Johann Sebastian war das ganz sicher und enttäuscht war er bestimmt auch", entgegnete Balthasar, „trotzdem war er seinem großen Bruder niemals aber auch nur einen einzigen Tag lang gram. Im Gegenteil, als Johann Christoph bereits mit nur 50 Jahren starb, bot er zwei von Johann Christophs Söhnen ein ebenso schönes, liebes Zuhause an, wie ihm damals der große Bruder. Und so revanchierte er sich bei Johann Christoph."

„Pech gehabt", sagte Vitus, „aber es war sehr, sehr spannend. Das hätte *ich* sein können, denn *ich* war, als ich klein war, auch immer sehr, sehr einfallsreich", meinte Vitus aufgeregt. „Was gab es noch Besonderes in Ohrdruf?", meinte Vitus dann. „In Ohrdruf", sprach Balthasar weiter, „hat Johann Sebastian einen neuen besten

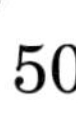

Freund gefunden. Mit dem ging er auch zur Schule. Das war Georg Erdmann. Viel Spaß und Schabernack trieb er mit Georg – nur Musik, das war nicht Georgs Ding. Aber das *musste* ja auch nicht sein. Es reichte, dass man an vielen verschiedenen Dingen gemeinsamen Spaß hatte und die Tage miteinander verbrachte.

In der Zwischenzeit erwartete die Frau seines ältesten Bruders ein weiteres Kind und damit wäre dann wirklich nicht nur der Platz in der Wohnung viel zu eng geworden. Ein *weiterer* kleiner Mensch in dieser Familie hatte ab sofort jeden Tag Hunger. Zu allem Überfluss lief zu dieser Zeit auch noch das Stipendium Johann Sebastians an der Michaelisschule aus."

„Was lief aus?", fragte Vitus, dieses Wort war ihm fremd. „Ein Stipendium", erklärte Balthasar, „nennt man das Geld, das ein guter Schüler bekommt, damit er studieren oder lernen kann. Und zwar, wenn die Eltern dieses Schülers arm sind oder wenn sie so viel Geld nicht bezahlen können." Vitus meinte: „Oder wenn die Eltern gestorben sind, wie bei Johann Sebastian, richtig?" Vitus war stolz darauf, dass er dieses komische Wort jetzt verstanden hatte. Sti - pen - di - um. „Und wer bezahlt *dann* das Geld?", wollte Vitus wissen. „Nun, Vitus, das ist manchmal eine Schule, manchmal eine Stadt, manchmal ein Fürst und manchmal auch ein reicher Bürger. Für Johann Sebastian jedenfalls war die Zeit gekommen, sich tatsächlich ein erstes Mal ernsthaft zu überlegen, wohin ihn sein Weg in der Zukunft führen sollte."

„Mittagspause!", posaunte Vitus hinaus und Balthasar nickte. Balthasar hatte gar nicht gemerkt, dass er schon ein wenig erschöpft war vom Erzählen und dass er auch Hunger verspürte. „Also macht *Geschichten erzählen* wohl auch hungrig", dachte er. „Das ist ja spannend: von *was* man alles Hunger bekommt. Und einen riesigen Durst habe ich auch."

# Kapitel 6

Balthasar und Vitus hatten mächtig gut gespeist. Spaghetti hatte es heute gegeben. Und zwar mit Fleischsoße. Und Spaghetti mochten die beiden kleinen Barockengel am allerliebsten. Am besten aß man davon eine riesige Portion, sodass später wirklich kaum noch Nachtisch in den Bauch passte. Allerdings gab es, wie so oft, Eis zum Nachtisch. Und um ganz genau zu sein, es gab Schokoladen-Eis. Und Nachtisch ging immer, das wissen nicht nur alle Kinder und alle Erwachsenen. Auch alle, *wirklich* alle, kleinen Barockengel wissen es: die kleinen Schutzengel, *die* kleinen Barockengel, die besonders gut Geschichten erzählen können und *die* kleinen Engel, die so herrlich musizieren. Alle mochten sie Eis. Und eben ganz besonders auch Schokoladen-Eis. Beide verputzten zunächst ihre Spaghetti, dann das Eis – und anschließend waren beide hundemüde. Auch kleine Barockengel sind hin und wieder hundemüde. Besonders nach dem Mittagessen.

„Ein Mittagsschläfchen wäre jetzt cool“, sagte Balthasar, aber Vitus schüttelte den Kopf. „Nein, jetzt geht es weiter. Mit unserem Johann Sebastian und der Geschichte.“ „Also gut. Und mit Georg.“ sagte Balthasar. „Wer – bitte, ist Georg?“ „Na, denk’ doch mal nach, Vitus. Oder hindern dich vielleicht die vielen Spaghetti im Bauch am Denken? Oder ist es vielleicht auch das leckere Schokoladen-Eis? Oder etwa beides zusammen? Wer also ist denn Georg?“ äffte Balthasar Vitus nach wie ein Papagei. „Johann Sebastians Freund“, sprudelte es aus Vitus heraus. „Was haben die beiden dann gemacht?“

Doch Balthasar wollte Vitus noch ein klein wenig ärgern. Nicht wirklich ärgern, nur eben ein klein wenig. „Wollen wir nicht zunächst ein kleines Entspannungs-Mittagsschläfchen machen?“ „Nein, nein“, Vitus wollte wirklich nicht länger warten und war auch inzwischen wieder putzmunter. „Jetzt erzähl’ schon, Bal - tha - sar...“ sprach er den Namen seines Freundes wirklich ganz, ganz richtig aus. Balthasar setzte sich wieder feierlich hin, zupfte seine kleine, weiße Barockengel-Wolke hier und da zurecht und begann:

„Es wurde *wirklich* zu eng in der Wohnung von Johann Sebastians großem Bruder Johann Christoph. Jetzt, wo ein weiteres Kind unterwegs war. Und das Geld würde auch knapper werden, ganz besonders eben auch deshalb, weil Johann Sebastian inzwischen weniger Unterstützung von der Stadt Ohrdruf bekam.“ „Das Sti - pen - di - um“, sagte Vitus stolz. „Richtig, Vitus. Und außerdem wollte der große Bruder, dass der inzwischen ja nicht mehr so kleine Johann Sebastian eine *wirklich* gute Ausbildung bekam. Und Ohrdruf war klein. In größeren Städten gab es noch bessere Schulen.“ „Ist denn Johann Sebastian weiter ein Schulschwänzer gewesen?“, fragte Vitus so ganz nebenbei. „Nein, sein Bruder hat sehr darauf geachtet, dass Johann Sebastian in Ohrdruf regelmäßig zum Unterricht erschien. Auch, dass er seine Hausaufgaben machte. Und, dass er ebenfalls genügend Musik übte. Obwohl – das Musik üben brauchte Johann Christoph nicht zu überwachen. Musik übte Johann Sebastian mit Vorliebe.“

„Aber *was* kommt dann jetzt?“ Vitus rutschte auf seiner kleinen Barockengel-Wolke so unruhig hin und her, dass sie an manchen

Stellen schon richtig unordentlich aussah. „Was *hat* denn Johann Sebastian nun getan?“ Balthasar holte tief Luft und erklärte. „Das erzähle ich dir jetzt. Johann Sebastian und sein Freund Georg Erdmann hatten gut überlegt und sich entschieden, in Lüneburg weiter zur Schule zu gehen. Sie wollten ihre Schulausbildung in der Lüneburger Michaelisschule, neben der Michaeliskirche, fortsetzen. Johann Sebastians Bruder kannte in Ohrdruf jemanden sehr gut, der wiederum jemanden sehr gut kannte und *der* sagte, *dort* wäre der richtige Platz für einen angehenden Star-Tondichter!“ „Wow, wirklich?! Das hat der gesagt?“ Vitus bekam den Mund gar nicht mehr zu, „wie in aller Welt konnte jemand Johann Sebastian Bach schon so viele Jahre, bevor der berühmt wurde, einen Star-Tondichter nennen?!“ Ungläubig schüttelte Vitus den Kopf. „Nein, Vitus, das war ein Spaß!“, flachste Balthasar. Auch kleine Barockengel machten hin und wieder sehr, sehr gerne Witze. Und Balthasar freute sich diebisch, wenn er einen solchen Spaß machte, den Vitus nicht sofort erkannte.

„Also, Johann Sebastian und sein allerbester Freund Georg Erdmann packten ein paar Sachen zusammen. Einfach war das nicht, denn sie mussten sich beide entscheiden, *was* sie auf die lange Reise mitnehmen wollten. Denn alles, was sie mitnahmen, um von Ohrdruf nach Lüneburg zu reisen, mussten sie ja *tragen*!“ „Wie, dafür gibt es doch“ … Vitus stockte kurz, um sich zu konzentrieren, wie man wohl um das Jahr 1700 *überhaupt* reisen konnte. „Na“, fuhr er fort, „Esel, nein, Pferde, einen Holzkarren - ach was, da gab es doch Postkutschen.“ Vitus war mit sich sehr zufrieden, fielen ihm doch auf Anhieb gleich vier Möglichkeiten ein, wie man seine Siebensachen nicht selber tragen musste. Eigentlich war Vitus sogar ausgesprochen stolz auf sich. „Nein, Vitus“, fuhr Balthasar fort, „für solch einen Luxus hatten die beiden, Johann Sebastian und sein Freund

Georg überhaupt kein Geld. Keiner von beiden konnte es sich leisten, die weite Strecke von Ohrdruf nach Lüneburg anders als auf den eigenen Beinen zurückzulegen." „Aber es wäre viel schneller gegangen mit der Kutsche." warf Vitus schnell ein. „Auch das stimmt nicht, Vitus. Weil Postkutschen damals sehr oft stecken blieben. Die Wege waren nicht wie die Straßen von heute. Sie waren nach Regen und Gewittern schlammig und hatten auch tiefe, tiefe Löcher. Und die vielen Wurzeln der Bäume rechts und links am Wegesrand waren ein Problem, besonders dann, wenn es eben *tagelang* geregnet hatte. Es kam sehr oft vor, dass ein Rad einer Postkutsche brach. Und man deshalb einige Tage nicht weiterfahren konnte. Und sogar in einem Wirtshaus unterwegs übernachten musste."

„Aha!", sagte Vitus, aber irgendwie glaubte er es nicht wirklich, dass zwei kleine Jungs – nun, klein waren sie eigentlich nicht mehr, Johann Sebastian war inzwischen fünfzehn Jahre alt, also waren es eher junge Burschen – zu Fuß von einer Stadt in die andere *wanderten*. Und als ob das nicht schon aufregend genug gewesen war: „Lüneburg war damals Ausland", fuhr Balthasar fort. „Wie?" Vitus war etwas ratlos und man merkte, dass er jetzt nicht wirklich wusste, was Balthasar da meinte. „Lüneburg habe ich schon gehört, das liegt doch in Deutschland. Hast Du nicht gesagt, ganz weit im Norden von Deutschland, Balti?" „Richtig, Vitus", und Balthasar hatte sich vorgenommen, es Vitus mit viel Geduld zu erklären. „Deutschland gab es damals eigentlich noch gar nicht. Es gab Fürstentümer. Und es gab Königreiche. Und es gab freie Reichsstädte." Vitus nickte, aber man sah es ihm an, dass er im Moment überhaupt nichts verstand. Balthasar merkte das und versuchte es noch mal anders.

„Schau, Vitus, du weißt doch, dass es viele, viele Burgen und viele, viele Schlösser gibt." „Ja", sagte Vitus sofort. Das kannte er. „Ich kenne viele Burgen. Und ich habe auch schon viele Schlösser

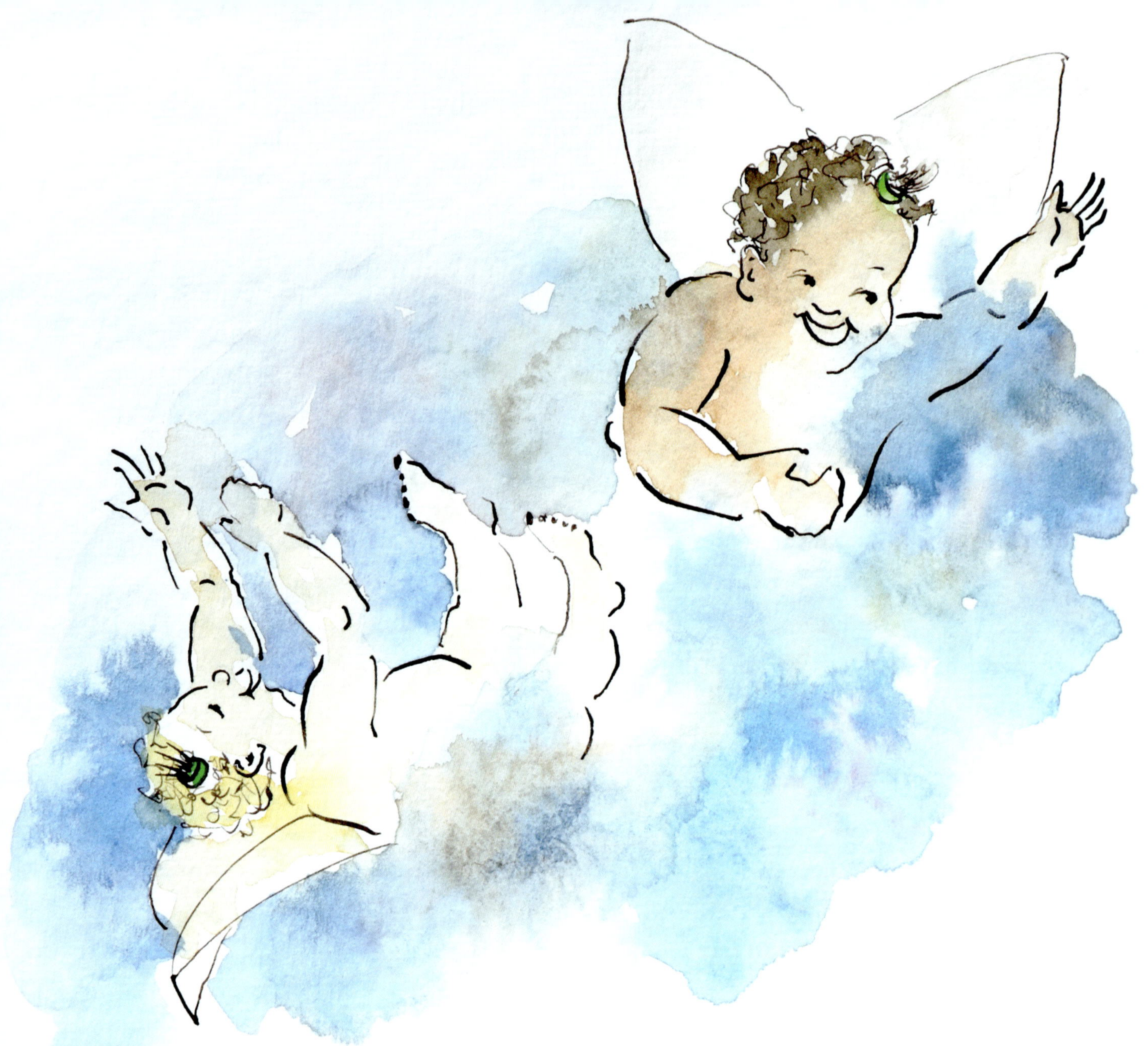

auf Bildern gesehen. Und es gibt Ruinen. Ruinen, die einmal ein Schloss waren *oder* eine Burg." „Gut, Vitus, und auf diesen Burgen und in diesen Schlössern wohnten Grafen, Herzöge, Barone und Könige." „Ja und Gräfinnen, Herzoginnen, Baroninnen und Königinnen", flachste Vitus. „Und alle die Menschen, die zum Beispiel *in* einem Fürstentum lebten – Fürstentümer nannte man die Gegend oder das größere Land rund um eine Burg oder rund um ein Schloss – *gehörten* diesen Grafen, Herzögen und Baronen." „Oder den Baroninnen oder Gräfinnen oder Herzoginnen", meinte Vitus, der sagen wollte, dass er sehr gut aufgepasst hatte. „Aber *manche* Städte", erzählte Balthasar weiter, *„die* waren anders als die anderen. Das war *dann*, wenn der König selbst bestimmte, dass eine Stadt *eine freie Reichsstadt* sei." „Das ist kompliziert, das verstehe ich aber nicht beim ersten Mal. Das musst Du mir später noch einmal erklären. Aber erst, wenn die Geschichte von Johann Sebastian zu Ende ist." Balthasar nickte: „Aber du wolltest doch wissen, warum Lüneburg Ausland war." „Na klar", antwortete Vitus.

„Warum war Lüneburg Ausland? So, wie ich es vorhin schon gesagt habe, gab es noch keine Länder wie heute. Auch Deutschland gab es noch nicht. Da waren die freien Reichsstädte. Erinnerst du dich? Und eben alle Felder und Wälder und Dörfer und Städte, die keine freien Reichstädte waren, gehörten einem Baron oder einem Grafen oder einem König. Und das waren eine ganze Menge solcher Fürstentümer. Und immer das Gebiet eines anderen Herrschers, *nebenan* sozusagen, das war dann schon *Ausland*. Auf jeden Fall brauchten die beiden", Vitus ergänzte: „Johann Sebastian und sein allerbester Freund für immer, Georg Erdmann." „Ja, die beiden brauchten *Reisepässe*, also Ausweise!"

„Ha, Ha-Haaaaaa! – jetzt habe ich's gemerkt, Balthasar, Balti-Maus, Balti-Hörnchen, Balti-Hotzenplotz. Du willst mich wieder einmal auf den Arm nehmen. Ohne, dass ich das merke. *Nicht* ist es dir gelungen. *Nicht* ist es dir gelungen." Vitus war inzwischen aufgestanden und hopste auf seiner Wolke von einem Bein aufs andere. Er machte mächtige Sprünge, die allerdings relativ klein waren, weil Vitus ja ein *kleiner* Barockengel war. „Pass auf, Vitus, du fällst noch von deiner kleinen, weißen Barockwolke herunter", sagte Balthasar schnell. „Nicht Hopsen auf kleinen Wolken!" Aber Vitus konnte sich gar nicht beruhigen und tanzte nun auch noch. Hopsen *und* Tanzen auf einer kleinen, weißen Barockwolke – das schien Balthasar doch ein wenig heftig. „Vorsicht Vitus, gib ein wenig Acht, sonst fällst du." „Na und? Dann fliege ich eine Ehrenrunde und nehme gemütlich wieder Platz", entgegnete Vitus. „Kleine *Menschen* müssen aufpassen! Ich muss das nicht. Denn ich habe ja kleine Barockengel-Flügel. Reisepässe, Reisepässe – und das vor 300 Jahren", quiekte Vitus und wollte sich ausschütten vor Lachen.

„Doch, Vitus", Balthasar schaute seinen hopsenden Freund an. „Ganz im Ernst: wer damals von *einem* Fürstentum in ein *anderes* Fürstentum reisen wollte und vor allem auch *durch* ein anderes Fürstentum, einfach hindurch, der brauchte auch schon damals – *einen Reisepass*." Vitus wurde etwas ruhiger. Er fand das einfach auch weiterhin sehr, sehr komisch. „Also, Bal - tha - sar, was packten die beiden ein? Sonnencreme, Handy, Spielekonsole?" „Quatsch!", entgegnete Balthasar. „Du weißt, dass es *das* damals noch lange, lange nicht gab. Beide packten zwei Hosen und noch zwei Hemden in ihre Rucksäcke ein. Und zwei Paar Strümpfe, frische Unterwäsche und selbstverständlich jeder auch zwei Brotlaibe, vier Würste und jede Menge Äpfel. Obwohl beide glaubten, dass sie Äpfel sicherlich reichlich am Wegesrand finden würden. *Und* seine Geige wollte Johann Sebastian auf die lange Reise mitnehmen. Das *tat* er dann auch."

„Wie weit ist denn Lüneburg entfernt von Ohrdruf?" warf Vitus ein, der sich bis jetzt *darüber* noch überhaupt keine Gedanken gemacht hatte. Sind sie da am nächsten Tag denn angekommen?" Balthasar schmunzelte: „Nein, Vitus, du *weißt* ja noch gar nicht, wie weit Lüneburg wirklich weg ist. Von Ohrdruf. Die beiden mussten viele, viele Tage laufen. Natürlich schafften sie nicht *jeden* Tag auch gleich viel ihres Weges. An einem Tag war es mehr, am anderen war es ein kleineres Stück. Manchmal legten sie auch einen Tag Pause ein. Manchmal auch zwei. Ich glaube, dass sie vielleicht sieben oder acht Stunden täglich gelaufen sind. Nach solch einem anstrengenden Wandertag waren sie meist sehr, sehr müde. Oder schon am Nachmittag lud ein kleiner Bauernhof mit Ziegen, mit Schafen und mit Hühnern zu einer Rast ein, so plante das Johann Sebastian sicherlich. An manchen Gasthöfen kamen sie wahrscheinlich auch vorbei, aber dort war Essen einfach viel zu teuer für die beiden. Die schmale Reisekasse sollte richtig lange halten. Ihre Münzen wollten sie nur zu ganz besonderen Anlässen oder wirklich im Notfall ausgeben. Auch die eine oder andere Arbeit hatten die beiden Freunde unterwegs erledigt. Für ein zusätzliches Taschengeld. In manchem Haushalt und auf manchem kleinen Bauernhof.

Insgesamt waren sie so ganze 21 Tage unterwegs gewesen. Bis sie schließlich die Kirchtürme der Stadt Lüneburg ganz in der Ferne am Horizont entdeckten. Von ihrem Geld hatten sie inzwischen mehr als die Hälfte ausgegeben, aber sie hatten nie wirklichen Hunger gehabt. Hier und dort bekamen die beiden sogar ein Brot geschenkt. Und einen Becher Wasser, denn das gab es schließlich überall. Wenn Johann Sebastian in einem der Orte unterwegs mit seiner Geige aufspielte, dann blieben die Menschen sogar stehen und manche Mahlzeit konnten sich die beiden so von den Münzen leisten, die an einem Nachmittag in Johann Sebastians offenem Geigenkasten landeten. Vorsichtig waren die beiden immer gewesen: unterwegs – und so haben sie auch keine Bekanntschaft mit Räubern gemacht. Man konnte damals nämlich nie wissen, ob man bei einer Reise überhaupt gesund am Ziel ankam.“

Vitus war inzwischen still geworden. „*Drei* Wochen lang laufen! Jeden Tag viele, viele Stunden“, das erschien ihm mächtig anstrengend. „Lüneburg und Ohrdruf mussten tatsächlich weit, nein eigentlich sehr, sehr weit voneinander entfernt gewesen sein“, überlegte Vitus. Balthasar war ein wenig müde geworden vom vielen Erzählen und hatte gar nicht bemerkt, dass während seiner Erzählung die Sonne bereits schon wieder einmal untergegangen war. „Es ist schon wieder Abend, Vitus, wollen wir hier eine Pause machen?“

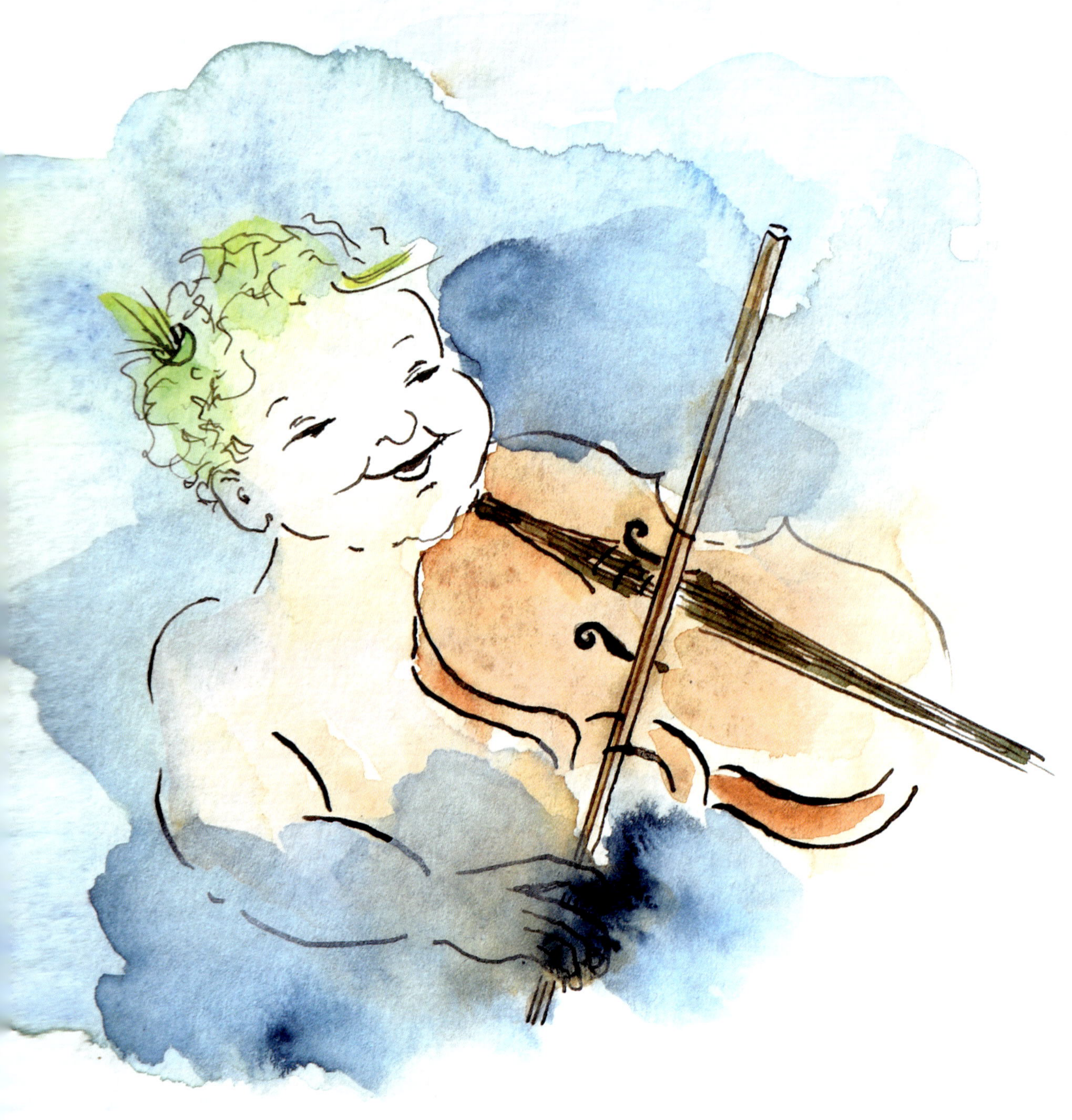

„Nein, nein!“, rief Vitus und war augenblicklich wieder glockenwach. „*Das* Kapitel *musst* du zu Ende erzählen. Erst dann machen wir eine Pause. Bitte. Bitte!“ Balthasar lachte. Vitus war *wirklich* gespannt. „Nachdem Johann Sebastian Bach und sein Freund Georg Erdmann schließlich in Lüneburg angekommen waren, lernten sie schnell viele neue Schulkameraden kennen und mit manchen schlossen sie auch schon bald eine herzliche Freundschaft. Sie lernten Latein und Rechnen und Johann Sebastian natürlich besonders auch Musik. Und wenn sie nicht lernten, dann hatten sie bei Spielen Spaß oder sie sangen und musizierten. Und zwar öffentlich und offiziell. Auf Plätzen und zu Festen. Sie bekamen dafür Geld und sie durften einen kleinen Teil des gespendeten Geldes auch für sich selbst behalten. Und so verbrachte Johann Sebastian zwei Jahre mit seinem *allerbesten* Freund Georg Erdmann und seinen Schulkameraden in Lüneburg und sie gingen auf die Michaelisschule. Er lernte, er musizierte und darüber hinaus hatten sie alle tatsächlich jede Menge Spaß."

Feierlich schaute Balthasar seinen Freund Vitus an. Vitus wartete auf den nächsten Satz, aber es herrschte Stille. Auf beiden Wolken. „*Du* bist dran", sagte Balthasar. „Wie? Ich? *Ich* soll weiter erzählen? Kann ich nicht. Ich bin doch ein kleiner Barockengel, der Musik spielt – Musik spielen, *das* kann ich! *Du* kannst besser erzählen!" Balthasar lachte vergnügt und sagte: „Spiel' ein Lied. Am besten eines von Johann Sebastian. Du kannst dir aussuchen, welches. Spiel' eine Kantate oder ein Präludium. Davon hat Johann Sebastian ja so viele gedichtet." Vitus wusste, was ein Präludium ist. Und was eine Kantate – so hießen Musikstücke, die Johann Sebastian in seinem Leben komponierte. Alle gehörten zu einer bestimmten Sorte von Musik, so wie es heute Rockmusik gibt und Schlager, Opern und eben andere Stücke mit komischen Namen. Es war mühsam, das alles zu verstehen und dann auch noch zu behalten. Deshalb war er auch besonders stolz darauf, es bereits zu wissen. *Und* – es auch richtig aussprechen zu können: *Kantate* und *Präludium*.

„Gut, Balti, das mache ich. Ich spiele etwas Schönes von Johann Sebastian. Zum Abschluss *des* Kapitels, als Johann Sebastian und sein allerbester Freund Georg in Lüneburg waren. Und dort zur Schule gingen." Und Vitus schnappte sich eines seiner Instrumente und legte los. Er fing herrlich an zu musizieren. Die Töne, die Vitus seinem Instrument entlockte, waren *so* süß, *so* herrlich und *so* großartig, dass Balthasar immer, immer verzückter, aber auch immer,

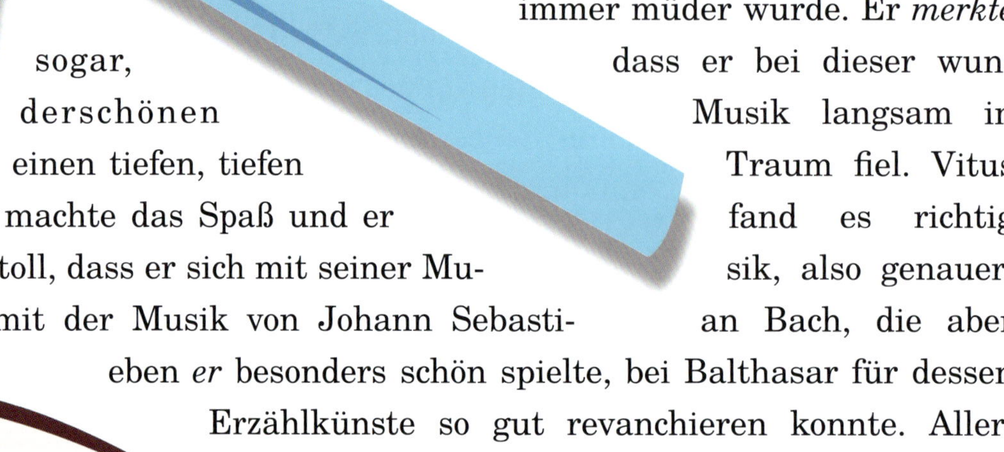

immer müder wurde. Er *merkte* sogar, dass er bei dieser wunderschönen Musik langsam in einen tiefen, tiefen Traum fiel. Vitus machte das Spaß und er fand es richtig toll, dass er sich mit seiner Musik, also genauer: mit der Musik von Johann Sebastian Bach, die aber eben *er* besonders schön spielte, bei Balthasar für dessen Erzählkünste so gut revanchieren konnte. Allerdings: Als Vitus mehrere Stücke zu Ende gespielt hatte, wurde auch er wieder hundemüde – und auch er schlief schließlich ein. Ganz vielleicht auch, weil inzwischen die Dämmerung zu einer weiteren Nacht geworden war, mit unzählbar vielen, vielen Sternen, die alle funkelten und auf die beiden kleinen, schlafenden Barockengel herabblickten. Beide, Balthasar und Vitus schliefen tief und fest und Vitus träumte sogar von einer langen,

langen Wanderung. Von einer Wanderung, auf der Balthasar fortwährend erzählte und er, Vitus, zwischendurch Stücke von Johann Sebastian Bach auf seiner Geige spielte.

# Kapitel 7

Das war wirklich lustig: Balthasar und Vitus wachten im selben Moment auf – am Morgen nach dieser wunderbar lauen Nacht. Beide hatten *richtig* gut geschlafen. Und beide waren furchtbar hungrig und freuten sich auf das Frühstück zusammen mit den anderen kleinen Barockengeln. Mit den Schutzengeln, mit *den* Engeln, die Geschichten so supergut erzählen konnten und denen, die für die himmlische Musik zuständig waren. Ganz am Rande muss man noch erwähnen, dass es heute Erdbeermilch gab und passend dazu auch Müsli mit – eben Erdbeeren – oder wahlweise auch mit Bananenscheiben. Balthasar und Vitus ließen sich das Müsli schmecken und kaum waren sie mit dem Frühstück fertig, war Vitus auch schon wieder ganz beim Thema.

„Balti“, begann er, „du hast erzählt, dass Johann Sebastian und sein bester Freund Georg in der Michaelisschule in Lüneburg Schüler waren. Und dann? Was haben sie denn *nach* dieser Schulzeit gemacht? Sind sie denn in Lüneburg geblieben?“ Balthasar freute sich sehr an der Begeisterung von Vitus. Vitus war ganz bei der Sache. Beide hatten sich in der Zwischenzeit, nach dem Frühstück, auf ihren benachbarten, kleinen Barockengel-Wolken wieder getroffen und zupften sich die Enden der Wolken, die von der Nacht noch ein klein wenig unordentlich aussahen, zurecht. „Bist du so weit, Vitus?“ „Immer“, antwortete Vitus forsch, „ich kann’s kaum erwarten. Sag’ jetzt bloß nicht, die beiden sind auch wieder den ganzen Weg *zurückmarschiert*." Balthasar nickte mit dem Kopf. „Das sind sie. Aber der Rückweg dauerte nicht so lange. *Natürlich* nicht, denn beide, Johann Sebastian und auch sein Freund Georg waren ja in der Zwischenzeit mächtig gewachsen und auch viel, viel stärker geworden als zu der Zeit, als sie *nach* Lüneburg wanderten. Und irgendwie ging es scheinbar nach Hause ja immer etwas schneller als *von* zu Hause in die Ferne."

„Was *ganz genau* hat denn Johann Sebastian gemacht, als er nach Thüringen zurückkam?", wollte Vitus nun wissen. „Wohnte er denn wieder bei seinem großen Bruder in Ohrdruf? Ach, und hat er denn das Heft nun endlich bekommen?" „Eins nach dem anderen, Vitus. Aber wenn du meinst, dann *das* vorneweg: Das Heft mit diesen vielen, tollen Musikwerken, das hat Johann Sebastian von seinem ältesten Bruder *niemals* wieder zurück bekommen. Natürlich war Johann Sebastian davon nicht begeistert, andererseits war es aber eine Strafe, die er verkraften konnte. Denn *stibitzt* hatte er es ja. Zwar hat er es wieder zurückgelegt, aber die Erlaubnis, es abzuschreiben, die hatte er ja nie erhalten. Doch nun zurück zu Johann Sebastian. Sicherlich haben die beiden, Johann Sebastian und Georg, auch auf dem Rückweg von Lüneburg nach Thüringen jede Menge Spaß gehabt. Sie hatten bestimmt wieder auf den Marktplätzen der kleinen und großen Städte musiziert und sie haben wohl auch bei so manchem Bauernhof den Stall ausgemistet. Richtig gut gerochen hat es dort aber nicht. Doch danach gab es ein gutes Abendbrot. Manches Mal sogar ein Stück Fleisch. Oder eine Kartoffelsuppe. Und hin und wieder einen Becher Apfelsaft oder Traubensaft.

„Und dann waren sie wieder in Ohrdruf." polterte Vitus. „Weiß ich nicht", sagte Balthasar. „Warum weißt du das nicht? Hast du denn nicht aufgepasst, als *du* die Geschichte gehört hast?" Balthasar

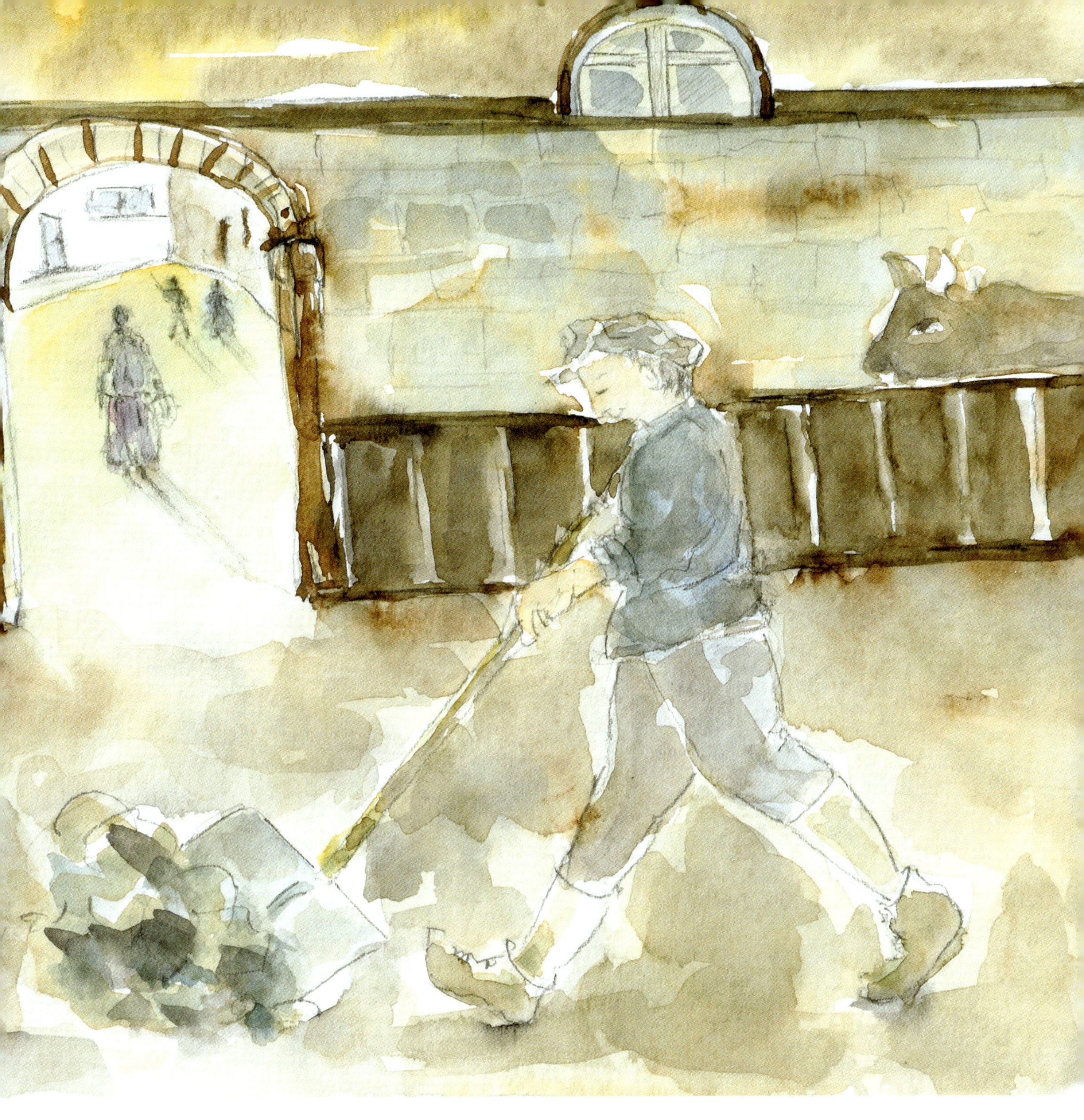

wurde nachdenklich, überlegte, warum er es denn nicht wusste und es fiel ihm wieder ein, dass es eigentlich *niemand* wusste: wo denn Johann Sebastian diese nächsten Monate nach der Rückkehr aus Lüneburg war. Geheimnisvoll war das schon, wenn niemand mehr weiß, *wo* einer gesteckt hat. „Ich sage immer, wo ich bin“, meinte Vitus, „dann macht sich auch niemand Sorgen. Johann Sebastian hat es damals wohl niemandem gesagt. Hat sich denn dann keiner um ihn Sorgen gemacht?“ Vitus verstand das nicht ganz richtig. „Nun“, fuhr Balthasar fort, „der Papa und die Mama von Johann Sebastian waren jetzt ja schon lange tot, und wenn Menschen langsam immer erwachsener werden, dann muss man sich nicht mehr so viele Sorgen um sie machen. Und so weiß heute eigentlich überhaupt niemand mehr, wo Johann Sebastian das erste halbe Jahr verbrachte, nachdem er aus Lüneburg zurückgekehrt war. Selbst seinen allerbesten Freund Georg verlor Johann Sebastian nun aus den Augen. Klar, beide mussten inzwischen sehen, wie man selber Geld verdient, damit sie sich Kleider und auch Essen kaufen konnten.

Vielleicht hat Johann Sebastian tatsächlich ein paar Wochen bei seinem ältesten Bruder in Ohrdruf gelebt oder bei seiner ältesten Schwester – aber *ganz* genau weiß das eben niemand.“ „Hmm“, sagte da Vitus, denn dieser Teil der Geschichte war jetzt nicht so spannend. „Der war also eine Zeit lang einfach *weg*! Wie komisch ist *das* denn?!“ „Jedenfalls“, fuhr Balthasar fort“, wollte Johann Sebastian nun am liebsten nur noch Musik machen. Studieren, das *hätte* er gekonnt. An einer richtigen Universität. In Leipzig zum Beispiel. Gut genug wäre er gewesen. Aber Musik *machen*, das wollte er *noch* lieber. Das hatte er gelernt, das hatte er schon mit seinem Papa gemacht und so vieles von ihm gelernt. *Das* konnte er gut und *das* machte ihm auch Freude. Und noch etwas konnte er ganz besonders gut ...“

„Was konnte er denn noch ganz besonders gut?“, fiel ihm Vitus ins Wort. Vitus schien heute nicht wirklich bei der Sache zu sein. Er rutschte auf seiner kleinen Barockengelwolke hin und her und war irgendwie ungeduldig und auch noch ungeheuer hibbelig. „Nun warte doch, Vitus, ich bin doch mitten in der Erzählung. Weißt du denn noch, was eine Orgel ist?“ „Logo“, antworte Vitus in Nullkommanix. „Das ist das riesige, gewaltige Instrument in unserer Kirche. Das – ist eine Orgel. Es ist doch ein riesiger Dudelsack, stimmt’s?“ Balthasar musste laut lachen. „Eine Orgel ist ein Dudelsack?" Das war zu komisch. „Nein, Vitus. Ganz bestimmt nicht. Ganz bestimmt ist eine Orgel kein riesiger Dudelsack.

Aber *irgendwie* hast du auch ein klein wenig Recht. Beide Instrumente funktionieren nämlich mit Luft. Und beide Instrumente haben Pfeifen. Nur: Da gibt es *doch* einen riesigen Unterschied. Orgeln, so klein sie auch sind, die kann man nicht unter einen Arm klemmen. Und Dudelsäcke haben dafür in Kirchen nichts zu suchen. Also nicht in unseren Kirchen mindestens." Beide Barockengelchen kringelten sich auf ihren Barockwölkchen vor Lachen und grunzten vor Freude. Wie konnte man auch eine Orgel mit einem Dudelsack vergleichen. „Nein, Vitus", setzte Balthasar an, aber er musste gleich wieder herausprusten, denn jetzt stellte er sich Johann Sebastian Bach mit einem Schottenröckchen vor. Dazu ein Schottenkäppchen auf dem Kopf und einen Dudelsack unter dem Arm. Das war vielleicht komisch. „Nein, Vitus, nicht Johann Sebastian Bach". „Was meinst du?", sagte Vitus erstaunt. „Ich habe mir gerade vorgestellt, wie Johann Sebastian mit einem Schottenröckchen auf einem Dudelsack spielt." Und wieder kringelten sich beide vor Lachen auf ihren Wolken.

„Eine Orgel", begann Balthasar noch einmal, „ist ein ganz großes Instrument, und weil manche so gewaltig groß sind, nennen Menschen die Orgel auch *die Königin aller Instrumente*. Manche sind groß wie ein *ganzes* Haus und die meisten Orgeln stehen in Kirchen." „Und gibt's denn auch Kleine?", warf Vitus elegant ein. „Ja, Vitus. Es gibt sogar so kleine Orgeln, dass man sie von einem Ort zum anderen *tragen* kann: tragbare Orgeln. Aber auch die sind so schwer, dass man zwei starke Männer braucht, um sie zu transportieren. Und jetzt?", fragte Balthasar. „Was jetzt?", entgegnete Vitus. „Weißt du, wie eine Orgel aussieht und wie sie funktioniert?" „Klar doch", sagte Vitus, denn zu seiner Ausbildung als kleinem Barockengel, der für Musik zuständig war, gehörte natürlich auch, sich mit Instrumenten gut auszukennen.

„Also, los, Vitus, erkläre es mir“, meinte Balthasar, der seinen allerbesten Freund einmal testen wollte. Ob der wirklich gut über Orgeln Bescheid wusste. „Der eine Teil einer Orgel sieht aus wie ein Klavier“, begann Vitus, „viele, viele Tasten. Aber nicht nur nebeneinander! Sondern zwei oder drei oder vier Klaviere hintereinander. Ach, was heißt hintereinander? Übereinander! Eigentlich – beides. Und dann – sind da die Pfeifen. Ganz kleine Minipfeifen. Und ganz, wirklich ganz gewaltig große Pfeifen. Und dann noch die in den Größen dazwischen.“ Vitus war mächtig stolz. Das hätte er nicht besser sagen können. Er hatte es, so war er sich sicher, besser ausgedrückt, als es je ein Lehrer hätte erklären können. „Und wie macht sie Musik, die Orgel?“, setzte Balti nach. „Nun, es muss Wind gemacht werden. Irgendwie. Und dann pfeift der Wind durch die Pfeifen und schon, Tadaaaaa – gibt es Musik! Wie beim Dudelsack.“

Diese letzten drei Worte brachte Vitus kaum heraus vor lauter Lachen. „Aber“, fuhr Vitus fort, der sich freute, nun wirklich zu dieser Geschichte über Johann Sebastian Bach etwas beigetragen zu haben, das *er* besonders gut wusste und das keine Musik war. „Aber in einen Dudelsack pustet man selbst. Also zuerst pustet man in den Sack – und dann dudelt man.“ Es hatte den Anschein, als ob Vitus bei diesem Thema immer alberner wurde. „Und bei der Orgel braucht man soooooo viel Luft, dass man sie mit einer Windmaschine machen muss.“ Jetzt war Balthasar erstaunt. „Mit einer Maschine? Das konnten die damals schon? Das glaube ich jetzt einfach nicht.“ Und da merkte er es plötzlich: Jetzt hatte Vitus *ihn* einmal auf den Arm genommen. Und *er* hatte es nicht gemerkt. Vitus strahlte. *Das* gelang ihm nämlich nur ganz, ganz selten. Balthasar erklärte: „*Maschinen* zum Windmachen haben Menschen nämlich erst sehr viel

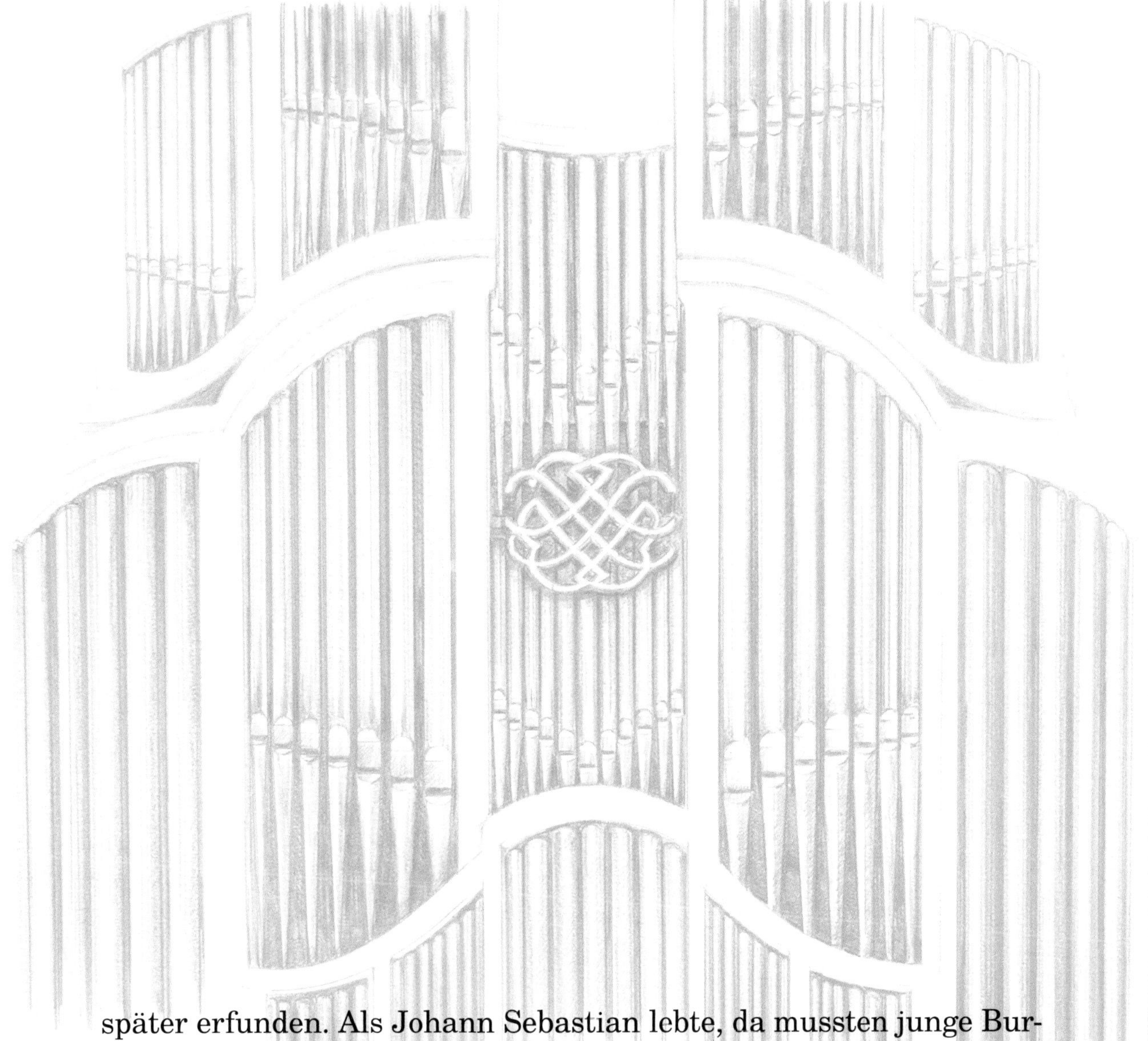

später erfunden. Als Johann Sebastian lebte, da mussten junge Burschen alleine oder auch zu zweit auf einen Balg im Nebenraum der Kirche treten. Und das auch oft genug, damit immer dann wieder Wind bereitstand, wenn der Organist das nächste Stück eines Werkes spielen wollte". „Hei, war das manchmal ein Spaß, wenn diese Burschen in einem Gottesdienst vergaßen, weiter auf den Balg zu treten. Und dem Organisten dann mitten im Orgelspiel *die Luft ausging*." Vitus konnte sich das sehr gut vorstellen. Für Streiche, selbst für die Streiche anderer, da war er *immer* zu begeistern. Vitus glaubte nicht, dass die Burschen vergessen hatten, weiter Wind zu treten: Sie haben das absichtlich getan. Dieser Teil der Geschichte gefiel Vitus jetzt wieder supergut und er hatte seinen Spaß mit Balthasar.

„Johann Sebastian Bach war also zuständig für das Pusten der Orgel", meinte Vitus, als beide kleinen Barockengel wieder Luft geholt hatten. Nach diesem vielen gemeinsamen Lachen. Nichts anderes kam eigentlich für Vitus infrage. „Nein, Vitus, nein. Denn *Wind machen* brauchte man wirklich nicht zu lernen. Gut, man musste wissen, *wann* man treten musste. Und wann man aufhören musste zu treten. Denn sonst wäre ja vielleicht der Luftsack geplatzt. Aber *das* hatte man sehr schnell begriffen. Johann Sebastian Bach *spielte* auf der Orgel. Und – jetzt kommt das Besondere!" „Was ist jetzt das Besondere? Kann man denn noch mehr mit einer Orgel tun, als für sie zu pusten oder auf ihr zu spielen?" „Klar, Vitus, nun überleg' doch mal. Vorher, bevor man auf einer Orgel spielen kann, muss man eine solche riesige Orgel, wie sie in so vielen Kirchen steht, auch bauen."

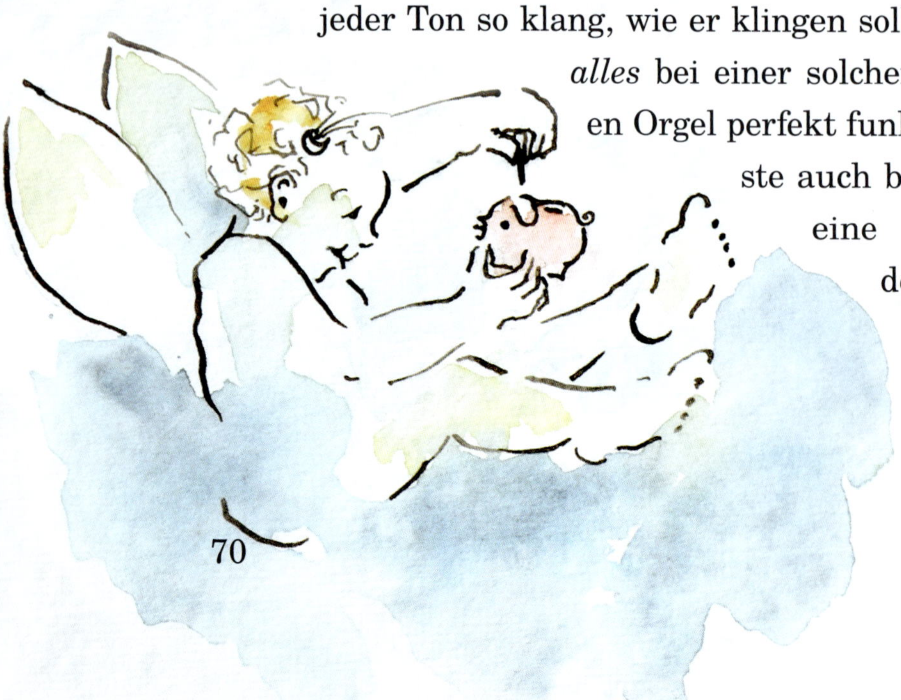

„Also hat Johann Sebastian Orgeln gebaut, als er schließlich kein Schüler mehr war?" „Nein, Vitus, nun warte doch einmal ab. *Rate* 'mal nicht bei jedem Satz vorweg." Balthasar schmunzelte. „Hör' mir doch einfach zu. *Dann* erfährst du auch alles." Vitus war ein ganz klein wenig beleidigt. Aber nur sehr, sehr wenig. Es gab da dieses kleine Barockengel-Beleidigtsein. Das allerdings war nie von langer Dauer und dann waren sie auch schnell wieder die allerbesten Freunde für immer. So wie Johann Sebastian und Georg in Lüneburg. „Johann Sebastian Bach", sagte Balthasar feierlich, „konnte solche Orgeln *prüfen*. Er wusste, ob sie der Orgelbaumeister richtig perfekt hergestellt hatte. Johann Sebastian wusste auch genau, ob jeder Ton so klang, wie er klingen sollte. Er wusste eben, ob *alles* bei einer solchen gewaltigen und neuen Orgel perfekt funktionierte. Und er wusste auch bestens Bescheid, wenn eine Orgel repariert werden musste oder neu gestimmt. Alles das wusste er so gut wie fast kein zweiter Fachmann in Thüringen, damals. *Und* – er konnte Orgel *spielen*! *Das* konnte er wie gar kein anderer Mensch. Und er wurde dabei immer besser und besser.

Manche Menschen sagen, er war überhaupt der allerbeste Orgelspieler auf der ganzen Welt und für alle Zeiten. „Wow“!, sagte da Vitus. „Das is’n Ding! Wenn also Johann Sebastian Orgel spielen konnte wie kein anderer Mensch auf der Erde und außerdem wusste, *wie* man so eine Orgel baute, dann wollten ihn sicherlich viele Menschen bitten, einmal nach ihrer neuen Orgel zu sehen: ob sie denn auch *richtig* gebaut ist. Und ob sie denn auch perfekt funktioniert.“ „Richtig, Vitus, und so prüfte Johann Sebastian neue Orgeln, plante Orgeln und verbesserte Orgeln. *Das* war Johann Sebastians erster oder zweiter Beruf.“ „Erster oder zweiter? Das klingt komisch“, fand Vitus mit nachdenklicher Miene. „Ja, ich weiß. Das kommt, weil Johann Sebastian *nach* der Zeit, von der man nicht mehr genau weiß, wo er denn lebte, inzwischen bei einem richtigen Herzog arbeitete. Und zwar in Weimar. *Dort* war er zum ersten Mal im Leben Musiker *von Beruf*. Endlich konnte er Musik machen *und* wurde sogar richtig dafür bezahlt.“ „Toll!“, sagte Vitus und nickte. „Was hat er mit dem Geld gemacht?“ „Vitus, du hast immer so seltsame Fragen. Das weiß man doch heute nicht mehr. Wahrscheinlich hat er einen Teil für Essen ausgegeben. Und einen anderen Teil für Kleidung. Und dann musste er sicherlich auch noch Geld ausgeben, um irgendwo zu wohnen. Einen winzigen Teil hat er ja vielleicht auch gespart.“ Das stellte Vitus zufrieden, denn Vitus sparte selber etwas von seinem Taschengeld. Alle kleinen Barockengel bekamen einmal im Monat einen kleinen Betrag an Taschengeld.

Vitus war bereit für das nächste Kapitel. Obwohl das jetzige Kapitel ja noch nicht ganz zu Ende war. „Das hat ihm doch sicherlich Spaß gemacht – Musik zu spielen *und* dafür auch noch Geld zu bekommen." „Klar, wem würde das keinen Spaß machen?" entgegnete Balthasar. „Aber – der junge Johann Sebastian war auch ehrgeizig. Ganz, ganz schnell merkte er, dass er nicht nur ein Musiker von vielen in einer Kapelle sein wollte. Also *irgendein* Musiker. Kein *besonderer* Musiker: Einfach nur schöne Musik mit den anderen zu machen, das hatte er nur am Anfang vermisst. Und etwas mehr Geld wollte er natürlich auch verdienen." „Das sehe ich ein", sagte Vitus ganz ernsthaft. So, als ob *er* das in Ordnung fand, dass Johann Sebastian, kaum dass der sich seine erste Stelle ausgesucht hatte, schon über die nächste Arbeitsstelle nachdachte. „Nur ganz kurze Zeit verbrachte Johann Sebastian in Weimar und nahm dann eine andere Stelle an, die nicht besonders weit weg war von Weimar. Auch in Thüringen.

„Klasse", sagte Vitus, als ob er Johann Sebastian nachträglich zu seiner Entscheidung beglückwünschen wollte. „Wo ging er hin, der Johann Sebastian?" „Das erzähle ich dir nach dem Mittagessen. Und wenn ich mich mit einem kleinen Mittagsschlaf danach gestärkt habe." Die beiden Barockengelchen machten sich auf den Weg zum Mittagessen.

Alle kleinen Barockengelchen durften nicht selber bestimmen, was es mittags zu essen gab. Das war die Regel. Denn sonst hätte es sicherlich *jeden Tag* Spaghetti zum Mittagessen gegeben. Oder *jeden* Tag Hühnchen. Mit Pommes, wie alle kleinen Barockengel die Kartoffelstäbchen nannten. Und weil es dann eben nur Spaghetti *oder* eben Hühnchen und Pommes gegeben hätte, hätten sie sich vielleicht auch gezankt. Und so gab es mal das Eine und mal das Andere. So wie das überall ist – damals *und* heute. Heute also gab es Hühnchen. „Hühnchen und Pom Fritz gibt es heute?", sagte Vitus und das Wasser lief ihm im Mund zusammen. „Das schreibt man Pomm - es - fri - tes", sagte Balthasar, der genau wusste, wie Vitus

Pommes frites geschrieben hätte. Aber der hörte Balthasars Einwand gar nicht.

Es schmeckte beiden königlich. *Immer* wenn es Hühnchen gab, dann war die Stimmung am Mittagstisch perfekt. Es war fast so lustig, wie wenn es Spaghetti gab. Nur war bei Hühnchen keiner der kleinen Barockengel hinterher so rot verkleckert. Hühnchen und Pommes waren einfach sauberer. Nur müde waren die beiden wieder nach dem Essen. Mindestens genauso müde wie gestern. Mindestens.

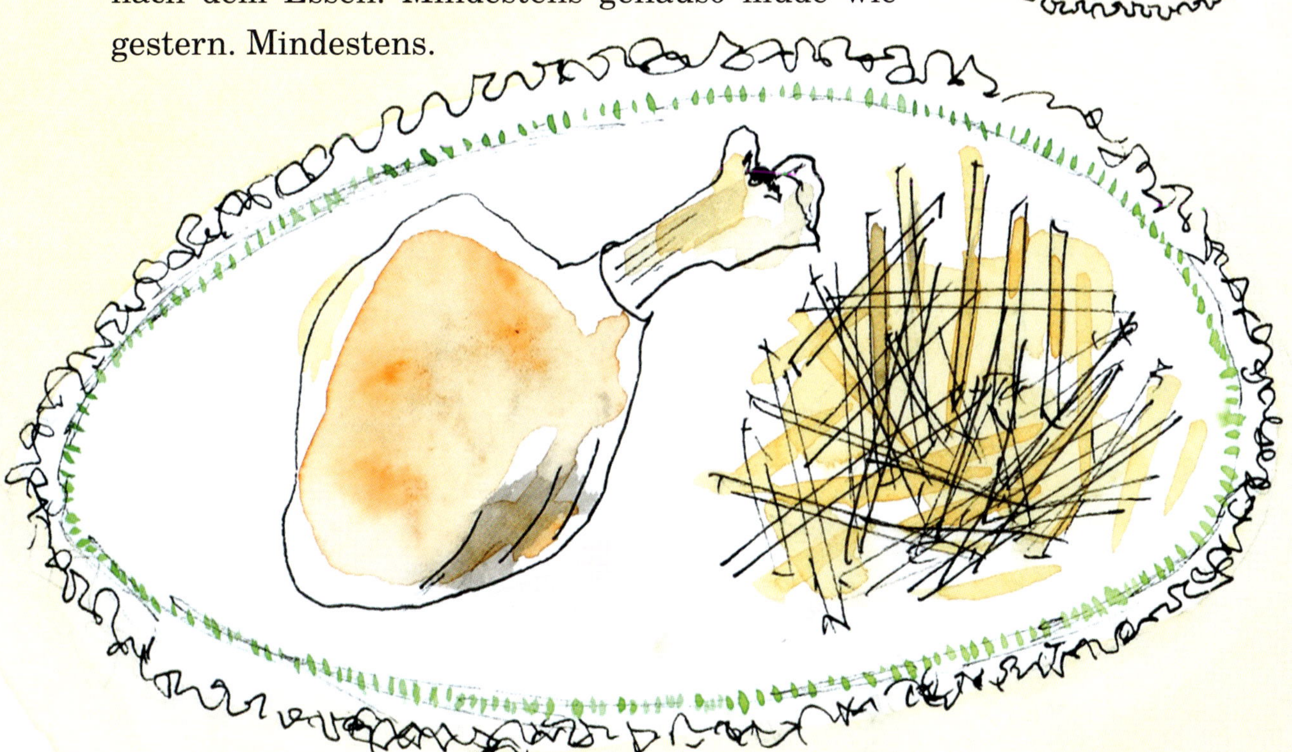

Wieder auf den beiden kleinen Nachbarwolken zurück, die in gleißendem Sonnenschein vor dem blauen Himmel dahinsegelten und auf ihre kleinen Bewohner bereits warteten, schliefen die beiden ein. Ein Mittagsschläfchen nach einem guten Mittagessen, wie konnte man einen wundervollen Tag *besser* in zwei Hälften teilen, als ganz

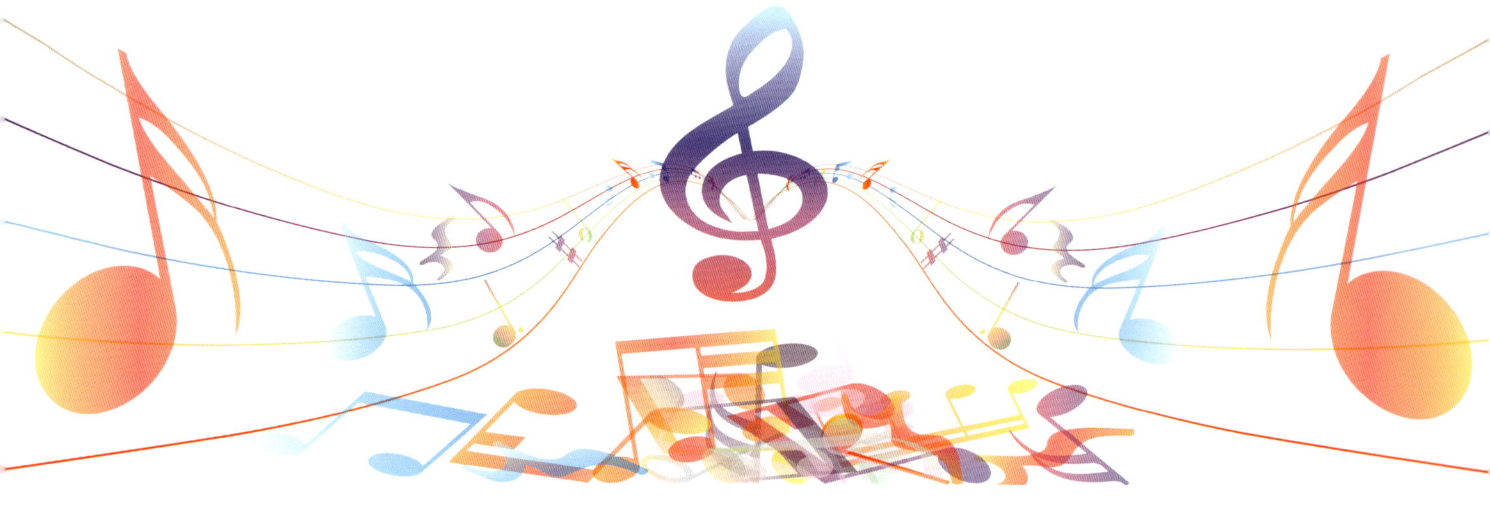

genau so. Vitus träumte vom Essen. Balthasar hatte einen spannenden Traum: Es ging um das nächste Kapitel: mit einem *ungeheueren* Ereignis. Etwas, das es so in der kleinen Stadt Arnstadt in Thüringen noch nie, wirklich nie, gegeben hatte. Etwas, das zum Marktgespräch wurde in Arnstadt. Etwas, worüber sich die Menschen erbosten. Worüber sie tagelang sprachen. Worüber sie den Kopf schüttelten. Und dann war der Traum plötzlich vorbei.

Balthasar träumte nicht mehr von diesem ungeheuren Ereignis und Vitus träumte nicht mehr vom Essen. Beide fielen sie nun tief und fest in einen traumlosen Schlaf. So fest, wie sie eigentlich nur *in der Nacht* schliefen. Obwohl es ja der Mittagsschlaf war. Vielleicht hätten sie das letzte *Pomme Frite* doch besser weglassen sollen. Oder den köstlichen Nachtisch. Obwohl: Es war Erdbeereis heute – das konnte man nicht einfach weglassen!

## Kapitel 8

Balthasar wachte auf, rekelte sich genüsslich und diesmal war *er* es, der unbedingt gleich weitererzählen wollte. Er räusperte sich einmal. Doch Vitus grunzte auf seiner kleinen Barockengel-Wolke vor sich hin. Er schlief noch tief und fest. Balthasar hüstelte lauter. Und er zupfte auch ein wenig an der Wolke von Vitus. Die schaukelte plötzlich ein bisschen heftiger als Balthasar das wollte. Und nun war Vitus wach. Er hatte wohl einen rechten Schreck bekommen und

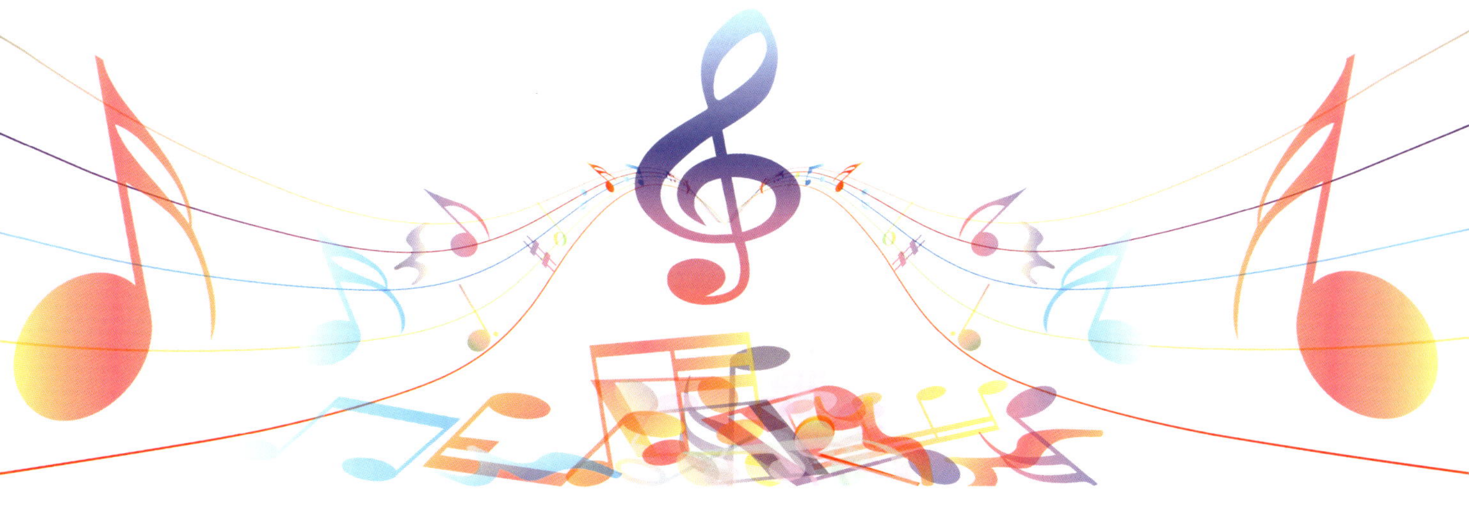

Balthasar entschuldigte sich: „Guten *Morgen* Vitus, meine Schuld. Sorry!“ sagte Balthasar, obwohl sie ja beide aus dem *Mittagsschlaf* aufgewacht waren. Eigentlich hätte er Vitus *guten Nachmittag* wünschen müssen. Und überhaupt, warum wünschte man sich morgens nach dem Schlafen eigentlich Guten Morgen, aber nachmittags nicht guten *Nachmittag*? Trotz heftigen Nachdenkens fiel Balthasar dazu nichts ein.

„Weiter?“, fragte Balthasar. „Klar doch“, entgegnete Vitus, „los geht's! Wo waren wir stehen geblieben?“ „Du hast von einem ganz, ganz, *ganz* ungeheuerlichen Ereignis gesprochen. Was war da los? Was war da los in Arnstadt?“ Balthasar setzte sich wieder in Erzähl-Position. Ihm gefiel das, sich immer feierlich ganz aufrecht hin zu setzen, wenn er zu erzählen begann.

„Johann Sebastian Bach ist ja nicht lange bei Herzog Ernst gewesen und hatte inzwischen *in Arnstadt* seinen ersten wirklich richtigen Beruf begonnen. Als Organist.“ „Organist“, plapperte Vitus, „das hat wohl nicht mit einem Organ zu tun? Dann kommt es wohl, weil Johann Sebastian in Arnstadt organisiert hat.“ „Nein, Vitus. Organist heißt ein Mensch, der in einer Kirche die Orgel spielt. Und du weißt doch noch – das waren und das sind auch heute noch *die*, die mit den Tasten die Musik *machen*. Und nicht *die*, die in einem Nebenraum auf den Blasebalg treten. Also heute machen ja keine Menschen mehr diese Luft, sondern das tun jetzt Maschinen. Damit der Organist auch immer genügend Luft hat. Also, ich meine Luft für die Pfeifen. Nicht die Luft, die er ja auch selbst zum Atmen braucht.“ Vitus schaute wieder etwas beleidigt. *Das* war ihm schon klar. *Das* wusste er. *Das* hatte er auch nicht vergessen. Denn schließlich war er ja ein kleiner Barockengel, der besser musizierte als alles, was er sonst noch konnte.

„Natürlich spielte Johann Sebastian nicht nur auf der Orgel, wenn Gottesdienst war und wenn die Arnstädter Bürgerinnen und Bürger in die Kirche kamen, also meist an Sonntagen. Nein, er musste davor natürlich auch üben. Eigentlich musste er sogar viel üben. Ach, was sage ich, in Wirklichkeit musste er *ungeheuer* viel üben.“ „Warum *musste* denn Johann Sebastian so viel üben? *Konnte* der die Stücke denn vorher noch nicht?“ Vitus schien ganz bei der Sache. „Nun, Vitus“, sagte Balthasar nachsichtig, „eigentlich muss jeder Dinge üben, wenn er etwas *wirklich* ganz besonders gut können will. Man muss zuerst wissen, *wie* es geht. Aber dann muss man das, was man dann kann, auch immer wieder üben. Ganz besonders musste Johann Sebastian natürlich auch das Singen mit dem Chor üben. Er wollte perfekte Musik machen. Deswegen fiel es ihm auch nicht schwer, Stunde um Stunde um Stunde immer wieder dasselbe Stück immer und immer wieder zu spielen. Bis es einfach perfekt klang. Aber mit seinen Schülern, *das* war etwas ganz, ganz anderes – doch diese Geschichte kommt später.

„Ja, zuerst das, was in Arnstadt so ungeheuerlich war“, meinte Vitus. „Ja, das kommt jetzt: Früher einmal, also zu der Zeit, als Johann Sebastian ein junger Mann war und Organist in Arnstadt, da haben viele Aufgaben, die heute Frauen *und* Männer machen, *nur* Männer gemacht. *Warum* das so war, weiß eigentlich überhaupt niemand mehr. Aber *weil* Menschen eben darauf keine Antwort fanden, hat sich *das* auch immer mehr verändert. Und es verändert sich noch heute.“ „Tatsächlich“, sprudelte es aus Vitus heraus, „sind die immer noch nicht fertig? Was, zum Beispiel, machen Männer, aber Frauen nicht?“, wollte Vitus wissen. „Na, zum Beispiel gibt es viel mehr Bergarbeiter als Bergarbeiterinnen. Oder: Es gibt viel mehr Astronauten als Astronautinnen." Und Vitus ergänzte: „Und es gibt mehr Kapitäne als Kapitessen." „Das – sind dann Kapitäninnen", korrigierte ihn Balthasar, „aber es stimmt.

Zurück nach Arnstadt. Johann Sebastian übte also viel. Sehr viel. Und natürlich übte er nicht nur sein Orgelspiel, sondern er übte auch mit seinen Schülern und dann passierte es – jetzt halt dich fest auf deiner Barockengel-Wolke, Vitus. Einmal, ja, nur ein einziges Mal, geschah das Ungeheuerliche." Balthasar stoppte. Vitus wurde unruhig: „Nun sag' schon." Balthasar hatte in der Geschichten-Schule gelernt, dass es sehr, sehr viel spannender war, wenn man unbedingt gerne wissen wollte, wie es weitergeht. Und dann kam da eine Pause. Nur eine ganz klitzekleine Pause. Eigentlich war das wirklich gemein. Klar es stimmte: Es *wurde* noch viel spannender. „Frauen", fuhr Balthasar fort, „Frauen durften damals in der Kirche *nicht* singen. Als Sängerin. Kein bisschen. Keine Strophe. Keine Note – einfach *gar* nicht." „Nicht einmal eine halbe Note!", plapperte Vitus. „Johann Sebastian ließ *eine Frau* singen. In der Kirche. Oben, neben der Orgel. Sie sang wunderschön. Sie hatte eine klare, helle, tolle Stimme. Ganz lieblich und man konnte nicht anders, als einfach gebannt zuzuhören. Gesehen – hat man sie allerdings *nicht*. Oder man hat wenigstens nicht gesehen, *wer* da so wunderschön sang." „Das – ist spannend", bestätigte Vitus.

„Wie geht es weiter? Musste Johann Sebastian jetzt ins Arnstädter Gefängnis?", fragte Vitus erschrocken. „Nein, Vitus, wart ab. *Weil* diese Frau niemand so *richtig* wirklich gesehen hat, und *weil* eigentlich auch nur ganz wenige Arnstädter Bürger sie damals gehört hatten, war es schnell passiert, dass ein Gerücht die Runde machte. Man *wusste* ja nicht, wer diese Frau war, der Johann Sebastian erlaubt hatte, in der Kirche zu singen. Ja, die er vielleicht sogar *gebeten*

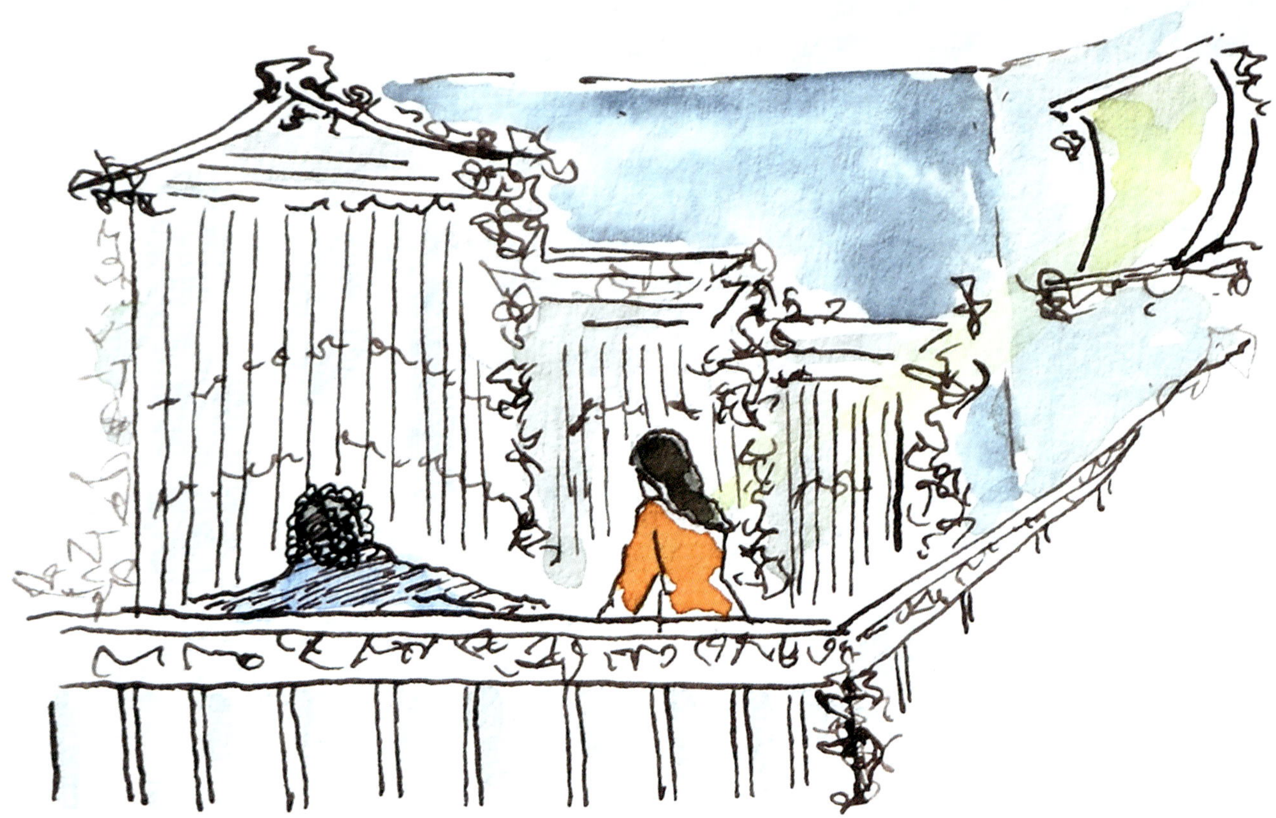

hatte, zu seiner Musik zu singen. Und so erzählte man sich in Arnstadt, eine *fremde Jungfer* – so nannte man damals Frauen, die unverheiratet waren – eine fremde Jungfer habe in der Kirche gesungen. Was für ein außerordentlich schlimmer Vorfall! So etwas hatte es in Arnstadt noch nie vorher gegeben. Vielleicht sogar nicht einmal im ganzen Land. Und nun passierte *das* im beschaulichen Arnstadt. Es war einfach ungeheuerlich. Johann Sebastian bekam natürlich Ärger. Großen Ärger. Er bekam Ärger mit dem Pfarrer. Er bekam Ärger mit dem Stadtrat. Aber wenigstens – bestrafte man Johann Sebastian nicht.

Später – lange, lange Zeit später erst, hat man dann vermutet, dass diese fremde Jungfer ganz vielleicht Maria Barbara war." Balthasar machte eine Pause. Das Kapitel war eigentlich schon fast zu Ende. Aber nicht mit Vitus. Der nickte mit dem Kopf und sagte: „Johann Sebastians Schwester!" „Nein, nein, Vitus, schon wieder falsch geraten. Meine Pausen sind doch nicht dazu gedacht, dass du aus meiner Geschichte ein Rätsel machst. Und es dann auch noch selbst zu lösen versuchst. Warte doch ein wenig. Ich mache doch die Pausen nur, damit es einfach *noch* spannender wird.“ „Das ist okay“, sagte Vitus, als ob er es nun ein für alle Mal verstanden hätte: „Nicht immer in die Pausen plappern“, das murmelte er vor sich hin. „Maria Barbara. Wer war das?“ „Maria Barbara Bach“, begann Balthasar, „war Johann Sebastians erste Frau.“ „Warum?“, fragte Vitus, der schon wieder vergessen hatte, dass er nicht dazwischen plappern wollte. „Warum *erste* Frau? Hatte Johann Sebastian denn mehrere Frauen?“ „Ja, er hatte zwei“, entgegnete Balthasar, aber lass’ mich erzählen. In Arnstadt wusste also niemand, *wen* Johann Sebastian da auf der Empore der Kirche hatte singen lassen. Es hieß nur: eine *fremde Jungfer*. Denn *gesehen* hatte diese Frau oder dieses Mädchen ja niemand. Und so dachte man, dass es ganz vielleicht Maria Barbara Bach gewesen war.

Und jetzt, Vitus – wird es kompliziert. Sehr kompliziert.“ Vitus holte Luft, setzte sich aufrecht hin und hoffte, dass er gleich verstehen würde, was denn da so Schwieriges auf ihn zukam. „Maria Barbara hieß schon vor der Hochzeit mit dem Familiennamen ebenfalls Bach. Das kam einfach deshalb, weil der Papa von Maria Barbara – eben auch *Bach* geheißen hat. Er war auch ein Organist und er war mit Johann Sebastian Bach verwandt. Maria Barbara Bach war also Johann Sebastian Bachs Cousine. Und nicht nur das, sie war eine Cousine zweiten Grades. Aber was das ist, das weiß selbst ich noch nicht. Ich glaube, das verstehen wir beide erst, wenn wir viel – wirklich viel, viel älter sind.“ Vitus sagte: „Das ist *allerdings* komisch – und es ist kompliziert, *sehr* kompliziert.

Und diese Maria Barbara Bach sang also auf der Empore der Kirche von Arnstadt“, fasste Vitus das Gehörte zusammen. „Vielleicht“, korrigierte ihn Balthasar, „ganz genau – weiß man es eben nicht. Vielleicht *war* sie es – vielleicht war sie es aber auch *nicht*.“ „Das ist ein *sehr* anstrengendes Kapitel, Balti. Kommt das, weil es

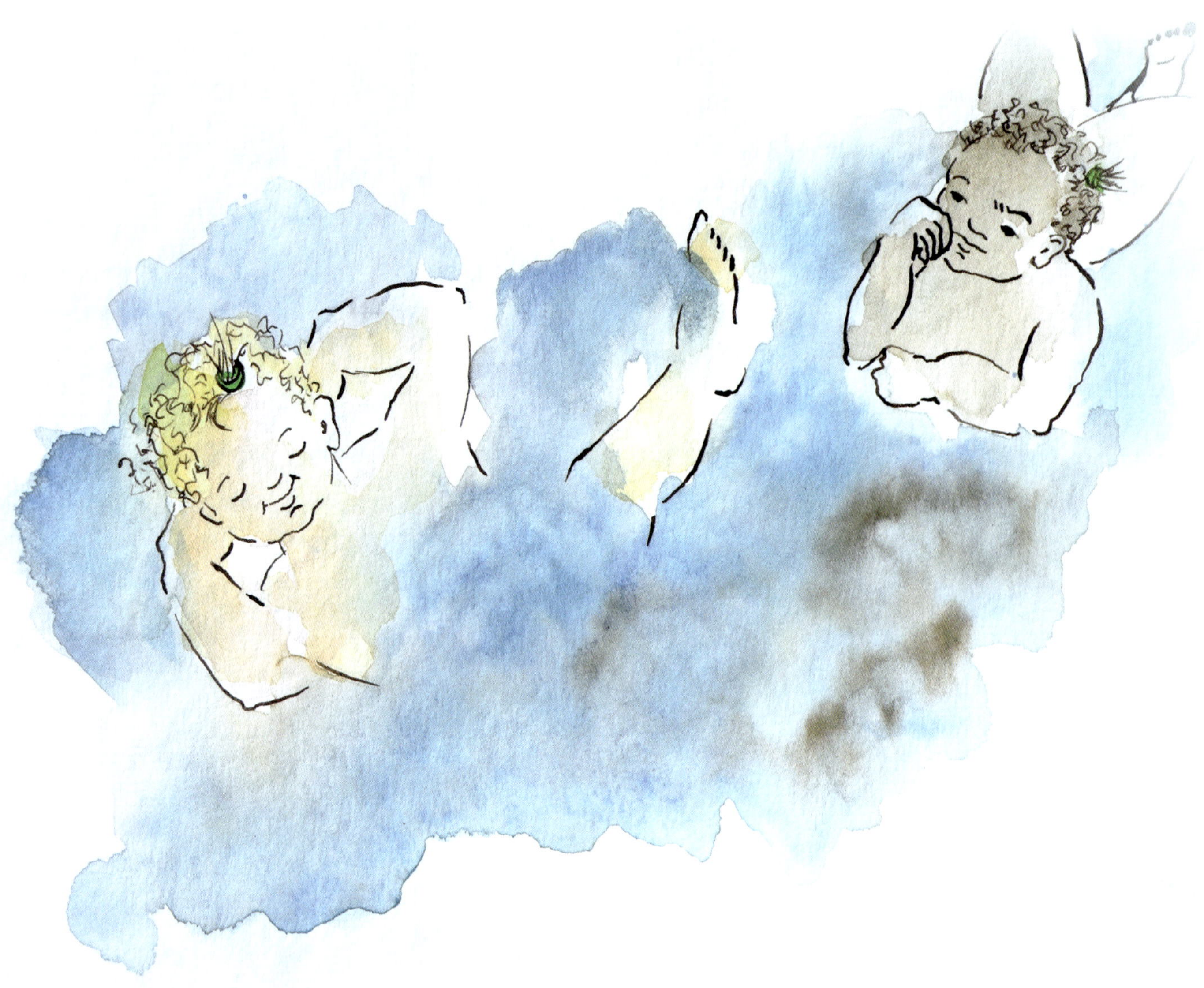

auch anstrengender ist, einen Beruf zu haben, als ein Schüler zu sein?“, Balthasar musste überlegen. *War* es denn überhaupt anstrengender, täglich zur Arbeit zu gehen als in die Schule? Balthasar glaubte das nicht. Er glaubte, beides war gleich anstrengend. „In die Schule gehen konnte aber auch ganz schön spannend sein. Und auch Spaß machen“, sagte Balthasar. Er schaute Vitus verschmitzt an und meinte: „Du kannst dir ja überlegen, ob du diesen Teil meiner Geschichte morgen *noch einmal* hören möchtest. Dann verstehst du das mit Maria Barbara und Johann Sebastian sicherlich noch viel, viel besser. Ach ja, sicherlich hat aber Johann Sebastian seine Maria Barbara schon in dieser Zeit, als er in Arnstadt arbeitete, kennengelernt. Nur eben, ob das auf einer der Familienfeiern der Bachs passiert ist oder in Arnstadt, das – weiß heute niemand mehr mit Sicherheit.

Vitus?“ Balthasar traute seinen Augen nicht. Da saß doch Vitus auf seiner kleinen Barockengel-Wolke und hatte die Augen geschlossen. „Schläfst du denn?“ „Nein“, sagte Vitus blitzschnell, „auf überhaupt gar keinen Fall. Ich bin hellwach. Wacher geht es gar nicht mehr.“ Aber Balthasar war sich da gar nicht so sicher. „Du hast von Familienfeiern erzählt. Das weiß ich genau. Und da haben sich dann alle getroffen, die Bach geheißen haben?“ „Richtig, Vitus, das haben sie. Und sie haben sich immer in einer anderen Stadt getroffen. Und da haben sie dann gemeinsam gesungen und getanzt und gegessen und Wein und Bier und Saft getrunken. Die Buben haben die Mädchen kennengelernt und immer waren auch *die* Kinder dabei, die im vergangenen Jahr zur Welt gekommen sind. Alle hatten sie immer viel Spaß. Und genau bei einem *solchen* Familientreffen, genau *dabei,* könnte Johann Sebastian seine Maria Barbara kennengelernt haben.“ „Richtig“, ergänzte Vitus, als ob es richtiger geworden wäre, wenn auch *er* sein Einverständnis erklärt hätte.

„Ich habe fürchterlichen Durst“, sagte Balthasar, „und ich bin müde.“ „Ja, das bin ich irgendwie auch“, bestätigte Vitus. „Dann lass’ uns einen Orangensaft trinken“, schlug Balthasar vor, „und noch einen Happen essen.“ Das klang sehr erwachsen, fand Balthasar. Vitus war einverstanden. Und so machten sie sich auf den Weg zum Abendessen. Kurz darauf war es schon wieder einmal dunkel geworden.

„Komisch“, dachte Vitus, „wenn man hier auf seiner kleinen Brockengel-Wolke sitzt oder auch liegt, dann ist ja *über* einem immer dieser wunderbare Sternenhimmel. Schlechtes Wetter und Regen, das gibt es hier oben ja gar nicht. „Balthasar“, sagte Vitus leise, „Balti?“ „Ja“, antwortete der. „Soll ich denn heute gar nichts mehr für dich spielen? Von Johann Sebastians tollster Musik? Gehört *das* denn nicht eigentlich zu jeder Geschichte dazu?“ Balthasar überlegte kurz, denn er hatte schon die perfekte Schlafstellung: Seine Flügelchen waren ganz gemütlich angeklappt. Und beide Ärmchen waren kuschelig angewinkelt. „Ja, das wäre schon wunderschön, Vitus", sagte er leise. „Aber ich möchte mich nicht mehr aufsetzen. Alles ist schon so schön kuschelig. Würdest du noch für mich musizieren? So, dass ich *dabei* einschlafen kann?" Das, fand Vitus, war eine perfekte Idee. Denn er war noch wach genug, um nochmals sein Lieblingsinstrument, die Geige, hervorzuholen und ein traumhaft schönes Stück von *Johann Sebastian Bach* zu spielen.

Ganz leise spielte er es. An manchen Stellen hörte man es kaum. Es war einfach – wunderschön. Das fand sogar Vitus selbst. Und als das Stück zu Ende war, fragte Vitus noch einmal ganz, ganz leise: „Balthasar, Balti?" Keine Antwort. „Balti-Ronimus, Balti-Bummelmann?" Vitus grinste. Und Balthasar schlief fest. Ganz fest. Auch Vitus kuschelte sich jetzt in seine kleine, weiße Wolke zurecht. Und in Nullkommanix hatte auch er die perfekte Schlafstellung gefunden. „Und er war *doch* anstrengend: Dieser Teil der Geschichte", dachte er. Ihm fielen schon nach wenigen Minuten die Augen zu. Beide träumten in dieser Nacht. Von einer gewaltigen, riesigen Kirche. Wie sie im Inneren gemeinsam zwischen den Bänken nach hinten in Richtung der Orgel liefen. Und wie wunderschöne Orgelmusik die ganze Kirche durchflutete. Und als sie hoch zur Empore schauten, da konnten sie sie sehen: ein Mädchen oder eine Frau. Sie hatte ein Kopftuch auf. Auch deswegen konnte man sie nicht erkennen. Und ihre Stimme war *so* zart, wie Vitus und Balthasar *noch nie* eine Stimme gehört hatten. In ihrem ganzen Leben nicht. Und da war auch Johann Sebastian mit einem blauen Gewand. Und einer weißen Perücke auf. Bei diesen mächtigen Tönen der Orgel, zusammen mit der wunderschönen Stimme fielen beide, Vitus und Balthasar, in einen ganz tiefen, noch viel tieferen Schlaf.

# Kapitel 9

Balthasar hatte himmlisch geschlafen. Und etwas später hatte er auch noch einmal geträumt: Er und Vitus waren unterwegs. Er glaubte, dass es in Arnstadt gewesen war. Arnstadt, die kleine, gemütliche Stadt in Thüringen. Und wunderschöne Musik konnte er hören, ganz zarte Musik, so, wie er sie noch nie gehört hatte. Wo mochte sie wohl herkommen, träumte er, wer mochte sie wohl spielen? Und kann man sich denn wünschen, dass solche Musik niemals je wieder aufhört? Balthasar war regelrecht begeistert. Er bemerkte, dass er auf den Stufen einer Treppe vor einer riesigen Kirche stand, und er setzte sich in die helle Sonne. Herrlich warm war es, nicht zu heiß, sondern angenehm. Und dann diese Musik. Er schaute in seinem Traum zu seinem allerbesten Freund Vitus. Und Vitus schaute zu ihm. „Da hast du nicht mit gerechnet, was?“ Balthasar fand die Frage etwas eigenartig. „Was meinst du, Vitus?“ „Balthasario, das hast du nicht gedacht, richtig?“, fragte der noch mal und wieder wunderte sich Balthasar, dass ihn Vitus sogar in seinem Traum auf den Arm nahm, indem er lustige Spitznamen aus dem Namen Balthasar erfand. Vitus grinste über beide Barockengel-Bäckchen und lachte laut und die Musik brach plötzlich ab. „Reingefallen, reingefallen!“ Balthasar merkte, dass er gar nicht mehr träumte. Er sah Vitus auf seiner kleinen Wolke am Cembalo sitzen. „Für dich, mein Freund: ein Ständchen schon *vor* dem Frühstück.“

Balthasar rieb sich die verschlafenen Augen. „Vitus, du bist ja einer! Obwohl – *so* aufzuwachen, *das* ist schön. Mit ganz sanfter Musik. Und ich nehme einmal an, sie ist von …“ „Richtig – von Com - po - si - teur Johann Sebastian Bache.“ „Nein, Vitus“, er musste sehr lachen, obwohl das so kurz nach dem Aufwachen schon ein wenig anstrengend war. „Johann Sebastian hieß Bach – ohne das e am Schluss. Erst wenn es damals mehr als ein Bach war, dann haben sie – eben früher – *die Bache* geheißen. Heute heißen sie *die Bachs*.

Oder, das ist lustiger: *die Bäche*.“ „Aha“, sagte Vitus, der für diese Information so früh am Morgen seine Barockengel-Ohren *auf Durchzug* schaltete. So früh am Morgen war er noch nicht zu ernsthaftem Denken bereit.

„Mann, habe ich einen Hunger“, sagte Balthasar plötzlich. „Das ist ja auch kein Kunststück. Ich habe ja seit dem Abendessen nichts mehr verdrückt. Heute ist ja Marmeladenbrötchen-Tag.“ Hin und wieder gab es für alle kleinen Barockengel einen Marmeladenbrötchen-Tag. Damit das Frühstück ebenfalls nie langweilig wurde. Nur die Milch, *die* gab es jeden Morgen. „Wäre ja auch noch schöner: ein Morgen ohne Milch. Unvorstellbar.“ Was er da gesagt hatte, klang, als ob ein Erwachsener das gesagt hätte – Balthasar war mächtig stolz auf sich. „Komm', lass uns frühstücken, Vitus.“ Vitus stand von der kleinen Bank vor seinem Cembalo auf. „Und was ist *dann* passiert in Arnstadt? Wird die Geschichte denn heute auch wieder so spannend?“ „Noch viel spannender“, sagte Balthasar, „und auch – ein bisschen gefährlich.“ Vitus erschrak. Man konnte sogar ein wenig Angst – nein, eigentlich war es eher Sorge – in seinem Engelgesicht erkennen. „Es wird gefährlich?“ „Ja Vitus, aber keine Angst, das Ende ist gut. So viel verrate ich dir: Es ist nichts passiert. Nur beinahe.“ „Ich habe plötzlich keinen Hunger mehr, Balthasar, willst du nicht sofort mit dem Erzählen beginnen, Balti?“ Balthasar lachte, aber der Hunger war jetzt plötzlich noch *viel* größer und so frühstückten die beiden Freunde zuerst miteinander.

„Jetzt erzähle den gefährlichen Teil, Balthasar, mach' schon.“ Wie gewohnt, setzte Balthasar sich aufrecht hin. Er zupfte seine kleine, weiße Barockengel-Wolke hier und da ein bisschen zurecht und begann, wie auch schon die Tage zuvor, feierlich: „Johann Sebastian Bach war ja inzwischen Organist in Arnstadt. Und er machte diese Musik in der Kirche. Regelmäßig zu den Gottesdiensten. Aber auch zu Hause, um immer besser und besser zu werden. Und weil Johann Sebastian oft noch Zeit übrig hatte, nach allem Musizieren, wollte er auch mit dem Schulchor üben. Die Schüler im Schulchor freuten sich, dass sie einen so guten Musiker hatten, der mit ihnen wunderschöne Lieder einübte. Denn wunderschöne Lieder mit einem Chor zu singen, die dann auch ein großes Publikum begeisterten, *das* war eine tolle Sache.“ „Ich finde das überhaupt nicht gefährlich“, warf Vitus ein. „Warte ab, Vitus“, entgegnete Balthasar, der aber nicht böse war, weil Vitus ihn schon wieder unterbrochen hatte. „Also, Vitus, Johann Sebastian hatte Spaß mit dem Üben und auch die vielen Schüler hatten große Freude, dabei immer besser und besser zu singen. *Und* die Arnstädter Bürger waren jede Woche mehr und mehr mit ihrem Chor und seiner Leistung zufrieden.

Nur: Johann Sebastian war nie *ganz und gar* begeistert. Alles hörte sich ganz, ganz toll an. Aber Johann Sebastian fand *hier* einen Ton, den man schöner hätte singen und dann *da* einen Ton, den man später hätte beginnen können. Johann Sebastian war eben – ein Perfektionist.“ „*Das* habe ich ja noch nie gehört“, polterte Vitus dazwischen. „Perfist. Oder so ähnlich. *Was* ist *das* denn?“ Balthasar schmunzelte. „Ein *Per - fek - tio - nist* ist jemand, der alles immer *noch* besser und *noch* besser machen will. Und manchmal einfach dabei nicht weiß, wann es schließlich toll genug ist.“ Vitus dachte nach. Er fand, dass alles was *er* machte, richtig schnell richtig gut genug war. „Bin *ich* ein Perfektionist?“, fragte er Balthasar. „Ich glaube nicht, Vitus. Wenn *du* etwas gemacht hast, dann willst du immer gleich das Nächste tun.“ Johann Sebastian Bach hat ein Musikstück gespielt, und wenn nur eine einzige Note ein ganz, ganz, ganz kleines bisschen – zwar an der richtigen Stelle – aber doch zu laut oder zu leise war – dann hat er *alles* noch einmal geübt. Johann Sebastian *war* ein solcher Perfektionist."

„Ein Perfektionist. Aha", sagte Vitus andächtig. „Das muss ich wohl noch einige Male sagen, bis ich mir so ein schweres Wort auch merken kann." Und in diesem Moment sah Balthasar, wie Vitus etwas ganz Wichtiges einzufallen schien. Er merkte richtig, wie da eine Frage kaum noch Zeit hatte. „Was ist, Vitus? Raus damit!" „Wann hat denn der junge Johann Sebastian nicht nur Musik gemacht, sondern auch Musik *gemacht*?" Balthasar war auf diese Frage *gar nicht* vorbereitet. „Was *meinst* Du denn?", fragte Balthasar. Vitus fing heftig an zu lachen. Er kugelte sich auf seiner kleinen, weißen Barockengel-Wolke. Vitus wollte anfangen zu sprechen: „Na, du hast doch gesagt", und wieder konnte er sich kaum halten vor Lachen. Der Bauch tat ihm schon weh. Langsam aber ging es besser. Wenn auch so ein Lachanfall sehr, sehr komisch war. Mindestens hatte man unheimlich gute Laune danach. „Na, *du* hast doch gesagt, Balti, er hat nicht nur Musik gespielt, sondern er hat sie auch *erfunden*." „Ach, *das* meinst du. Dann sag' doch einfach: Wann hat er angefangen, Töne zu dichten oder Töne zu setzen. Oder sag' es, wie man es heute sagt: Wann hat er denn mit dem *Komponieren* begonnen? Und nun zur Antwort, Vitus.

*Das* war in Arnstadt. In Arnstadt hatte Johann Sebastian auch *dann* noch sehr viel Zeit übrig, als er im Gottesdienst die Orgel gespielt, für den nächsten Gottesdienst geübt und als er mit dem Chor gesungen hatte. Er hatte noch sehr viel Zeit übrig – und genau in dieser Zeit hat er *richtig* mit Komponieren begonnen." „Aber das", überlegte Vitus, „war nicht gefährlich, oder?" „Nein", entgegnete Balthasar, „das war nicht gefährlich." „Was dann?" gab sich Vitus

Mühe, wieder ganz und gar ernst zu sein. „Also, Johann Sebastian wollte immer alles so perfekt wie möglich machen.“ „Er war Per- fek - tio - nist.“ Vitus war jetzt mächtig stolz. In so kurzer Zeit hatte er ein so schwieriges Wort behalten. „Richtig. Und so wollte er, dass seine Schüler ebenfalls immer besser und besser sangen. Aber *die* fanden, dass sie schon gut genug waren. Und je länger Johann Sebastian sich bemühte, seine Schüler für immer bessere Leistungen zu begeistern, desto mehr verloren *die* den Spaß dabei. Und sie begannen im Unterricht dazwischenzureden. So, wie du es manchmal tust.“ ergänzte Balthasar diesen Abschnitt seiner Geschichte. Vitus schaute betroffen.

„Schließlich störten sie sogar absichtlich. Johann Sebastian ärgerte das natürlich. So hatte er es immer schwerer und schwerer, bei allen diesen Störungen immer und immer bessere Musik mit dem Chor zu machen. Irgendwann dann platzte Johann Sebastian schließlich der Kragen.“ Balthasar war plötzlich mucksmäuschenstill. Aber Vitus wusste genau, wenn er jetzt *nichts* sagte, *dann* ist diese kleine Pause am schnellsten vorbei. Das hatte er inzwischen gelernt. Bloß nicht fragen, wie es weitergeht. Und er hatte recht. Es *wurde* immer spannender und spannender. *Was* mochte jetzt wohl passiert sein?

„Johann Sebastian nannte den lautesten unter seinen Schülern einen *Zippelfagottist*. Und das war im Jahre 1702 ein *ganz* böses Schimpfwort – es war kein bisschen lustig.“ „Ja, *das* war dann gefährlich“, dachte Vitus aber er wusste nicht recht, warum es gefährlich war. „Ist das ungefähr so ein schlimmes Wort wie“ „Halt, halt, Vitus, sag’ es nicht, sag’ bloß nicht, wie es heute heißen könnte. Solche Worte benutzt man nicht. Gar nicht. Gar nie. Gar nie nicht. *Zippelfagottist* war damals eine ganz schlimme Beleidigung.“ Vitus war unendlich gespannt, denn wenn *das* noch nicht gefährlich war, was war es dann?

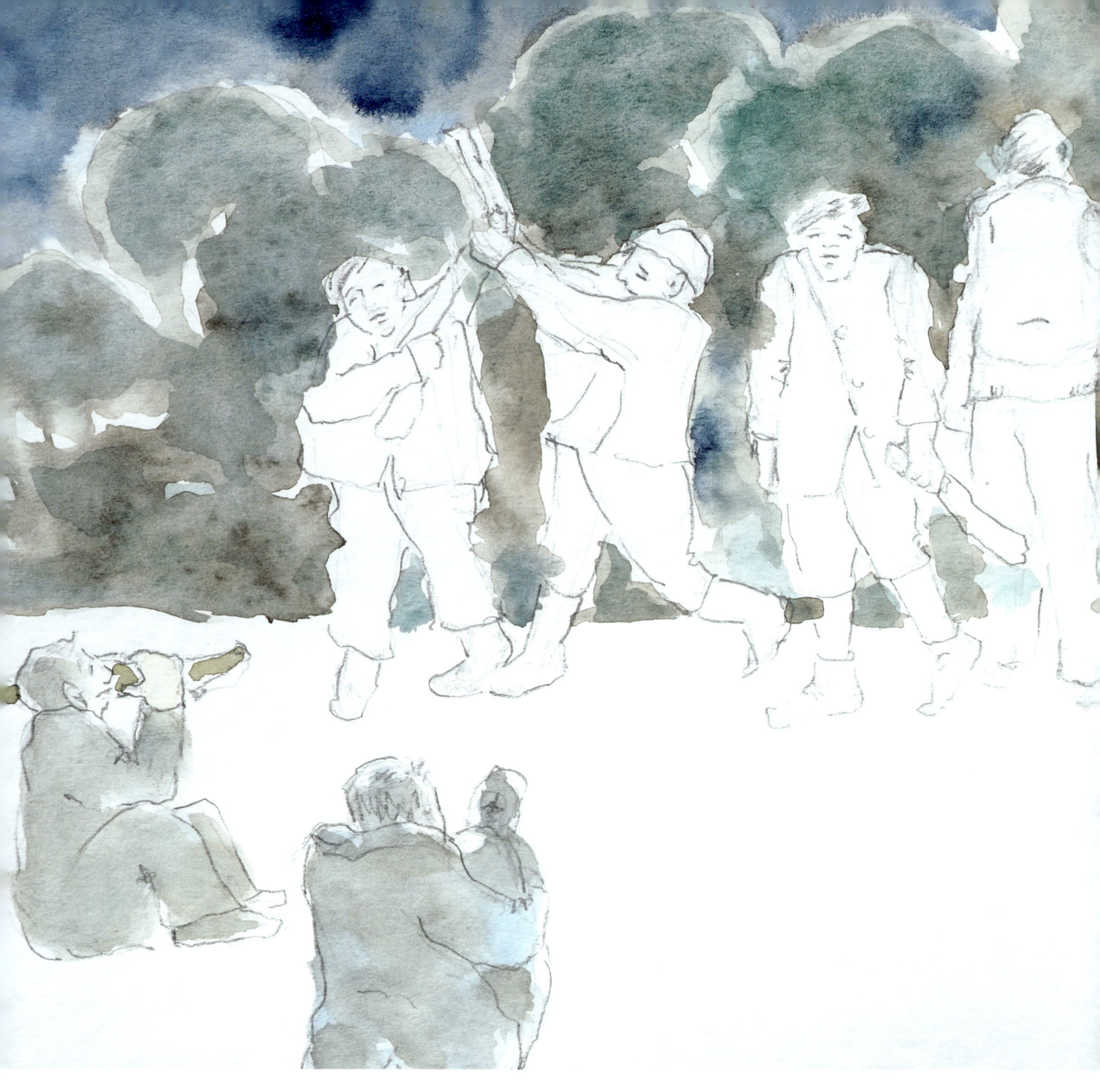

„Einige Tage später machte Johann Sebastian am Fürstenhof in Arnstadt Musik. Und er kam mitten in der dunklen Nacht nach Hause zurück. Vorbei an dunklen Bäckereien. Beim Metzger, der natürlich auch nicht mehr geöffnet hatte und schließlich am Rathaus, dem Marktplatz und der neuen Kirche. Wenn Johann Sebastian beim Fürsten musizierte, hatte er immer seine Hoftracht an und das war sein Glück." „Hoftracht?", sagte Vitus. „Was in aller Welt ist *das* denn nun wieder?" Balthasar schmunzelte: „Hoftracht heißen *die*

Kleider, die man am Hofe eines Fürsten trug. Musiker, Bedienstete, Kutscher – alle hatten sie ganz bestimmte Kleider zu tragen.
Als Johann Sebastian beinahe zu Hause angekommen ist, da sah er sie: sechs seiner Chorschüler, darunter der, der am meisten gestört hatte. *Geyersbach* hieß dieser Störenfried. Und alle sechs waren bewaffnet." Vitus bekam einen mächtigen Schreck. „Alle Schüler hatten einen Knüppel dabei. Und sie wollten, dass sich Johann Sebastian entschuldigte. Obwohl es sechs gegen einen waren und es schon sehr gefährlich war, kam Johann Sebastian überhaupt nicht in den Sinn, sich zu entschuldigen. Er wusste, er war im Recht. Und *so* schlimm fand *er* es auch nicht, den Chorschüler Geyersbach *Zippelfagottist* genannt zu haben. Er hatte es ja nicht böse gemeint. Johann Sebastian dachte in diesem Moment sicher nicht darüber nach, was passiert wäre, wenn ihn diese Burschen tatsächlich mit ihren Knüppeln geschlagen hätten. Was, wenn sie seine Hände verletzt hätten? Seine Hände brauchte er für die Musik am dringendsten. Zum Komponieren *und* vor allem aber zum Musizieren. Eigentlich war immer alles sehr, sehr still um diese Zeit, in einer Nacht in Arnstadt, neben dem Rathaus, auf dem Marktplatz und eigentlich überall. Aber der Streit zwischen Johann Sebastian und diesen sechs Rabauken wurde immer lauter. Bedrohlich kamen sie auf Johann Sebastian zu. Einer schubste Johann Sebastian sogar ein wenig. Und dieser Geyersbach, der fragte Johann Sebastian schließlich, wie er sagte, *zum letzten Mal*, ob der sich nicht entschuldigen wolle. Ein wenig hatte Johann Sebastian nun doch schon Angst, aber da kam ihm plötzlich die rettende Idee: Er hatte ja einen Degen. Denn der gehörte damals einfach zur Uniform. Und er trug sie gerade, diese Uniform, denn er kam ja in dieser Stunde vom Hofe des Fürsten.

Und so *zog* er ihn, den Degen und machte einen mächtigen Schritt auf den Anführer der Burschen zu. Mit seinem Degen zielte er dabei mitten auf die Brust von Geyersbach. Und *das* wurde dann den Burschen nun doch zu gefährlich. Ein Hieb oder ein Stich solch eines Degens war nicht zu unterschätzen und keiner der Chorschüler wusste, *wie gut* Johann Sebastian im Fechten war. Und so entschlossen sie sich, mit lauten, wüsten Drohungen ihren Lehrer und Organisten in Ruhe zu lassen.“ „Puh – *das* hätte aber auch schlecht ausgehen können.“ Vitus hatte richtiges Herzklopfen. „Und dann?“ „Johann Sebastian hat sich am nächsten Tag offiziell beschwert. Aber weil seine Schüler aus sehr, sehr angesehenen Familien in Arnstadt kamen, hat man Johann Sebastian *nicht* recht gegeben. Geyersbach, der Anführer der Störenfriede, hat nicht einmal Hausarrest bekommen. Kein Nachsitzen. Keine Strafarbeit. Nichts. Natürlich ärgerte sich Johann Sebastian. Er fand, dass dieses Urteil sehr, sehr unfair gewesen war.“ Vitus konnte diese Ungerechtigkeit richtig spüren. Er schüttelte, fast unsichtbar, den Kopf. „So was!“, meinte Vitus. „Das – ist aber traurig.“

Beide Barockengelchen waren einen Moment lang ganz, ganz still. Keiner von beiden sagte einen Ton – und das war sehr, sehr ungewöhnlich. Für Balthasar, weil er eigentlich immer etwas erzählte. Und für Vitus, weil der eigentlich immer dazwischen plauderte. „Was meinst du denn, Vitus“, sagte Balthasar, „willst du nicht nach dieser gefährlichen Geschichte wieder eines von Johann Sebastians Liedern spielen? Vielleicht eines, was Johann Sebastian in seiner Zeit in Arnstadt dichtete?“ Vitus wurde ein klein wenig rot und meinte: „Ich glaube, Balthasar, dass ich das nicht kann. So viele Stücke kann ich auch noch nicht. „Aber“, er fing ganz feierlich an, „ich *kann* ein *neues* Stück von Johann Sebastian *Bach*“, er betonte den Nachnamen von Johann Sebastian ganz besonders ehrfürchtig. „Ich meine, ich kann ein *ganz neues* Stück. Soll ich *das* spielen?“ Balthasar war vergnügt, nickte heftig und meinte: „Und dann machen wir ein kleines Mittagsschläfchen! Und *danach* erzähle ich dir, wie Johann Sebastian beinahe seine Maria Barbara *nicht* geheiratet hätte.“ „Wie geht denn so was? Das geht doch *gar* nicht.“ Vitus war überzeugt, Balthasar nahm ihn schon wieder auf den Arm. So, wie er es manchmal mit ihm tat. „*Das* geht einfach nicht. Man kann niemanden *nicht* beinahe *nicht* heiraten.“ Vitus war davon überzeugt. Aber er wartete nun doch auf eine Antwort von seinem allerbesten Freund. „Gut, Vitus, du spielst jetzt das neue Stück von Johann Sebastian, dann machen wir ein Schläfchen. Und so lange musst du dich noch gedulden. Wenn wir beide ausgeschlafen haben, *dann* erzähle ich dir, was Johann Sebastian in Lübeck erlebt hat.“ „Lübeck ist eine Stadt bei Lüneburg, deshalb heißen sie so gleich“, plapperte Vitus auf das Stichwort Lübeck. „Ja und nein, Vitus.“ „Du hast recht, Lübeck liegt auch ganz, ganz weit oben im Norden. Und richtig, beide Städte fangen mit *Lü* an. Aber man muss *noch* etwas weiter laufen: nach Lübeck, als nach Lüneburg.“ „Also raus mit der Sprache“, hörte sich Vitus selber sagen. Das hatte er schon einmal gehört, als Erwachsene miteinander sprachen. Er fand es *so* gut, dass er es wiederholte. „Raus mit der Sprache: Warum hat Johann Sebastian seine Maria Barbara beinahe *nicht* in Lübeck geheiratet?“

Balthasar schmunzelte und sagte: „Zuerst spiel’ dein neues Lied. Dann schlafen wir ein wenig. *Dann* erzähle ich dir diesen Teil der Geschichte aus Johann Sebastians Leben.“ Vitus nahm sein Instrument, setzte sich aufrecht hin und begann das neue Stück zu spielen. Zu seiner Überraschung machte er dabei auch nicht einen einzigen Fehler. Und so klang es, wie auch schon die Stücke zuvor, einfach wunderbar. *Anders* konnte man es nicht beschreiben: Es *klang* einfach herrlich. Es war eine Freude zuzuhören, und Balthasar fand, dass sein allerbester Freund Vitus genau so gut Musik machte, wie *er* gut Geschichten erzählen konnte. Keine fünf Minuten später waren die beiden schon wieder einmal hundemüde. Balthasar vom Zuhören, Vitus vom Musizieren. Und beide Freunde schliefen ein. Dieses Mal träumten sie nicht. Beide träumten oft, aber eben dieses Mal nicht.

## Kapitel 10

Balthasar schlug die Augen auf. Die Sonne stand schon tief, eigentlich sehr tief am Horizont. Und Vitus schaute ihn mit großen Barockengel-Augen an. „Na, Balthasarius, auch schon wach?" „Was heißt auch schon wach? Wie spät ist es?", entgegnete der allerbeste Freund von Vitus. „Wahrscheinlich haben wir nicht einmal mehr genügend Zeit für die nächste Geschichte", meinte Balthasar. „Wie kann man denn beinahe jemanden *nicht* heiraten?" Das ließ Vitus einfach nicht los. Er hatte zwar lange darüber nachgedacht. Aber er konnte sich schließlich dann doch keinen Reim darauf machen. Balthasar schmunzelte. „Ich kann doch auch noch erzählen, wenn es schon dunkel ist. Und wir haben beide so viel vorgeschlafen, dass wir noch ein wenig Spaß haben können, wenn es schon ganz dunkel ist. Außerdem ist morgen Sonntag. Da schlafen wir eben ein bisschen länger. Vitus nickte eifrig. „Johann Sebastian wollte – er war ja noch sehr, sehr jung – nicht nur musizieren. Und er wollte auch nicht nur komponieren. Er war nämlich außerdem auch sehr neugierig und wollte noch immer auch etwas lernen. Er hatte in der Zeit in Lüneburg gehört, dass in Lübeck, ungefähr drei Tagesmärsche von Lüneburg entfernt, aber sogar zwölf Tagesmärsche von Arnstadt entfernt, ein ganz berühmter Organist spielte.

Buxtehude hieß dieser Organist und die Bürger in und um Lübeck kamen nicht nur, um diesen Buxtehude in den Gottesdiensten zu hören, sondern sie kamen auch und besonders in der Adventszeit. So kurz vor Weihnachten war es genau die richtige, besinnliche Jahreszeit, um seinen stimmungsvollen Konzerten zu lauschen." „Ich mag die Adventszeit sehr, sehr gerne", unterbrach Vitus Balthasars Erzählung. „Alles ist dann so feierlich. Die vielen Kerzen brennen. Und wenn es richtig kalt draußen ist, dann kann man sich zu Hause so richtig gut in eine Decke einkuscheln. Oder wir Barockengelchen eben in unsere weißen Wölkchen. Das ist toll. Und wenn die Adventszeit vorbei ist, dann ist ja sofort auch Weihnachten. Sommer ist *richtig* schön. Aber die Adventszeit auch!" Balthasar nickte nachsichtig, sollte sich Vitus doch ruhig ein wenig in die Advents-Stimmung hineindenken, in der dieser Organist Buxtehude die Menschen in Lübeck mit seiner Musik so begeisterte. „Johann Sebastian beantragte beim Rat in Arnstadt einen Urlaub. Und zwar, um nach Lübeck zu laufen. Um sich dort den Organisten und Meister Buxtehude anzuhören und von ihm auch zu lernen. Anschließend würde er dann wieder zurücklaufen. Vier ganze Wochen wollte Johann Sebastian so unterwegs sein. Deshalb suchte er natürlich nach einem Stellvertreter, also nach einem Orgelspieler, der in seiner Abwesenheit die Musik zum Gottesdienst spielte. Und dieser Stellvertreter musste sich ja ebenfalls um die anderen Aufgaben Johann Sebastians in dieser Zeit kümmern.

Johann Sebastian ist also *nicht* einfach in den Urlaub weggefahren. Und er ist ja auch nicht *gefahren* – er ist wieder gelaufen. Allerdings war das bei Weitem nicht so spannend und nicht so spaßig wie der Marsch mit seinem Schulfreund Georg, denn nach Lübeck lief er ja *alleine*. Dieses Mal kehrte er auch in das eine oder andere kleine Wirtshaus ein. Und er schlief so manches Mal in einer Herberge. Oft aber verbrachte er die Nacht wieder in Scheunen und manchmal sogar unter freiem Himmel. Als er schließlich in Lübeck ankam, konnte er es kaum mehr erwarten, Meister Buxtehude beim Orgelspiel zuzuhören. Mehr und mehr wollte er hören und Johann Sebastian studierte *ganz* genau, was der schon sehr alte Buxtehude *besser* konnte an der Orgel als der noch sehr junge Organist aus Arnstadt. Natürlich wollte der erfahrene, ältere Musiker auch Johann Sebastian spielen hören. Und *als* er hörte, was der junge Musiker und Komponist aus Thüringen schon alles konnte, da war er *begeistert*. Eigentlich war er noch weit mehr als begeistert."

Vitus sagte – nichts! Das war *wirklich* ungewöhnlich. „Buxtehude war tatsächlich schon sehr alt", erzählte Balthasar weiter, „und deswegen hatte er sich schon eine ganze Weile umgehört, ob es denn jemanden gab, der *sein* Amt in Lübeck übernehmen konnte. Und diesen Johann Sebastian Bach aus Thüringen, den fand Buxtehude dann auch *so* hervorragend, dass er ihm *genau das* anbot. Welch' eine Ehre für den noch so jungen Musiker! Nicht nur die Bezahlung wäre fürstlich gewesen. Johann Sebastian hätte auch in einem eigenen Haus wohnen können. Ein wahrhaft großzügiges Angebot." „Und warum hat er nicht *ja* gesagt?", flutschte es Vitus heraus, als er sich erinnerte: „Kommt jetzt, wie er *beinahe* Maria Barbara *nicht* geheiratet hat?" „Richtig, Vitus. *Eine* Bedingung fand Johann Sebastian

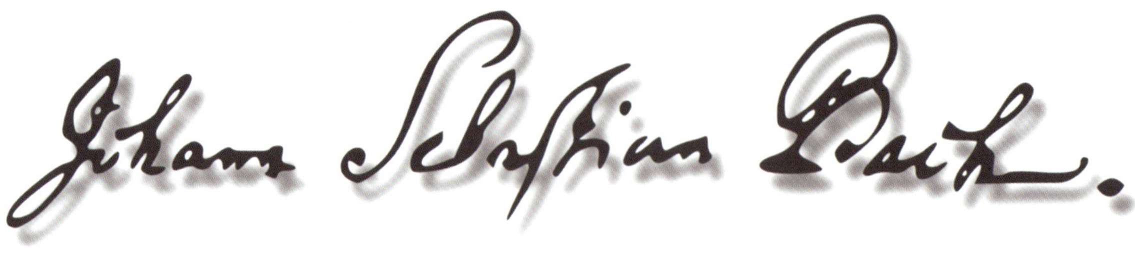

***So sieht Johann Sebastians Unterschrift aus.***

aber überhaupt nicht gut. Damals, also vor über 300 Jahren – und das ist schon ziemlich lange her – war es üblich, dass man nicht nur sein Amt an einen jüngeren Nachfolger übergeben hat, sondern dazu *auch* – seine Tochter! Und das hieß nichts anderes, als ...?", Balthasar schaute Vitus fragend an. Vitus wusste, dass nun er an der Reihe mit einer Antwort war: „Dass Johann Sebastian die Tochter von Organist Buxtehude aus Lübeck hätte heiraten müssen." „Richtig, Vitus, das hast du gut gewusst." Vitus war mächtig stolz. Mächtig. „Weiter!", sagte er ganz kurz. „Nun war allerdings Buxtehudes Tochter ganze zehn Jahre älter als Johann Sebastian. Und zehn Jahre, das war eine ganze Menge, wenn man noch so jung war wie Johann Sebastian." Vitus schmunzelte: „Wollte *sie* denn Johann Sebastian nicht heiraten?" „Doch, aber Johann Sebastian wollte *sie* nicht.", entgegnete Balthasar. „Und was störte ihn am meisten?" „Das weiß man heute wohl nicht mehr so genau, ob es war, weil sie zehn Jahre älter war." „Oder weil er sie nun einfach soooo sehr, auch nicht mochte", ergänzte Vitus. „Johann Sebastian wollte Buxtehudes Tochter einfach nicht heiraten. *Warum* nicht, das weiß man heute leider nicht mehr. Aber – *was* man weiß ist, dass sich Johann Sebastian zu dieser Zeit – kurz vorher in Arnstadt – wahrscheinlich schon in seine Maria Barbara verliebt hatte. Und *deswegen* auch das Angebot ablehnte.

Erst nach langen zehn Wochen machte sich Johann Sebastian schließlich auf den Rückweg und kam erst später als zwölf Wochen, nachdem er Arnstadt verlassen hatte, dort wieder an. Natürlich ist er auch nach Hause wieder gelaufen. Aber inzwischen war es mitten im Winter. Viel Schnee und auch viel Eis machten das Wandern mühsam. Und er musste außerdem viel öfter übernachten." Vitus sagte keinen Ton. War er etwa müde? Das konnte eigentlich nicht sein, denn beide hatten einen ausgedehnten Mittagsschlaf hinter sich. Aber – so dachte Balthasar – das ist auch nicht schlecht, wenn Vitus einmal *keine* Frage hat. Dann kann ich ungestört zu Ende erzählen. „Die in Arnstadt haben sich sicher gefreut, als Johann Sebastian wieder zurück war„, überlegte es sich Vitus nun doch noch anders und Balthasar schmunzelte: „Sie waren alle *sehr, sehr* verärgert. Alle in Arnstadt waren sehr, sehr böse, dass Johann Sebastian *so* lange weggeblieben war. Nach vier Wochen hatten sie ihn zurückerwartet und er blieb länger als zwölf Wochen fort. Obwohl: Hätten sie nur ein klein wenig nachgerechnet, dann hätten sie gewusst, dass Johann Sebastian niemals rechtzeitig hätte zurückkommen *können*. Denn alleine der Weg nach Lübeck dauerte ja etwa zwei Wochen. Und der Rückweg länger als drei Wochen.“ „Und nur hin und her laufen wollte Johann Sebastian ja sicherlich nicht“, prustete Vitus los. „Das wäre ja nun ganz und gar unsinnig gewesen. Und vieeeel zu weit.“ Balthasar nickte. „Johann Sebastian, kaum zurück, wurde vor den Rat geladen. Man machte ihm schwere Vorwürfe. Und das, obwohl Johann Sebastian ja einen Stellvertreter gefunden *hatte*. Und der machte seinen Job nicht schlecht: immerhin so gut, dass er später einmal Johann Sebastians Nachfolger wurde.

Dieser Stellvertreter war ein Verwandter von Johann Sebastian, der natürlich ebenfalls *Bach* hieß.“ „Ja, ich weiß, die Bache Familie“, sagte Vitus. „Richtig, Vitus, perfekt. Johann Sebastian war natürlich von solch einem Empfang in Arnstadt nicht begeistert. Aber wahrscheinlich wusste er, dass es so kommen würde. Obwohl Johann Sebastian nicht wirklich bestraft wurde, hatte er schließlich keinen richtigen Spaß mehr, in Arnstadt zu bleiben. Die Chorschüler machten ihm Probleme, er fand die Entscheidung der Herren von Arnstadt zu seiner Beschwerde über diesen Geyersbach ungerecht. Und dass man ihm vorhielt, dass er eine Jungfer in der Kirche hatte singen lassen, das verärgerte ihn natürlich ebenfalls.

Dann jetzt auch noch die Ermahnung wegen seines Urlaubs. Da kam es ihm gerade recht, dass man in Mühlhausen genau zu dieser Zeit einen Organisten suchte. Es war *die* Gelegenheit und vielleicht war nach fast vier Jahren in Arnstadt die Zeit auch einfach richtig für Johann Sebastian, um sich nach einer neuen Arbeitsstelle umzusehen."

Beide hatten es nicht bemerkt. Weder Vitus noch Balthasar. Es war dunkel geworden. Eine Million, ach was, eine Milliarde Sterne funkelten am Himmel. Große und Kleine, helle und noch hellere: Es war – einfach wunderschön. „Und jetzt", sagte Vitus, „jetzt spiele ich ein Werk." Vitus wollte dieses Wort auch einmal benutzen und nannte das Lied, das er jetzt vorspielen wollte, ganz kühn *ein Werk*. So, wie es auch die Erwachsenen immer taten. „Gut, Vitus," entgegnete Balthasar. „Wenn du das *heute* tust. Und du hast es *gestern* schon getan. Und *vorgestern* auch – *dann* ist es jetzt ja schon eine *Tradition*." „Um Himmels willen, schon wieder so ein schwieriges Wort: Tra - di - tion." Vitus musste nachdenken. „Wenn man etwas dreimal tut, dann ist es eine Tra - di - tion?", Balthasar lachte. „Nein, Vitus *eigentlich* – nicht. Und doch! *Tradition* ist, wenn man etwas immer zur gleichen Zeit immer wieder noch einmal tut. Meistens ist so etwas einmal im Jahr. Ein Weihnachtsmarkt zum Beispiel. Oder ein Sportfest. Oder wenn man eine Stadtgründung alle zehn Jahre feiert – das ist dann eine *Tradition*." „Also, dann *spiele* ich jetzt eine Tradition", sagte Vitus feierlich. Balthasar nickte gütig, obwohl er eigentlich sagen wollte, dass Vitus wohl ein Werk spielen wollte. *Dass* er das tat, war inzwischen für die beiden Freunde jetzt eine Tradition. „Und morgen erzähle ich dir, warum ein gewaltiges Feuer der Anlass war, dass Johann Sebastian *nicht* sehr lange in Mühlhausen wohnte und dort in der Blasius Kirche die Orgel spielte. Und: Ich erzähle dir von der Hochzeit von Johann Sebastian."

Mit dem letzten Wort begann Vitus zu musizieren und Balthasar wunderte sich, warum Vitus nicht sofort bettelte, die Geschichte von Mühlhausen und der Hochzeit jetzt gleich zu hören. Und wieder einmal spielte Vitus himmlisch. Balthasar konnte es sich *nur so* erklären, dass im Allgemeinen kleine Barockengel *doch* nicht so viel üben mussten, wie kleine Menschen, um ein Musikstück fehlerfrei spielen zu können. Balthasar lauschte und wurde dabei müde. Sehr, sehr müde. Als Vitus zu Ende gespielt hatte, war er noch ein klein wenig wacher als Balthasar. Aber ebenfalls schon sehr, sehr müde. „Ein Feuer, muss ich mir denn Sorgen machen?“ „Nein, Vitus, auch dieser Teil der Geschichte nimmt für Johann Sebastian ein gutes Ende. Du musst dir also keine Sorgen machen.“

Mit dieser Beruhigung kuschelten sich beide in ihre kleinen, weißen Barockengel-Wolken, zupften noch abwechselnd hier und da einen Teil der Wolke zurecht und als alles so richtig besonders

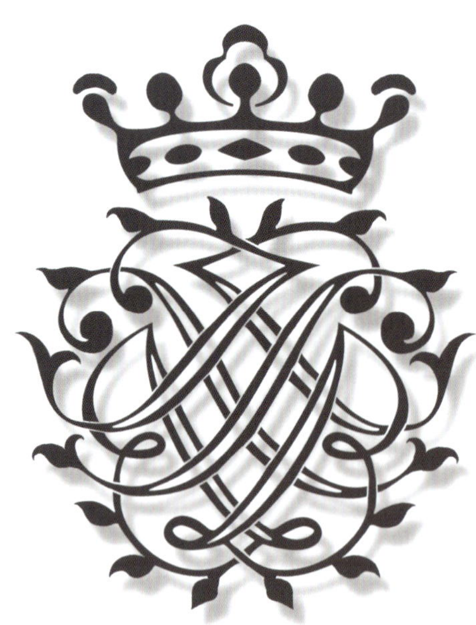

***Erkennst du die Buchstaben im Siegel von Johann Sebastian?***

gemütlich war, fielen sie in einen tiefen Schlaf. Balthasar träumte, Vitus nicht. Und in Balthasars Traum machten Vitus und die Tochter von Buxtehude gemeinsam Musik. Ein wenig schmunzeln musste er schon, als er beide so musizieren sah: der kleine Barockengel und die Tochter von Organist Buxtehude. Vitus war in seinem Traum ein richtiger Kavalier, und als Vitus und Buxtehudes Tochter schließlich am Ende des Stückes angelangt waren, sagte Vitus zu ihr, dass sie wunderschön Musik machen könne. Vitus genoss es, wie sie plötzlich über das ganze Gesicht strahlte und sich richtig über das Lob von Vitus freute. So etwas Schönes sagte selten jemand zu ihr, weil ihr Papa ja noch viel, viel schöner spielen konnte. Aber an dieses Lob von Vitus, da wollte sie sich ihr ganzes Leben lang erinnern. Sie war *richtig* glücklich. Was dann passierte, daran konnte sich Balthasar nicht mehr erinnern. Sein Traum war plötzlich zu Ende und er schlief den Rest der Nacht tief und fest und gut.

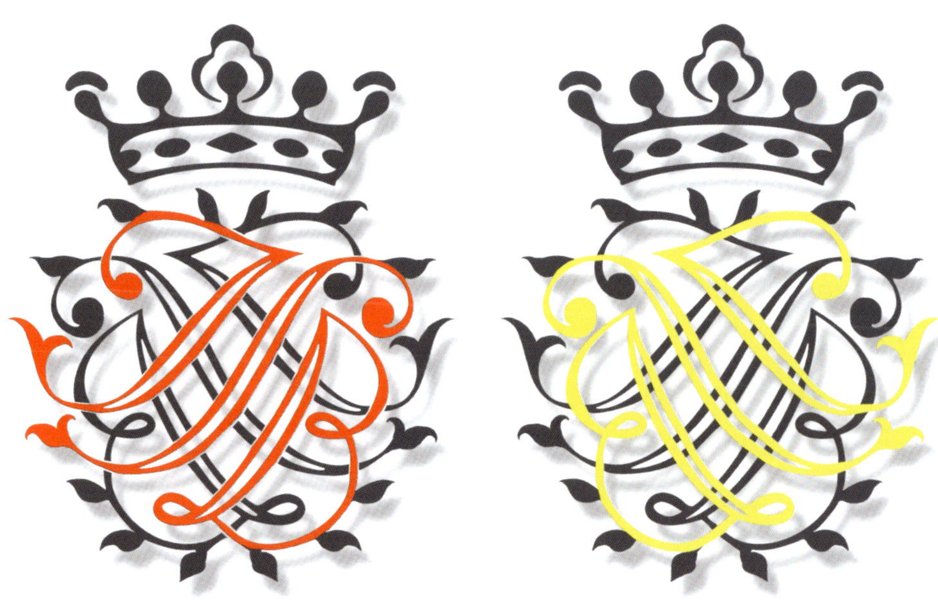

***Johann Sebastian Bach (JSB) hat es selbst entworfen!***

# Kapitel 11

Balthasar und Vitus hatten die ganze lange Nacht besonders gut geschlafen. Keiner von beiden hatte im zweiten Teil der Nacht nochmals geträumt und sie rekelten und streckten sich am Morgen auf ihren beiden kleinen, weißen Wolken. Beide taten das fast zur gleichen Zeit.

Heute war ein besonderer Tag, auf den sich nicht nur die beiden kleinen Barockengel Balthasar und Vitus freuten, sondern *alle* kleinen Barockengel. Und das waren so viele, dass man sie nicht einmal zählen konnte. Sie freuten sich, denn heute war einmal wieder Sonntag. Und *eine* wichtige Aufgabe gab es, wie jeden Sonntag, die es zu meistern galt. Jeder kleine Barockengel hatte an einem Sonntag eine ganz spezielle Aufgabe. So achteten zum Beispiel alle Schutzengel noch ein bisschen mehr darauf, dass niemand auf dem Weg zum Gottesdienst stürzte. Und die kleinen Barockengel, die für Musik zuständig waren, spielten und sangen an Sonntagen noch ein kleines bisschen schöner, als an den anderen Tagen der Woche.

Vitus war schon *rechtzeitig* vor dem Gottesdienst in der Kirche. Er saß neben der Mitte des Ganges im Kirchenschiff. Aber natürlich konnten ihn die Menschen dort nicht sehen. Sehr stolz war er auf *seine* Aufgabe. Niemand– natürlich außer den anderen Barockengeln – wusste, was da so speziell an *seiner* zusätzlichen Aufgabe war.

Vitus war nämlich *dafür* verantwortlich, dass alles was die Menschen sangen, zusammen mit der Musik aus der Orgel, auch immer richtig gut geklungen hat. Das war *nicht* ganz einfach, denn manche der Kirchenbesucher *konnten* gar nicht singen. Und *da* musste Vitus eingreifen! Ohne dass irgendjemand das merkte, klangen schließlich *doch* alle Stimmen zusammen immer sehr, sehr schön. Und alle hatten ihre Freude daran: *die* Menschen, die *gut*

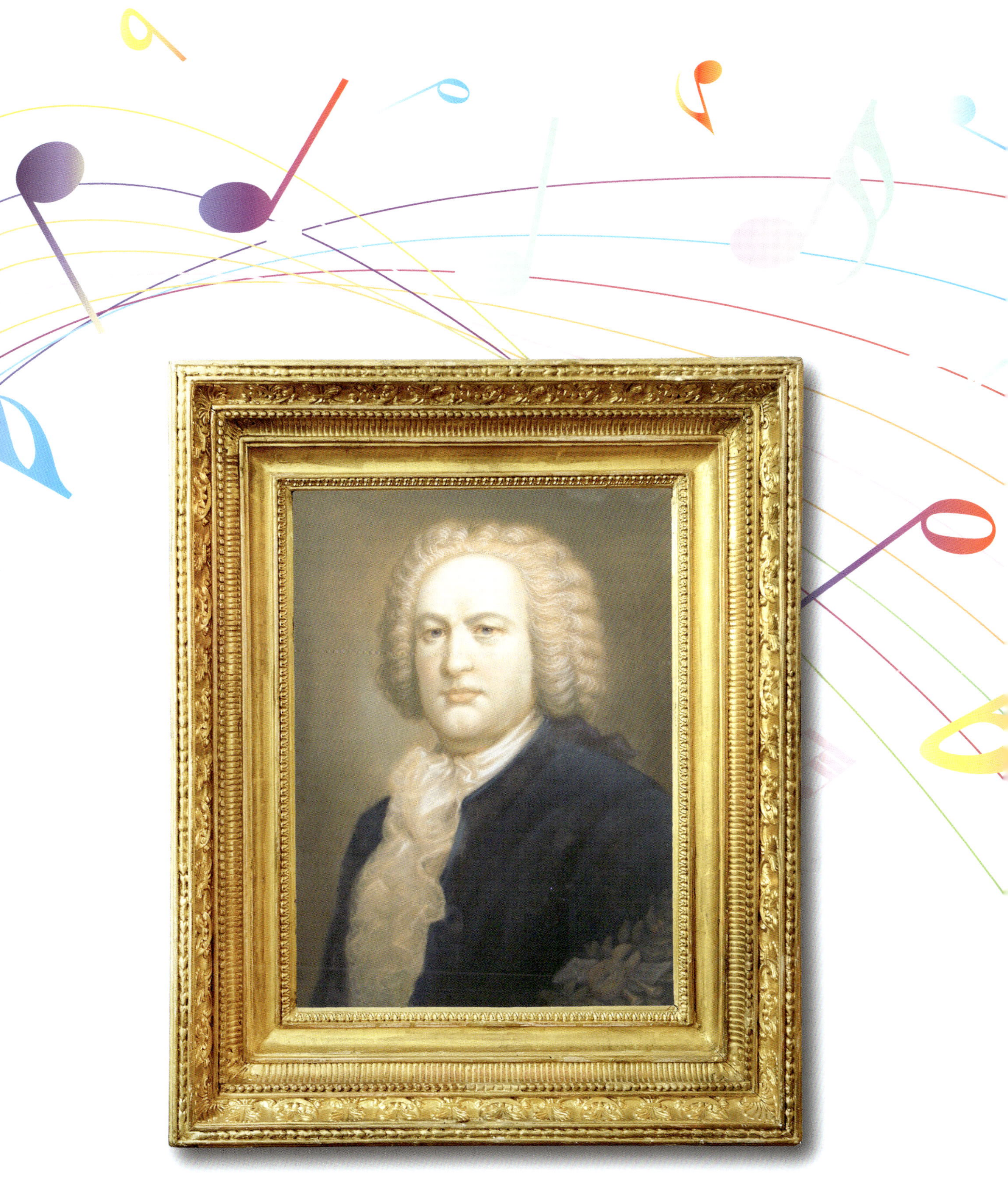

*Ein Gemälde: Johann Sebastian um 1830*
*(... der Rahmen hierzu ist eine Fotomontage).*

singen konnten. Auch alle Menschen, die sogar *sehr gut* singen konnten. Und aber auch *die*, die nicht so gut singen konnten.

Balthasar hatte eine ganz andere Aufgabe. Denn er war ja für das Erzählen zuständig. Balthasar saß – auch ihn konnte natürlich niemand sehen – ganz in der Nähe des Pfarrers. Immer dann, wenn Balthasar merkte, dass der Pfarrer ein einzelnes Wort oder einen Teil seines Satzes ein klein wenig vergessen hatte – *das* kam hin und wieder schon manchmal vor – dann flüsterte Balthasar ihm ganz, ganz leise die nächsten drei Worte ins Ohr. Und so kam es, dass jede Predigt immer so fehlerfrei war. Oder besser, meistens so fehlerfrei war.

„Ha, jetzt weiß ich es", quiekte Vitus freudig. Ohne dass er Balthasar vorher einen *guten Morgen* gewünscht hätte. „Ich weiß, warum sich der Herr Pfarrer manchmal eben *doch* verspricht. Und warum er manchmal nachdenken muss, was er als Nächstes sagen will." „Und das wäre?", fragte Balthasar vorsichtig. „Weil Du, lieber Balta-Rissimo, lieber Balta-Sarius, lieber Balta-Motorius", noch viel zu hundemüde warst und *nicht* richtig gut aufgepasst hast." „Hat mich Vitus doch erwischt", dachte Balthasar und antwortete: „Ja, manchmal bin ich eben noch ein wenig müde am Morgen." „Oder du hast ein Brötchen *zu viel* gegessen. Und *dann* – funktioniert dein Kopf nicht so gut. Weil du *so viele* Brötchen im Bauch hast – weil du *zu viele* Brötchen im Bauch hast", trompete Vitus. Balthasar wurde ein wenig rot. Er beschwerte sich nicht einmal über die neuen, sehr interessanten Versionen seines Namens.

Aber nicht nur, weil die beiden allerbesten Freunde eine solch' wichtige Aufgabe hatten, jeden Sonntag, die ihnen ja auch Spaß bereitete, nein, noch aus einem ganz anderen Grund war *der Sonntag* für beide ein ganz besonderer Tag. Denn jeden Sonntag gab es zum Frühstück *kein* köstliches Müsli, was sie so gerne aßen. Und es gab auch keines von diesen superguten Marmeladenbrötchen, für die *alle* kleinen Barockengel alles gegeben hätten. Nein, der Sonntag war noch besonderer: Es gab Brötchen mit einer unendlich köstlichen Nougat-Creme. Die berühmten Nougatcreme-Frühstücksbrötchen. Und als ob es auch farblich noch passen sollte – *dazu* gab es sonntags anstatt der köstlichen Milch: Kakao. Nougatcreme-Frühstücksbrötchen und Kakao. Ein Fest.

Nur über eines wunderten sich die beiden Freunde jeden Sonntag von Neuem. Seit es kleine Barockengel gab, vielleicht sogar schon lange, lange vorher, hießen diese Brötchen *Tella-Brötchen*. Keiner der kleinen Barockengel wusste, warum das so war und wer diesen seltsamen Namen *erfunden* hat. Tella-Brötchen! Selbst die Älteren unter den kleinen Barockengeln machten sich keinen Reim, warum diese Köstlichkeiten einen so seltsamen Namen hatten. Balthasar und Vitus hatten mächtigen Hunger und für den Gottesdienst konnte man eigentlich auch nicht gestärkt genug sein. „Erzählst du mir später, was Johann Sebastian in Mühlhausen erlebt hat?“ „Klar, Vitus, wenn der Gesang von allen Kirchenbesuchern sich heute gut anhört, warum dann nicht?!“ Er grinste und Vitus wusste, dass er auf seine Aufgabe später im Gottesdienst anspielte.

Als Balthasar und Vitus ihren Dienst an diesem Sonntag vorzüglich gemeistert hatten, beschlossen sie, heute auf ein Mittagsschläfchen zu verzichten. Sie waren eigentlich auch nicht müde. Nur ein klein wenig zu viele dieser köstlichen Tella-Brötchen hatten sie wohl gegessen. „Los jetzt, Mühlhausen, Balti“, sagte Vitus. Inzwischen war es zum festen Brauch geworden – nämlich das, was Balthasar *vor* dem Erzählen tat: Er setzte sich feierlich und aufrecht hin. Und er begann mit der heutigen Geschichte: „Der Rat in Mühlhausen hatte erfahren, dass Johann Sebastian in Arnstadt einen Streit mit dem Chorschüler Geyersbach hatte. Und auch, dass er in dieser Sache vom Rat keine Unterstützung bekam. *Und* sie wussten, dass Johann Sebastian einen Anpfiff *dafür* bekommen hatte, dass er nicht nur vier Wochen im Urlaub war, sondern erst nach mehr als zwölf Wochen wieder zurück gekommen war. Und von dem Vorfall mit der *fremden Jungfer* – von *dem* wussten sie auch. Auch deshalb war man ja in Arnstadt verärgert über Johann Sebastian. *Der* allerdings fand sich *in allen drei* Geschichten im Recht. Und so kam es, dass man ihm in Mühlhausen genau *dieselbe* Stelle anbot, wie zuvor auch in Arnstadt. Natürlich in der Kirche dort. Und Johann Sebastian war erfreut.

Der junge Komponist beendete seine Arbeit in Arnstadt, nachdem er genau das ordentlich angekündigt hatte. Und er zog weiter nach Mühlhausen. *Genau in dieser Zeit*, als Johann Sebastian seinen Vertrag in Mühlhausen unterschrieben hatte und genau *auch in dieser Zeit* seinen Umzug nach Mühlhausen vorbereitete, da wütete dort ein *gewaltiges* Feuer.“ Vitus sah man den Schrecken an und Balthasar wusste auch nichts zu sagen, um seinen allerbesten Freund zu beruhigen. „Vielleicht, Vitus, ist ja gar niemand verletzt worden.“ Vitus war schon *sehr* beunruhigt, obwohl – es war nun schon über 300 Jahre her. „Vitus, du kannst dir ein so großes Feuer gar nicht vorstellen. Und sie hatten damals ja auch noch keine Feuerwehr. So, wie Menschen das heute haben. Damals hatte man zum Löschen nur Eimer. Holzeimer. Es hat nicht ein Haus in Mühlhausen gebrannt, und auch nicht zwei.“ „Waren es gar fünf oder zehn Häuser?“, fragte Vitus besorgt, der sich überhaupt nicht vorstellen konnte, wie fünf oder sogar zehn Häuser auf einmal brennen konnten. „Es waren über *vierhundert* Häuser, die komplett niederbrannten. Mit den Ställen dazu. Das war ein mächtiger Schlag für alle Bürger und auch für die Stadt Mühlhausen. Alles war in den Monaten und sogar Jahren danach durcheinander. Und alles wurde auch

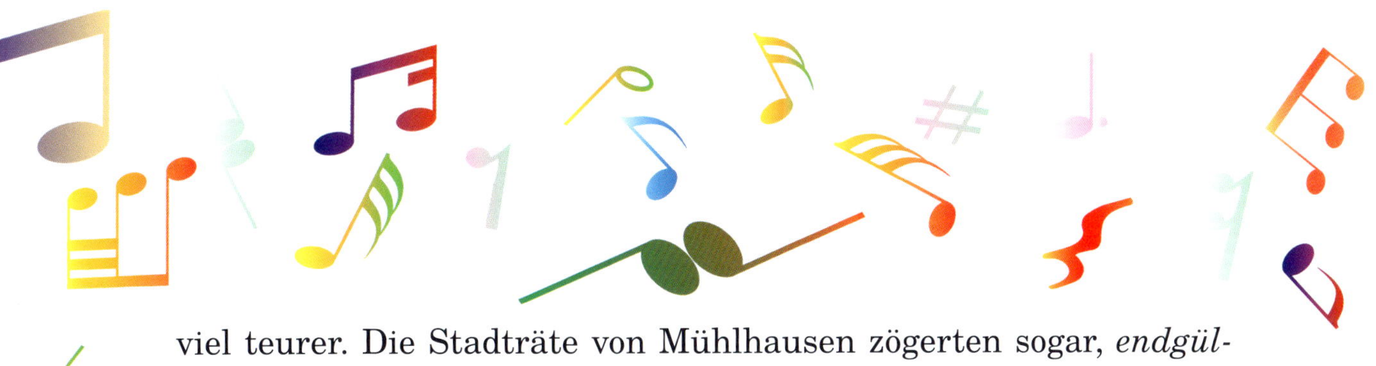

viel teurer. Die Stadträte von Mühlhausen zögerten sogar, *endgültig* die Unterschriften unter den Vertrag mit Johann Sebastian zu setzen – aber sie taten es dann schließlich doch.

In Mühlhausen war Johann Sebastian ein freier Bürger." Balthasar machte eine kleine Pause, um festzustellen, ob denn sein allerbester Freund Vitus verstanden hatte, was Balthasar meinte. „Kannst du dich erinnern, Vitus, was ein freier Bürger damals war?" Vitus war sich nicht mehr ganz sicher. „Dass er nicht einem anderen Menschen *gehörte*, vielleicht?" „Richtig, Vitus, du hast gut zugehört. Vor zwei Tagen. Mühlhausen war damals eine freie Reichsstadt und ab *dem* Tag, als Johann Sebastian dort arbeitete, also vom ersten Tag an, war er wieder ein *freier Mann*. Er konnte kommen und gehen, wann er wollte und er brauchte dazu nicht um Erlaubnis zu fragen. Natürlich musste er seine Arbeit tun. Aber *das* war etwas ganz anderes." Vitus war stolz, sehr stolz. Ein wenig hatte er allerdings auch geraten. Aber er hatte eben *richtig* geraten. Ein wenig – *wusste* er es aber auch. „Vierhundert Häuser", dachte Vitus laut nach. „Das ist ja – das sind ja wirklich sehr, sehr viele. Und *deswegen* ist Johann Sebastian schon ein Jahr später wieder von Mühlhausen weggezogen? War denn *sein* Haus auch verbrannt?" „Nein, Vitus, das Haus, in dem Johann Sebastian wohnte, das war nicht verbrannt. Aber dieses schlimme Feuer war schuld, dass in Mühlhausen in der folgenden Zeit alles teurer und teurer wurde. Und da nutzte es Johann Sebastian überhaupt nichts, dass er zwischenzeitlich viel mehr Geld verdiente. Er verdiente nicht nur mehr Geld *als in Arnstadt*. Er verdiente auch mehr als sein Vorgänger in Mühlhausen bekam. Also der, der vor ihm dort Musik gemacht hat. *Noch* einen Grund gab es, warum Johann Sebastian schon nach *so* kurzer Zeit auch dort nicht mehr bleiben wollte.

Als Johann Sebastian in Mühlhausen Musik machte und auch

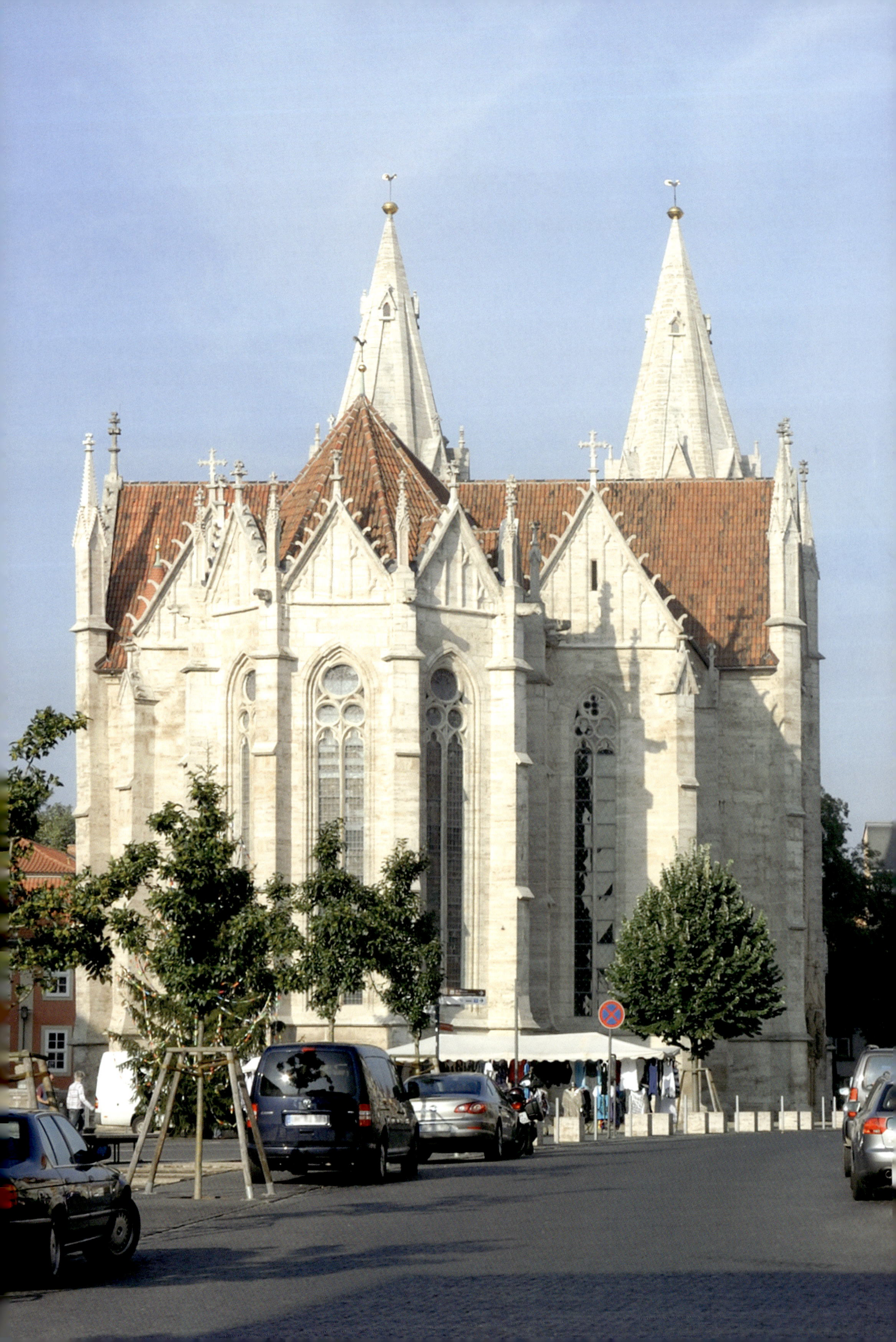

dort den Chor leitete, gab es unter den Menschen, die an den lieben Gott glaubten, welche, die meinten, das geht nur so, wie *sie* es sagten. Und *andere* Menschen in Mühlhausen waren da ganz *anderer* Meinung. „Aha“, sagte Vitus. „Das habe ich aber überhaupt nicht verstanden.“ Balthasar überlegte einen Moment. Auch für ihn war das schwierig. Wie sollte er das seinem allerbesten Freund Vitus erklären? Er war ja stolz, dass *er* es verstand. „Gut, Vitus, ich versuche es: An den lieben Gott glaubten die allerallermeisten Bürger in Mühlhausen. Aber die einen waren eben der Meinung, der Gottesdienst muss drei Stunden dauern. Die anderen, die an den lieben Gott glaubten, meinten, eine Stunde sei genug.“ „Drei Stunden, das ist ja fürchterlich lange. Drei Stunden auf der harten Kirchenbank, ohne ein bisschen weißer Wolke zum Kuscheln – also, *das* wäre auch mir zu lange gewesen.“ Vitus sah man die Anstrengung förmlich an, die er sich da ausdachte. „Nein, nein, Vitus – das ist doch nur ein Beispiel. Darum ging es damals gar nicht. Ich weiß überhaupt nicht, wie lange der Gottesdienst vor 250 Jahren oder vor 300 Jahren gedauert hat. *Darum* haben sie sich ja auch *nicht* gestritten. *Das* war nur ein Beispiel. Damit du das verstehst.“ Vitus war erleichtert, denn drei Stunden Gottesdienst schienen ihm schon außerordentlich lang. Ganz außerordentlich lang. „Ach so“, der Gottesdienst dauerte *nicht* drei Stunden“, wiederholte Vitus nochmals. Um ganz sicher zu sein. „Nein, Vitus, ich habe das gesagt, damit du es verstehst.“ Und Vitus schien verstanden zu haben, dass es sich eben nur um ein Beispiel handelte. „Und dann?“ „Sie haben sich gestritten. Die einen Mühlhausener mit den anderen Mühlhausenern. Richtig gestritten, nicht nur ein wenig. Ganz böse waren sie miteinander. Richtig böse. Und das war in vielen Städten und Dörfern damals so. Aber in

***Das ist die Divi-Blasii-Kirche in Mühlhausen.***

Mühlhausen – war es besonders schlimm. Und darunter hat Johann Sebastians Arbeit sehr, sehr gelitten. Johann Sebastian hatte sich immer herausgehalten. Aber natürlich hat ihn dieses böse Miteinander ganz erheblich bei seiner Arbeit – beim Musizieren und auch beim Komponieren – gestört.

Und wo wir gerade beim Komponieren sind: Die allererste *berühmte* Komposition hat Johann Sebastian in Mühlhausen komponiert. Es ist seine *Ratswechsel-Kantate* und sie heißt *Gott ist mein König*.“ „Das – verstehe ich nicht“, sagte Vitus mit einem fragenden Barockenengel-Gesicht. „Welchen Teil verstehst du nicht?“ „Was um alles in der Welt ist eine *Ratswechsel-Kantate*?“ „Nun, Vitus“, begann Balthasar, „der *Rat* in diesem langen Wort *Ratswechsel-Kantate*, das ist der Stadtrat von Mühlhausen. Das kennst du, richtig?“ „Richtig“, bestätigte Vitus. „Und der wechselte ja nun hin und wieder. Das war ja so wie im Barockengel-Rat oder bei einem Klassensprecher – ab und zu ist das ein anderer. Und so war das auch beim Rat von Mühlhausen. Wenn der eine Rat aufhörte zu arbeiten und der nächste Rat mit seiner Arbeit begann, dann war das ein *Rats...* – Wechsel. Klar?“ „Wie Kloßbrühe“, sagte Vitus und freute sich, dass er nun auch wusste, was ein *Ratswechsel* ist.“ „Und eine Kantate ist ein Musikstück. Ein ganz bestimmtes Musikstück. Das ist jetzt aber wirklich zu kompliziert, um es richtig zu erklären. Alles zusammen, ist eben ein Musikstück, das Johann Sebastian geschrieben hat, *weil* der Ratswechsel ein ganz wichtiges Ereignis war. In Mühlhausen. Und *Gott ist mein König*, das ist der Titel des Stückes. Ungefähr so wie“, er musste heftig überlegen. *„Alle Vögel sind schon da!*“, sagte Vitus. „Ja oder *Fuchs du hast die Gans gestohlen!,*“ sprudelte es aus Vitus heraus. „Und es war *nicht nur* das erste berühmte Lied von Johann Sebastian. Der Rat ließ diese Kantate auch in Kupfer stechen. Obwohl das wirklich teuer war. Denn so konnte man ein Musikwerk auch *drucken*. Anderenfalls konnte man es nämlich nur Note für Note *abschreiben*. Wenn man es selber gerne haben wollte.“ „So wie Johann Sebastian in Ohrdruf das Musikwerkheft abgeschrieben hat“, fügte Vitus schnell hinzu. „Was war noch spannend in Mühlhausen, Balti? Oder war Mühlhausen der langweiligste, der allerlangweiligste Teil von Johann Sebastians Leben?“ Balthasar schmunzelte. „Nein, Vitus, langweilig war es Johann Sebastian in Mühlhausen nicht.

*Ein* ganz wichtiges Datum gab es nämlich in diesem Jahr, während Johann Sebastian an der Blasius-Kirche Musik machte. Er heiratete seine Maria Barbara“. „Die fremde Jungfer aus Arnstadt“, fügte Vitus schnell hinzu. „Das *weiß* man doch nicht. *Ob* die fremde Jungfer denn Maria Barbara war, die da in der Kirche gesungen hat. Man *weiß* es einfach nicht, Vitus“ „Das muss ja eine tolle Hochzeit gewesen sein, wenn Johann Sebastian Bach in *der* Kirche geheiratet hat, in der er *selber* die Musik gemacht hat. War er denn dann bei der Trauung vorne beim Pfarrer mit dabei? Oder hat er die Orgel gespielt? Oder gab es dann überhaupt keine Musik an diesem Tag?“ Balthasar wollte eigentlich nur schmunzeln. Aber er musste plötzlich lachen. Er konnte sich gut vorstellen, was sich da im Kopf von Vitus abspielte: die Braut alleine vorne am Altar. Und Johann Sebastian tobt oben an der Orgel und fabriziert die allertollsten Töne.

„Nein, nein, Vitus. Zuallererst: Als Johann Sebastian heiratete, hat natürlich ein Anderer die Musik gespielt. Er war ja nicht der Einzige, der Orgel spielen konnte. Zwei Dutzend Bache“ „Heute heißen sie Bäche“, unterbrach ihn Vitus, „oder Bachs.“ „Richtig, zwei Dutzend Bache konnten ebenso gut an der Orgel auf der Hochzeit spielen.“ „Aber“, fuhr Balthasar fort, „Johann Sebastian *hat* gar nicht in Mühlhausen geheiratet. Obwohl das in der gewaltigen Blasius-Kirche sicherlich toll gewesen wäre.“ „Wo hat er denn *dann* seine Maria Barbara geheiratet? In Arnstadt?“, wunderte sich Vitus.

„Auch nicht“, fuhr Balthasar fort und Vitus sah man ratlos aus der Wäsche schauen. Er schüttelte den Kopf. „Johann Sebastian Bach und Maria Barbara Bach heirateten in Dornheim.

Dornheim ist ein klitzekleiner, wirklich winziger Ort ganz nahe bei Arnstadt. Und dort gibt es eine wunderschöne, kleine, romantische Kirche. Und *das Besondere* an dieser wunderschönen, kleinen, romantischen Kirche in diesem klitzekleinen, wirklich winzigen Ort ganz nah bei Arnstadt war?“ Balthasar schaute Vitus an. „Keine Ahnung“, gab der zurück. „Was war besonders?“ „Dort war ein Freund von Johann Sebastian und Maria Barbara Pfarrer. Und *der* verheiratete beide. Zu dieser Hochzeit kamen sie *alle*.“ „Die Bache, die Bäche und die Bachs“, kommentierte Vitus fröhlich. Das gefiel ihm, wie man mit diesem Namen herumspielen konnte. Bache, Bäche, Bachs – das war spaßig. „Ja – und die Bachfamilie war wirklich nicht klein.“ „Da war die niedliche, kleine Kirche in Dornheim aber sicher ganz schön voll gewesen. Denn bestimmt wollten sie alle dabei sein, wenn der Vetter, der Bruder, der Onkel und der Cousin von irgendeinem Bach schon einmal heiratet.“ „Richtig, Vitus. Und natürlich war es ein großes und ein sehr schönes Fest. Und Musik wurde gemacht – das ist ja wohl gar keine Frage.“ „Und hatten sie denn ein Festessen?“, fragte Vitus. „Na klar, Vitus, was denkst du denn? Es gab alle Köstlichkeiten, die man sich damals vorstellen konnte: Braten, Fisch, Hühnchen, Schinken.“ „Auch Thüringer Bratwürste?“ „Ja, wahrscheinlich auch die.“ „Denn *ohne* wäre es wohl kaum eine richtige Hochzeit in Thüringen gewesen“, feixte Vitus. „Und wie ist es mit Tella-Brötchen? Gab es Tella-Brötchen?“ Vitus wurde immer übermütiger. „Wahrscheinlich gab es auch *die*“, meinte Balthasar, „irgendwann am Nachmittag vielleicht.“ Denn Tella-Brötchen waren ja eigentlich zum Frühstück gedacht. „Natürlich wurde zwischen dem Essen getanzt und musiziert und erzählt und gelacht. *Das* war

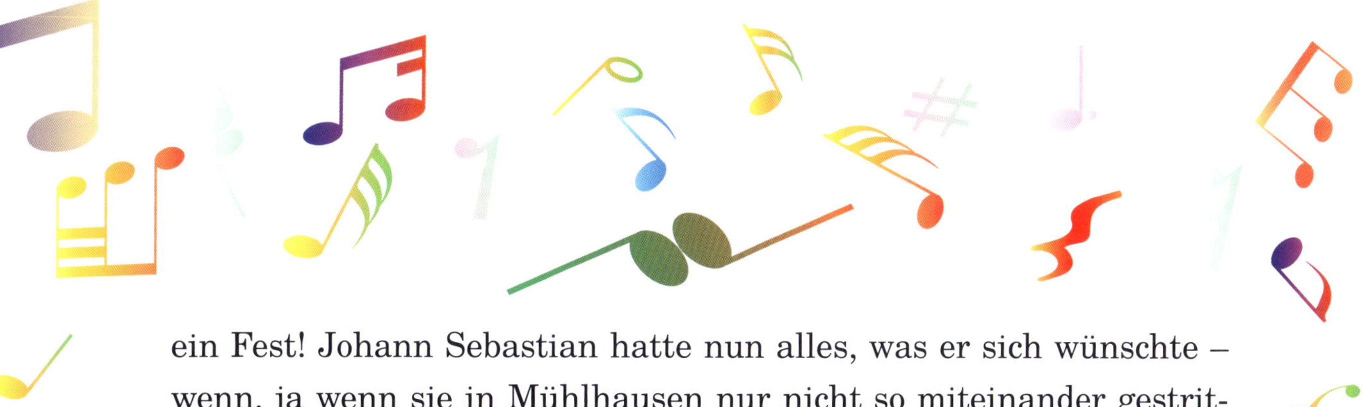

ein Fest! Johann Sebastian hatte nun alles, was er sich wünschte – wenn, ja wenn sie in Mühlhausen nur nicht so miteinander gestritten hätten."

„Und", sagte Balthasar, „wollen wir es für heute gut sein lassen? Konntest du dir denn alles merken, Vitus?" Der überlegte kurz und meinte dann, dass ja nur die *Ratswechsel-Kantate* zu Beginn etwas schwer zu verstehen gewesen war. Aber wenn man wusste, dass Johann Sebastian sein erstes berühmtes Musikwerk zum Wechsel des

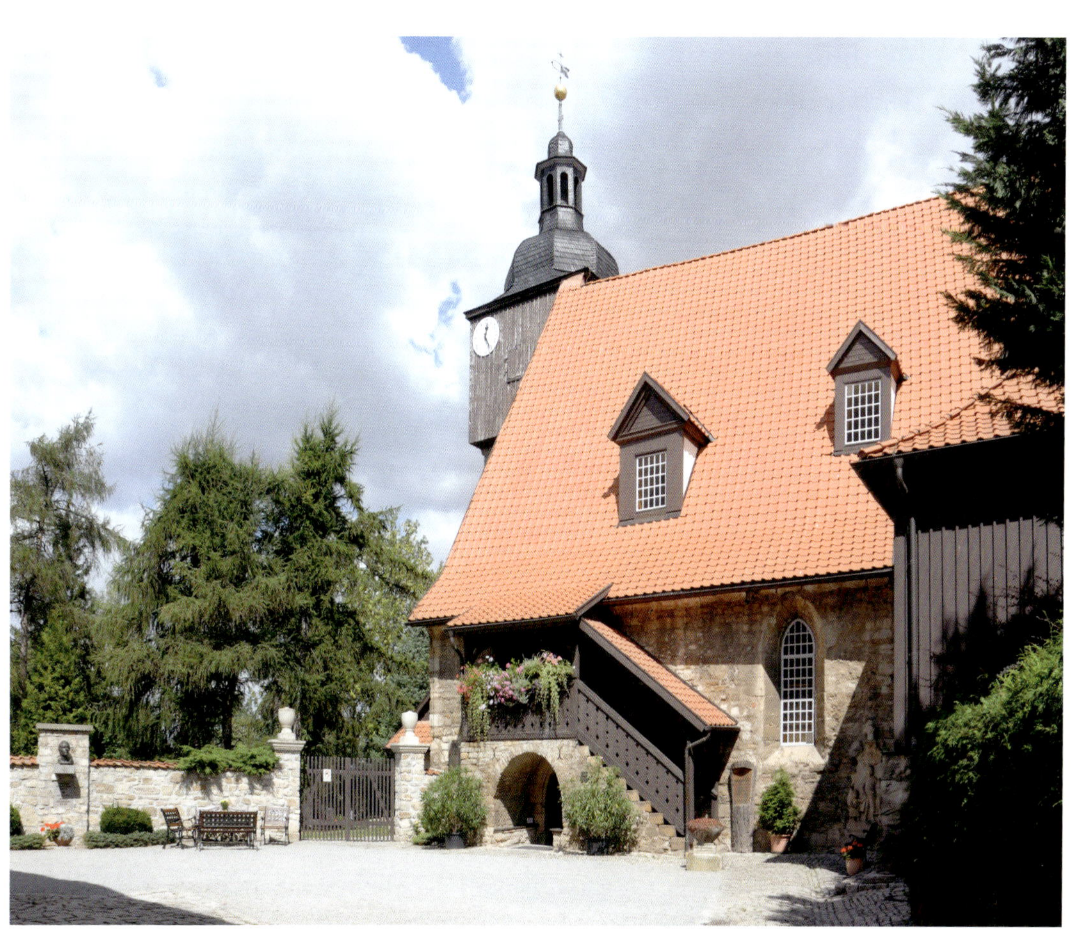

***In dieser kleinen Kirche hat Johann Sebastian geheiratet.***

Rates von Mühlhausen geschrieben hatte und dass *Gott ist mein König* der Titel war und dass dieses Musikstück später sogar gedruckt werden konnte, dann hatte man an diesem Sonntag viel gelernt. „Nur wenn du mir erzählst, *Herr* Balthasar, wohin Johann Sebastian von Mühlhausen aus zog. Oder sind denn Herr und Frau Bach dann in Dornheim geblieben? Johann Sebastian und seine Maria Barbara." „Nein, nach Weimar sind sie gezogen. Zu Herzog Wilhelm Ernst nach Weimar. Was hältst du denn davon, wenn wir schauen, ob von den Tella-Brötchen noch zwei übrig sind? Und wir fragen, ob es noch einen Kakao gibt. Und dann schauen wir uns zusammen die Sterne an. „Gut, Balti, aber da sind keine Sterne." „Ich meine doch später, Vitus, wenn es später dunkel ist. *Dann* schauen wir uns die Sterne an. Was meinst du dazu?" „*Das* machen wir so", sagte Vitus. Und so holten sie sich noch ein Tella-Brötchen. Es waren sogar noch drei dieser Tella-Brötchen da und sie teilten sich das Dritte. Für jeden gab es auch ein Glas herrlichen Kakao. Als sie beide mit vollen Bäuchen so auf ihren weißen, kleinen Barockwölkchen kuschelten und in den Himmel schauten, da überlegte Vitus, ob es nicht eine gute Idee wäre, die Sterne alle einmal zu zählen. Er kam dann aber doch zu der Ansicht, dass *eine* Nacht dazu wohl *nicht* reichen würde. Das wäre auch nicht schlimm gewesen. *Aber* – so sagte er sich, er würde am nächsten Abend wohl nicht mehr wissen, wo er am Abend zuvor aufgehört hätte zu zählen. Balthasar hingegen stellte sich vor, wie lustig es auf der Hochzeit von Johann Sebastian und Maria Barbara wohl gewesen sein musste. Diese vielen fröhlichen Menschen, tolle Musik, der Spaß. Tanzen, essen, singen – hei, da wäre er gerne mit dabei gewesen. Und so schlummerten sie dann ein. Vitus kam bis zum fünfundsechzigsten Stern. Und plötzlich *war* Balthasar mitten unter der Hochzeitsgesellschaft und träumte, dass er das *ganze* Fest mitfeierte.

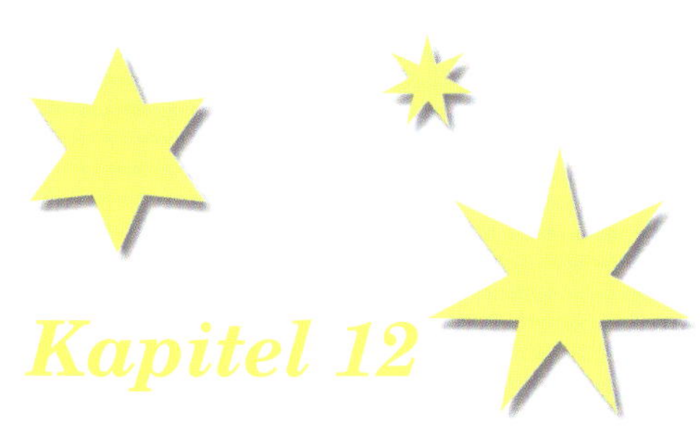

# Kapitel 12

„Das klappt nicht“, sagte Vitus. Balthasar rekelte sich verschlafen. Vitus hatte gar nicht abgewartet, bis sein allerbester Freund Balthasar aufgewacht war. Er wiederholte nur: „Das klappt einfach nicht.“ „Was klappt nicht, Vitus?“ „Man kann sie nicht zählen. Es sind zu viele. Die Großen, das ginge vielleicht noch. Aber die vielen *kleinen* Sterne. Ich glaube, niemand kann sie zählen.“ Balthasar schmunzelte und erinnerte sich noch ein ganz klein wenig an den Traum, bei dem er auf der Hochzeit von Maria Barbara und Johann Sebastian mitgetanzt hatte. Und mitgegessen und mitgesungen. Was war das für ein Spaß gewesen!

„Weimar, Weimar, Weimar!“, alberte Vitus herum. „Los, los – fang schon an.“ „Ein bisschen höflicher doch, wenn ich bitten darf“, stellte sich Balthasar beleidigt. „Und vorher habe ich einen riesigen Bärenhunger.“ „Gut, Balthasar, dann lass uns frühstücken. Müsli, ich wähle Stachelbeeren. Und eine Portion Himbeeren.“ Und so mampften die beiden allerbesten Freunde ihre Müslis, tranken ihre Milch und Vitus machte es sich anschließend auf seiner kleinen, weißen Barockengel-Wolke bequem.

„Würden Sie, sehr lieber Herr Balthasar, Erzähl-Barockengel, so freundlich sein, mit der Geschichte um den edlen Tondichter Johann Sebastian Bach fortzufahren?“, sagte Vitus schon etwas sehr seltsam. Balthasar schmunzelte. „Ja, es geht in Weimar weiter. Und dort bekam Johann Sebastian *schon wieder* mehr Geld. Und, wie schon in Mühlhausen und auch in Arnstadt zuvor, war es wieder mehr als er vorher verdiente *und* mehr als der Musikant vor ihm bekam. Johann Sebastian war jetzt wieder ein Musiker. Bei Herzog Wilhelm Ernst zu Sachsen-Weimar. Und *nicht* in einer Kirche.“ „Also“, setzte Vitus an, „er *gehörte* also jetzt dem Herzog. *Das* finde ich immer noch komisch.“ „Ja, Vitus, das ist es – aber so war das früher einfach. Und Johann Sebastian war eben dort auch nur ein einfacher Musiker.

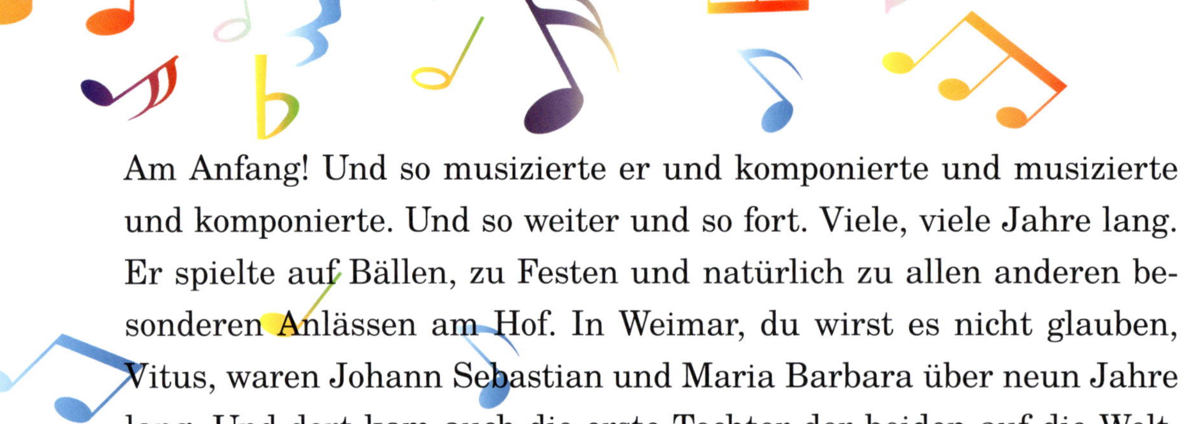

Am Anfang! Und so musizierte er und komponierte und musizierte und komponierte. Und so weiter und so fort. Viele, viele Jahre lang. Er spielte auf Bällen, zu Festen und natürlich zu allen anderen besonderen Anlässen am Hof. In Weimar, du wirst es nicht glauben, Vitus, waren Johann Sebastian und Maria Barbara über neun Jahre lang. Und dort kam auch die erste Tochter der beiden auf die Welt. Und später auch der erste von vier berühmten Söhnen von Johann Sebastian und Maria Barbara: Carl Philipp Emanuel."

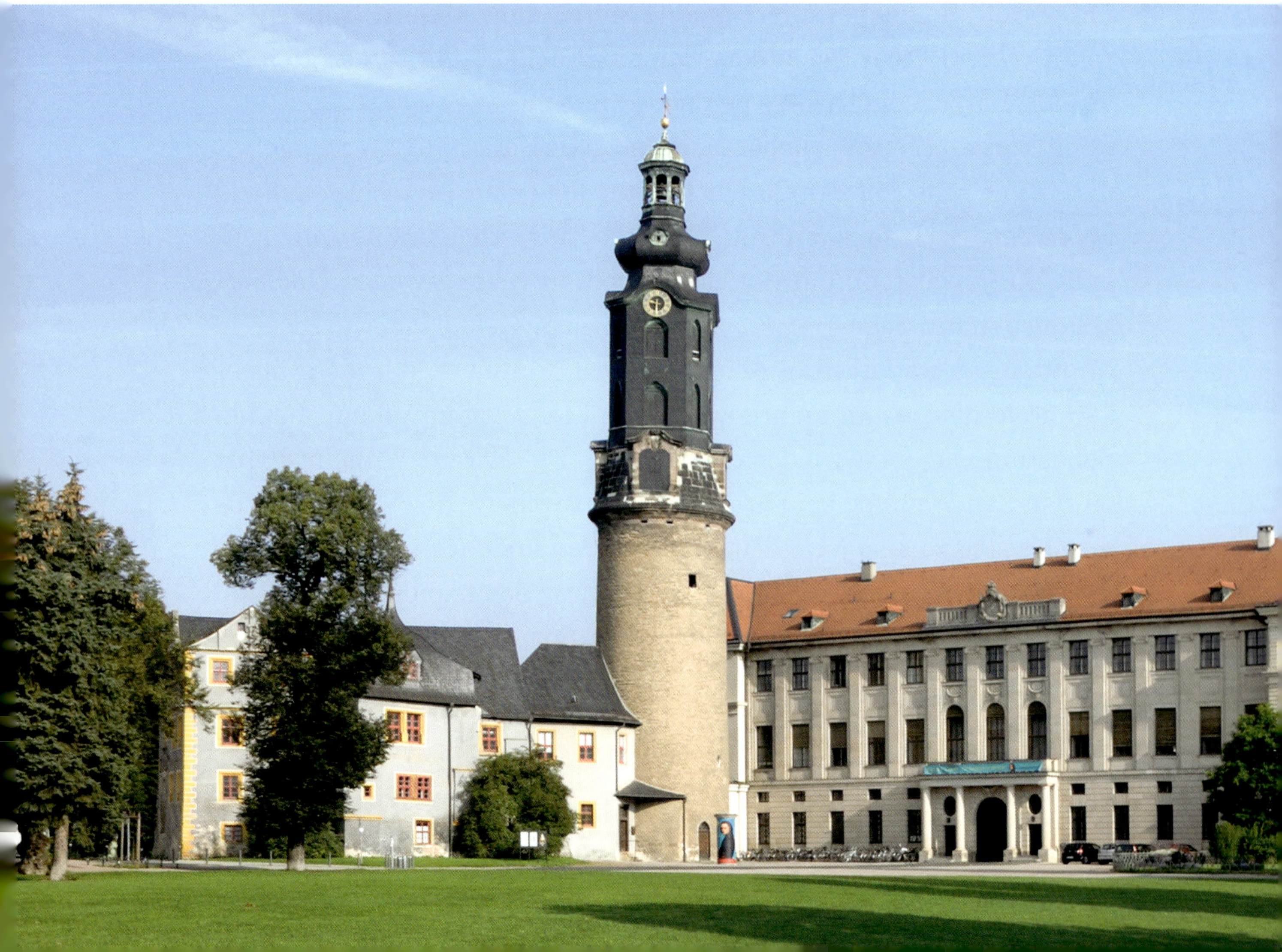

„Wie viele Kinder hatte denn Johann Sebastian mit seiner Maria Barbara, Balti?" „Sieben", antwortete der, denn er wusste, dass diese Frage kommen würde." „Hei, das muss ein lustiges Treiben gewesen sein. Eine halbe Fußballmannschaft. Sogar, wenn einer auf der Reservebank saß. Ungefähr." Vitus musste heftig überlegen, wie viele Spieler denn nun eine halbe Fußballmannschaft waren. Denn

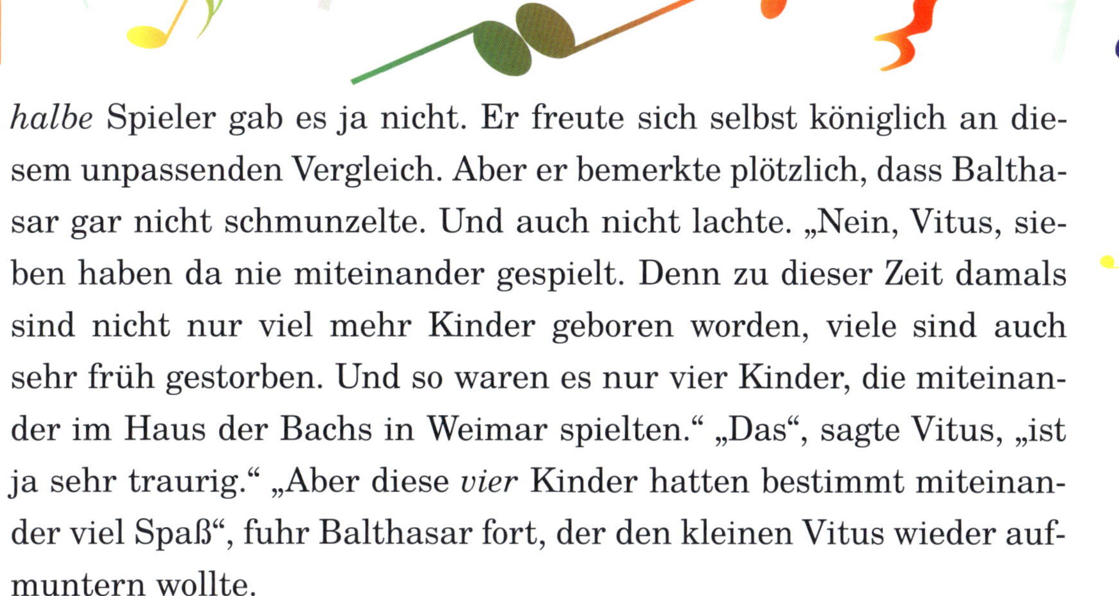

*halbe* Spieler gab es ja nicht. Er freute sich selbst königlich an diesem unpassenden Vergleich. Aber er bemerkte plötzlich, dass Balthasar gar nicht schmunzelte. Und auch nicht lachte. „Nein, Vitus, sieben haben da nie miteinander gespielt. Denn zu dieser Zeit damals sind nicht nur viel mehr Kinder geboren worden, viele sind auch sehr früh gestorben. Und so waren es nur vier Kinder, die miteinander im Haus der Bachs in Weimar spielten." „Das", sagte Vitus, „ist ja sehr traurig." „Aber diese *vier* Kinder hatten bestimmt miteinander viel Spaß", fuhr Balthasar fort, der den kleinen Vitus wieder aufmuntern wollte.

***Das ist das Stadtschloss Weimar.***

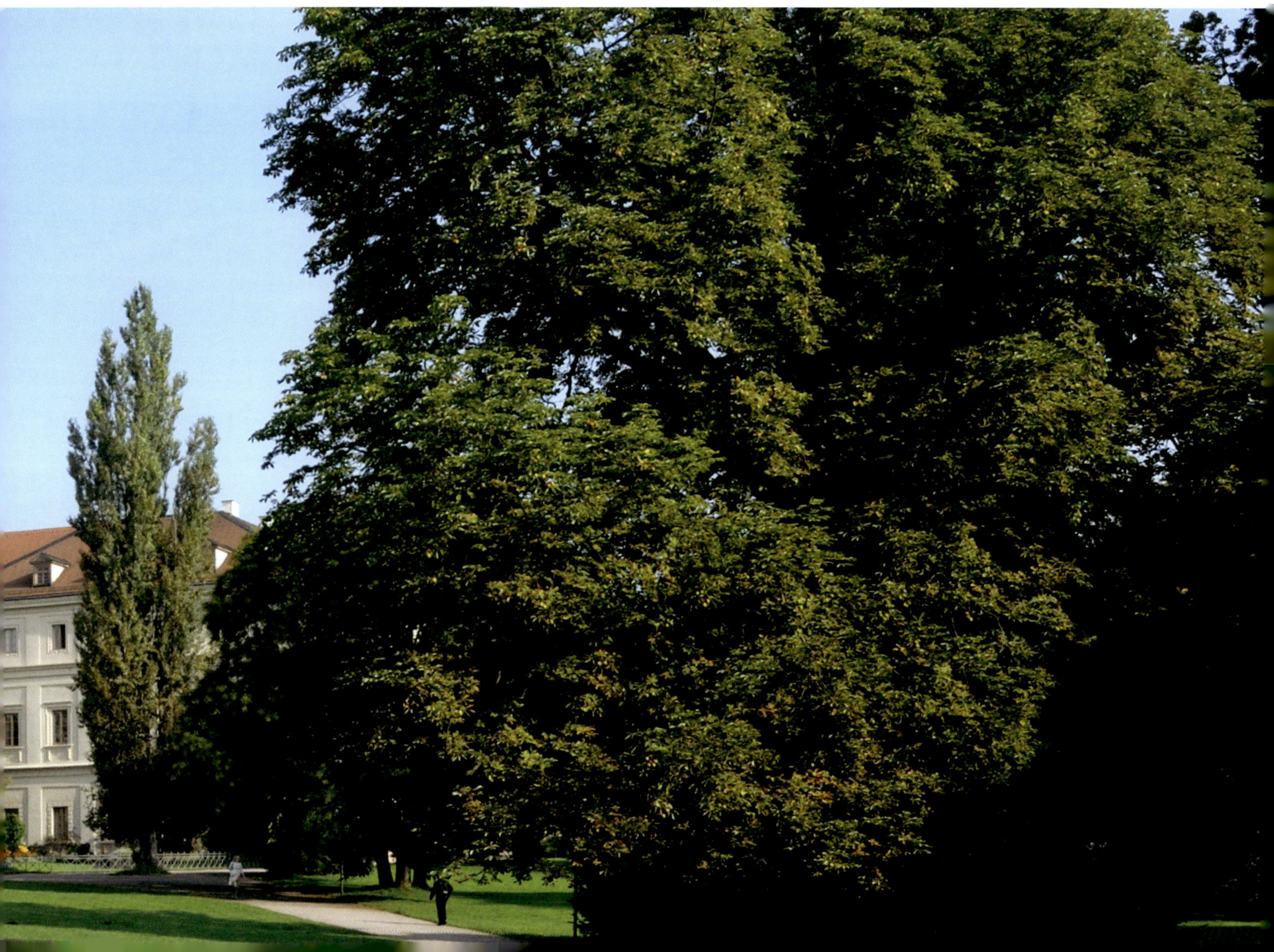

„In so vielen Jahren wurde Johann Sebastian natürlich immer besser und besser. An der Orgel, am Cembalo und mit vielen weiteren Instrumenten. Und er komponierte: wundervolle Lieder, herrliche Werke. Und *ehrgeizig* war Johann Sebastian. Natürlich wollte er nicht immer *nur* Musiker bleiben. Er wollte das Orchester auch *dirigieren*. Und eines Tages – immerhin sind über neun Jahre schon eine sehr, sehr lange Zeit, die er in Weimar verbrachte – hat ihn Herzog Wilhelm Ernst schließlich zum Konzertmeister ernannt. *Nun* war es nur noch ein kleiner Schritt zum Kapellmeister. Der Kapellmeister war der wichtigste Musiker am Hofe eines Herzogs. Und als Johann Sebastian endlich an der Reihe war, der nächste Kapellmeister am Hofe von Herzog Ernst von Weimar zu werden, da bekam diese Stelle – ein Anderer: einer der Musiker, der lange nicht so genial musizierte.

Da war Johann Sebastian böse. *Verärgert* war er, das hatte ihm missfallen. *Er* wäre an der Reihe gewesen. Und besser war Johann Sebastian allemal.“ „Ist ja ein Ding“, warf Vitus entrüstet ein. „Da – wäre ich auch sauer gewesen.“ Balthasar nickte. „Johann Sebastian beschwerte sich natürlich, aber er bekam vom Herzog keine Antwort. Nun hatte schon, kurz bevor das passierte, der Fürst von Köthen-Anhalt, nämlich Fürst Leopold, Johann Sebastian angesprochen. Er hatte ihn gefragt, ob Johann Sebastian nicht Lust hätte, *zu ihm* und zu *seinen* Musikern an den Hof von Köthen zu kommen.“ „Ja“, nickte Vitus „*ich* wäre nicht einen Tag länger geblieben. Bei diesem ungerechten Herzog Ernst in Weimar.“ „Nun, da ihn der Herzog bei der Beförderung übergangen hatte, fiel Johann Sebastian die Entscheidung leicht. Denn das – fand er – hatte er nicht verdient. *Und* er wollte auch nicht weitere neun Jahre warten, um dann erst Kapellmeister zu werden, und das auch nur vielleicht.“ „Was“, sagte plötzlich Vitus, „*ist* eigentlich ein *Kapellmeister*?“ Und mit *dieser* Frage hatte Balthasar wieder nicht gerechnet. Jetzt musste auch er nachdenken. Aber so wenig, wie er es *gleich* wusste, so schnell schoss es ihm einen Moment später durch den Kopf: „Ein Musikdirektor. Ein Kapellmeister ist der Chef von allen Musikern an einem Fürstenhof, Vitus.

Und genau das bot ihm Fürst Leopold in Köthen an. Johann Sebastian sagte *ja* zu Fürst Leopold und unterschrieb den Vertrag." Balthasar machte eine lange Pause. Fast so lange, dass Vitus bereits wieder eine Frage einfiel. Balthasar erzählte weiter: „Johann Sebastian war ja *besonders* verärgert. Zunächst, weil man ihn einfach bei der Beförderung übergangen hatte, dann aber auch und besonders, weil er sich deswegen beschwerte und von Herzog Wilhelm Ernst keine Antwort bekam. Und so kam es, dass er um seine Entlassung bat. Allerdings hatte er *erst* darum gebeten, als er bereits den Vertrag mit Fürst Leopold von Köthen unterzeichnet hatte. Und so etwas – durfte man nicht tun, wenn man einem anderen Menschen gehörte." „Er war ja kein freier Mann mehr, wie zuvor in Mühlhausen", warf Vitus ein. „Richtig, Vitus. Er *gehörte* ja Herzog Wilhelm Ernst von Sachsen-Weimar.

Und Herzog Wilhelm Ernst antwortete – einfach *nicht*. Johann Sebastian konnte also nicht einmal nach Köthen umziehen. Denn er wäre natürlich sofort von den Soldaten des Herzogs verhaftet worden. Und das wollte er seiner Maria Barbara und seiner Familie zuliebe dann doch nicht. Also schimpfte er, und er schimpfte in heftigen Worten. Und er schimpfte so, wie man über einen Herzog niemals schimpfen durfte. Und er sagte Worte, die man über einem Herzog niemals sagen durfte. Und so kam es, dass dieser Herzog Wilhelm Ernst von Sachsen-Weimar Johann Sebastian verhaften und ganze vier Wochen lang einsperren ließ. Und zwar wegen *Halsstarrigkeit*." „Johann Sebastian Bach, der größte Komponist wirklich aller Zeiten, musste tatsächlich ganze vier Wochen ins Gefängnis? Is ja 'n Ding", meinte da Vitus, „das wäre *mir* sicherlich auch passiert." Balthasar grinste und meinte nur: „Sicherlich, ja! So wie ich *dich* kenne, wäre *dir* das auch passiert. *Nach* diesen vier Wochen wurde Johann Sebastian schließlich entlassen. Aus dem Gefängnis und auch aus dem Dienst des Herzogs. *Unehrenhaft* kann man es heute noch nachlesen." „Das ist ja 'n Ding", wiederholte Vitus beeindruckt. Und er war einen wirklich langen Moment absolut sprachlos. Das war sehr ungewöhnlich für Vitus.

„Und morgen reisen wir nach Köthen, Vitus." „Wirklich?" Vitus war hellwach, begeistert. „Wir reisen richtig nach Köthen?" „Nein, Vitus, morgen *erzähle* ich dir, was alles in Köthen passiert ist und warum Johann Sebastian dort am liebsten sein ganzes weiteres Leben verbracht hätte." „Komm', verrate mir mehr. Was war los in Köthen? Einen einzigen Hinweis, Balti." „Nein, Vitus", entgegnete Balthasar, „was in Köthen alles passiert ist, davon werde ich dir heute noch gar nichts erzählen. So – bleibt es viel, viel spannender." Vitus machte einen Flunsch, aber Balthasar wollte Vitus nicht so kurz vor dem Schlafengehen zu sehr beunruhigen. Denn in Köthen passierte etwas, womit niemand gerechnet hatte. Und wenn er *das* Vitus erzählt hätte, *dann* hätte Vitus vielleicht ganz, ganz schlecht geschlafen. Obwohl dann *doch* alles irgendwie wieder gut wurde. Und das wurde es ja eigentlich fast immer. Vitus war damit zufrieden. Wahrscheinlich war er doch schon etwas müde, und als Balthasar ihn fragte, ob der denn heute Abend wieder weitermachen wollte, mit dem Zählen der Sterne, gab ihm Vitus überhaupt keine Antwort.

„Vitus", sagte Balthasar leise, „wie viele Sterne waren es gestern, die du gezählt hast?" Wieder kam keine Antwort. Vitus – war eingeschlafen. Wahrscheinlich war das mit dem Gefängnisaufenthalt

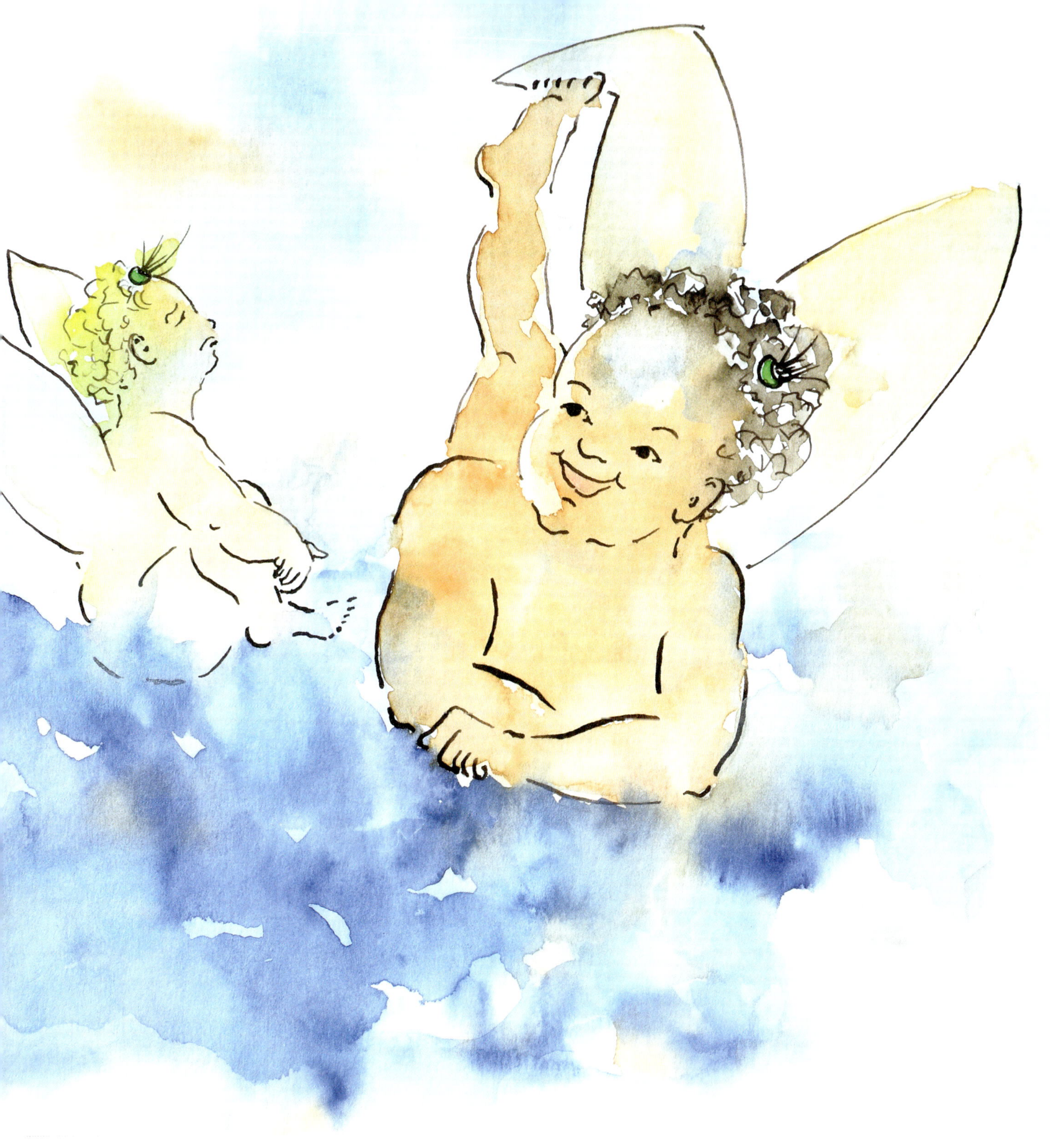

von Johann Sebastian doch etwas zu aufregend gewesen. Balthasar kuschelte sich nun ebenfalls in seine flauschige, weiße Barockengel-Wolke, schaute noch lange, lange in den schwarzen Nachthimmel mit seinen vielen, vielen wunderbaren, hellen, blinkenden Sternen und schließlich fielen auch ihm die Augen zu.

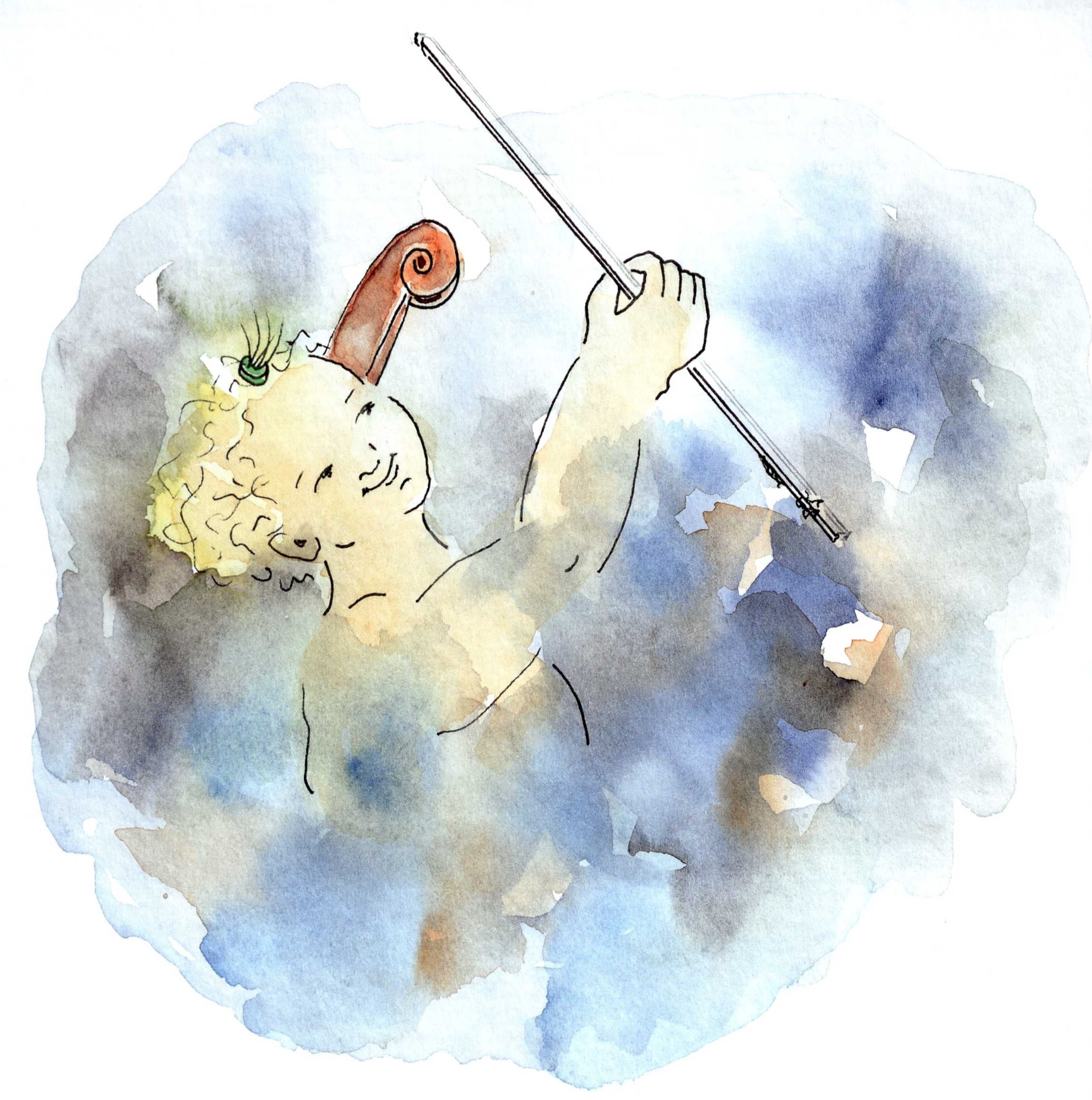

## *Kapitel 13*

Der nächste Morgen war ein wunderschöner Morgen und Balthasar hatte geträumt, eine ganz und gar herrliche Musik zu hören. Diese Musik war einfach himmlisch und er war sich absolut sicher, *solch* eine schöne Musik konnte nur Johann Sebastian Bach machen. Er hätte dieser Musik noch viele Stunden zuhören können. *Noch* ein Musikstück wollte er nach dem jetzigen genießen, aber er wusste:

Das würde so nicht klappen. Denn, Balthasar musste mal. Da war an Weiterträumen nicht zu denken und es führte auch kein Weg daran vorbei: Er musste einfach aufwachen. Als er ganz vorsichtig an diesem Morgen die Augen aufmachte, da lachte ihn Vitus an. *Er* machte diese Musik. Balthasar *hatte* gar nicht geträumt. Er brauchte ein paar Minuten, bis er das richtig merkte. Nämlich, dass sich kurz vor dem Aufwachen das Musikspiel von seinem allerbesten Freund Vitus mit seinem letzten Traum vermischt hatte.

„Wie kannst du nur so gut spielen, Vitus?“, war Balthasar begeistert. Und Vitus sagte: „Na, wenn *du* so richtig gut die Geschichte von Johann Sebastian erzählst, dann muss ich ja einfach oft genug üben, um seine Musik ebenso schön zu *musizieren*.“ Vitus sonnte sich im Lob seines allerbesten Freundes. „Wenn ich zurückkomme“, Balthasar musste ja immer noch, „dann erzähle ich dir, was ich *beinahe* vergessen hätte zu erzählen.“ „Au ja, Balti, beeil dich bitte“, meinte Vitus, der Geschichten hören noch spannender fand, als Musik zu machen. *Das* war ja auch viel weniger anstrengend. „Warum hast du es denn *beinahe* vergessen?“ „Ich weiß es nicht“, war Balthasar ganz ehrlich, „ich weiß es selber nicht. Aber vielleicht war es, weil es nicht in Weimar passierte und *auch* nicht in Köthen.“ Vitus war erstaunt, und hörte auf, zu musizieren. „Wie kann es denn *nicht* in Weimar passiert sein *und* nicht in Köthen? Ist denn Johann Sebastian in seinem Leben auch gereist?“ „Na klar, Vitus, aber jetzt muss ich wirklich eine kleine Pause einlegen. Was meinst du denn dazu, wenn wir zunächst ein wenig frühstücken? Und ich dir *dann* die Geschichte eines sehr, sehr denkbaren Wettstreites der beiden besten Musiker damals erzähle. Zu einer Zeit, ganz kurz bevor Johann Sebastian Weimar verließ.“ Vitus war verwirrt. Nicht wirklich, aber er war sich nun überhaupt nicht sicher, ob er lieber zuerst frühstücken wollte. Oder ob er lieber sofort diese spannende Geschichte über Johann Sebastian gehört hätte. Doch er merkte auch, wie sein kleiner Barockengel-Bauch vor Hunger blubberte und grunzte. Und einmal machte er fast ein kleines Stück Musik. Vitus überlegte, ob es klang, wie eines der Werke von Johann Sebastian Bach. Dann aber dachte er, das wäre dann ja wohl doch zuuuuu komisch. Zu mit mehreren „u"s.

Aprikosenmarmelade war heute an der Reihe und Aprikosenmarmelade mochten fast alle kleinen und auch die großen Barockengel am liebsten an einem Marmeladenbrötchen-Tag. Sogar *die* Barockengelchen, die *nicht* Aprikosenmarmelade am liebsten mochten, sondern Erdbeermarmelade, mochten Aprikosenmarmelade am zweitliebsten.

Gut gestärkt waren nun beide kleinen Barockengel für den Tag gerüstet. „Keine Minute länger kann ich warten, Balti." Und weil Vitus wirklich gespannt war, nannte er Balthasar auch bei keinem

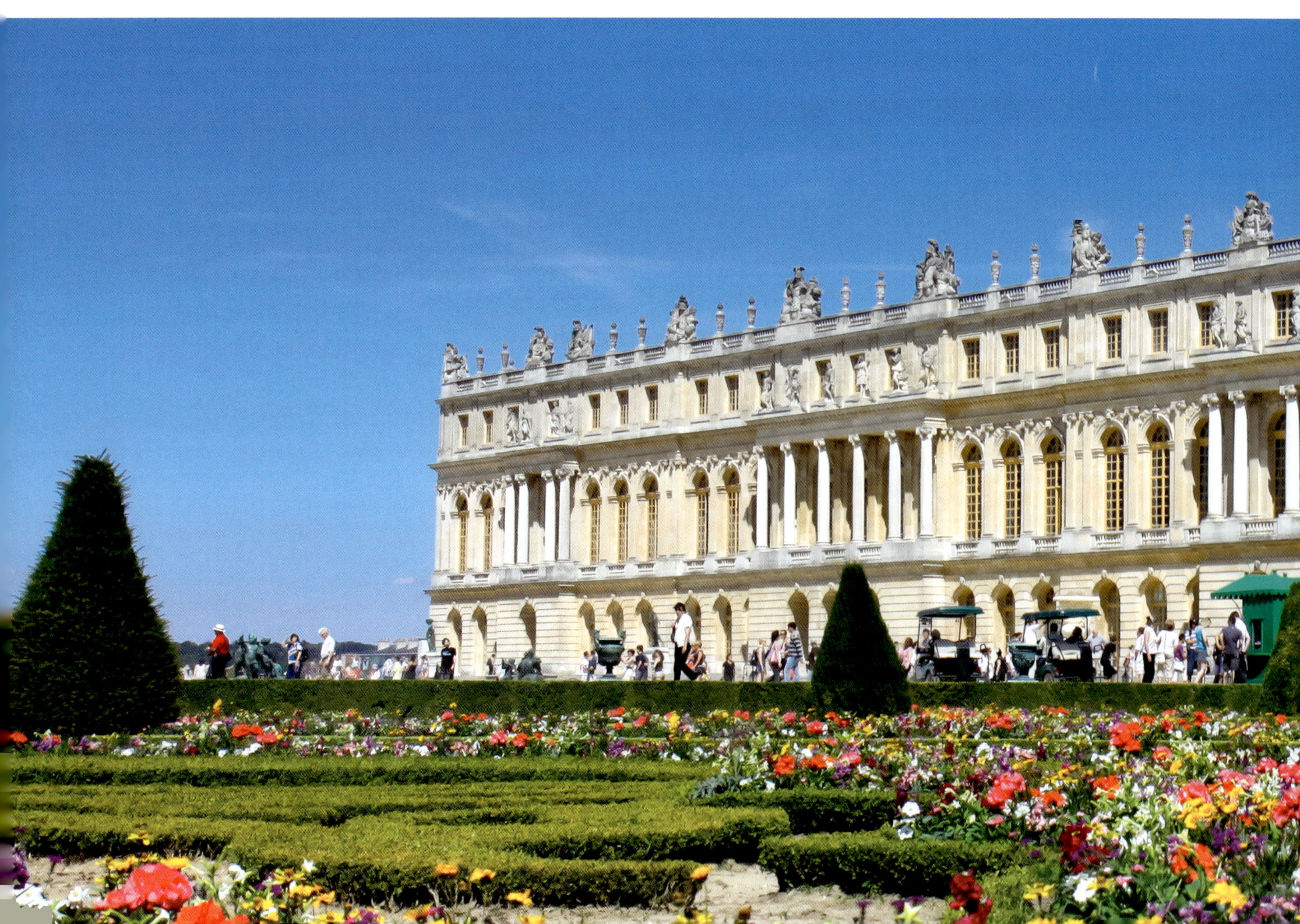

seiner so vielen und spannend ausgedachten Spitznamen. Denn er wusste, dass das den Beginn der Geschichte erheblich hinauszögern konnte. „Aufrecht hinsetzen und ab die Post, Balti“, versuchte Vitus die Zeit zu verkürzen, in dem er Balthasar darauf hinwies, dass der sich *immer* vor dem Beginn eines nächsten Kapitels *feierlich und aufrecht* auf seiner kleinen weißen Wolke hinsetzte.

„Dieser *Teil* dieses *Kapitels* meiner Geschichte über Johann Sebastian beginnt in Frankreich. Genauer beginnt sie am Hof von Versailles. Versailles war zu der Zeit, als Johann Sebastian lebte, einer der prächtigsten Königshöfe in Europa. Überall war Gold. Alles war verziert. Die Gärten waren wunderschön und alle Bäume waren herr-

***Das tollste Schloss in Frankreich: Versailles bei Paris.***

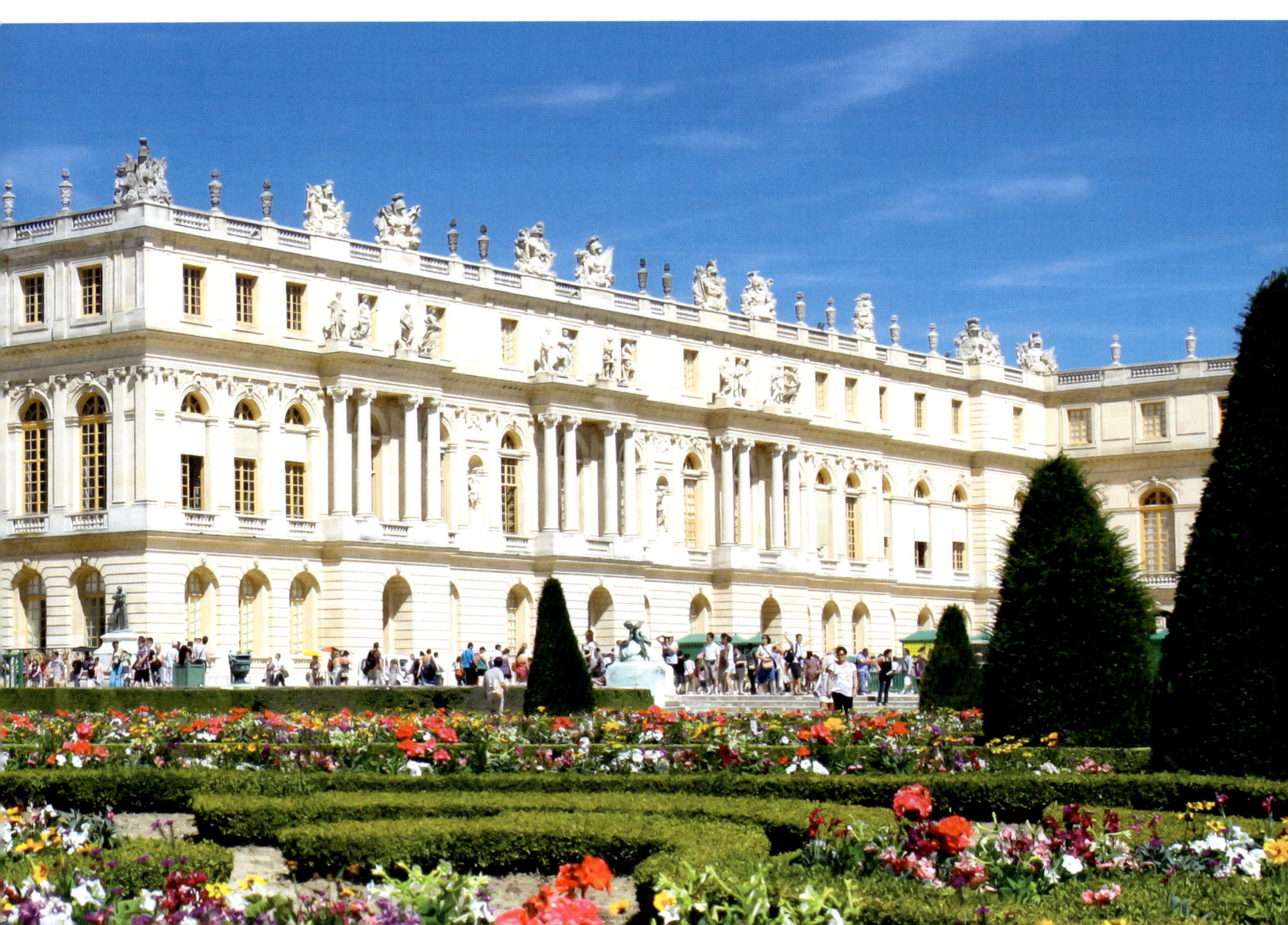

lich gepflegt und lustig geschnitten. In Versailles feierte man auch rauschende Feste und alle Menschen dort hatten immer nur die allerschönsten Kleider an. Versailles, in der Nähe der französischen Hauptstadt Paris, war sogar bedeutender als Dresden, als Sankt Petersburg in Russland und noch viel, viel, viel prunkvoller als die Höfe in Köthen und Weimar. Und in Versailles machte man natürlich ebenfalls Musik. Johann Sebastian war ja nicht der einzige Musiker auf der Welt. Aber er war damals einer der Besten! Er war, um es ganz genau zu sagen, auch der *allerbeste* Orgelspieler auf der Erde. Niemals später konnte ein Musiker wieder so schön auf einer Orgel spielen.

In Frankreich aber war der tollste Musiker natürlich ein Franzose. Und selbstverständlich hatte er, wie die allermeisten Franzosen, einen französischen Namen. Er hieß Louis Marchand.“ Balthasar hatte keinerlei Mühe, den französischen Namen auszusprechen. Obwohl sich dieser Name ganz und gar anders schrieb, als man das sprach. Da war ein *‚s'* am Ende von Louis und ein *‚d'* am Ende von Marchand. Aber diese beiden Buchstaben spricht man nicht. Nach diesem Wort *Marchand* machte Balthasar eine kurze Pause, um Luft zu holen. Er fuhr fort: „Dieser Marchand war der allerbeste Musiker am Cembalo. Der Allerbeste auf der Welt. Ob Johann Sebastian am Cembalo genau so gut war, das wusste man aber eben nicht genau – und wie hätte man es auch herausfinden sollen?

Dieser Marchand, der in Versailles zu den Festen musizierte, war auch verheiratet. Aber er und seine Frau stritten sich.“ „Warum *das* denn?“ warf Vitus ganz nebenbei ein. „Ich glaube, Vitus, wenn ich dir *das* erzähle, dann wird die Geschichte wirklich zu lang. Und für uns ist es jetzt auch gar nicht so wichtig. Sie stritten sich einfach. Sehr. Und oft. Und sie wollten sich trennen.“ „Oooops!“, sagte Vitus. Vitus wusste, dass man Oooops mit o schreibt, aber *Uuuups* spricht, denn Oops ist ein englisches Wort. Und eigentlich schreibt man es auch nur mit zwei ‚o'. „Ja, das passiert", sinnierte Balthasar. „Und weiter?" „Marchand wollte sich von seiner Frau trennen", fuhr Balthasar fort. „Und deswegen wollte er ihr zukünftig auch keinen Anteil seiner Einnahmen mehr abgeben. Das aber fand der französische König überhaupt nicht gut.

Der französische König verurteilte Marchand, seiner Frau die Hälfte seines Honorars abzugeben. Louis Marchand war davon überhaupt nicht begeistert. Er war sauer. Und weil Marchand über diese Entscheidung des französischen Königs so *richtig* böse war, auch wenn er sich der Entscheidung ja fügen musste, tat er Ungeheueres." Die kleine Pause, die Balthasar nun machte, damit es spannender wurde und damit er nochmals tief Luft holen konnte, nutzte der kleine, freche, vorlaute Vitus wieder einmal und meinte: „Hat *der* denn auch mit seinem Regenten gestritten, so wie Johann Sebastian?" „Schlimmer", fuhr Balthasar fort. „Wie geht denn das? Noch schlimmer? Hat er ihn gehauen?" „Nein, Vitus – einen König oder einen Herzog hauen, das hätte sich weder Johann Sebastian damals in Weimar noch Louis Marchand in Versailles getraut. Aber hör' zu: Als Marchand das nächste Konzert für den französischen König gab – es war wieder eine riesige und wichtige Gesellschaft von vielen edlen Damen und edlen Herren im Schlosse anwesend – da hörte dieser Marchand plötzlich und nach genau der Hälfte des Konzerts auf zu spielen." „Nein", meinte Vitus. „Ja", sagte Balthasar. „Und es kommt noch besser." „Noch besser?", fragte Vitus wie ein Papagei, aber leise. „Marchand stand auf, verbeugte sich vor dem Publikum und natürlich auch vor dem Herrscher und sagte dann laut zu seinem König: 'Wenn *er* – Marchand meinte den König – denn mein halbes Gehalt meiner Frau geben will, so soll *sie* doch auch die andere Hälfte des Konzertes zu Ende spielen.' Und damit verließ Marchand den Saal." Balthasar hörte auf zu erzählen.

Und Vitus? Vitus hatte es die Sprache verschlagen. Das war ja unglaublich. „Ist ja ‘n Ding“, sagte Vitus. „*Das* hat er wirklich gesagt? Zu einem *König*? Das kann man ja fast nicht glauben.“ Balthasar schmunzelte, denn diese Geschichte hatte Vitus mächtig beeindruckt. „Louis Marchand packte natürlich in Nullkommanix ein paar Kleider ein und bestieg schleunigst die nächste Postkutsche, die Frankreich verließ. Und *wo*, glaubst du, reiste er hin, lieber Vitus?“ „Weiß *ich* doch nicht. Keine Ahnung“, antwortete der kleine Barockengel fix. „England, Italien, Madagaskar, wie gesagt: Ich habe keine Ahnung“, plapperte Vitus. Balthasar lachte milde: „Nein, Vitus, Marchand reiste nach Dresden. Natürlich wollte er weiter Musik

***Dresden: hier regierte August.***

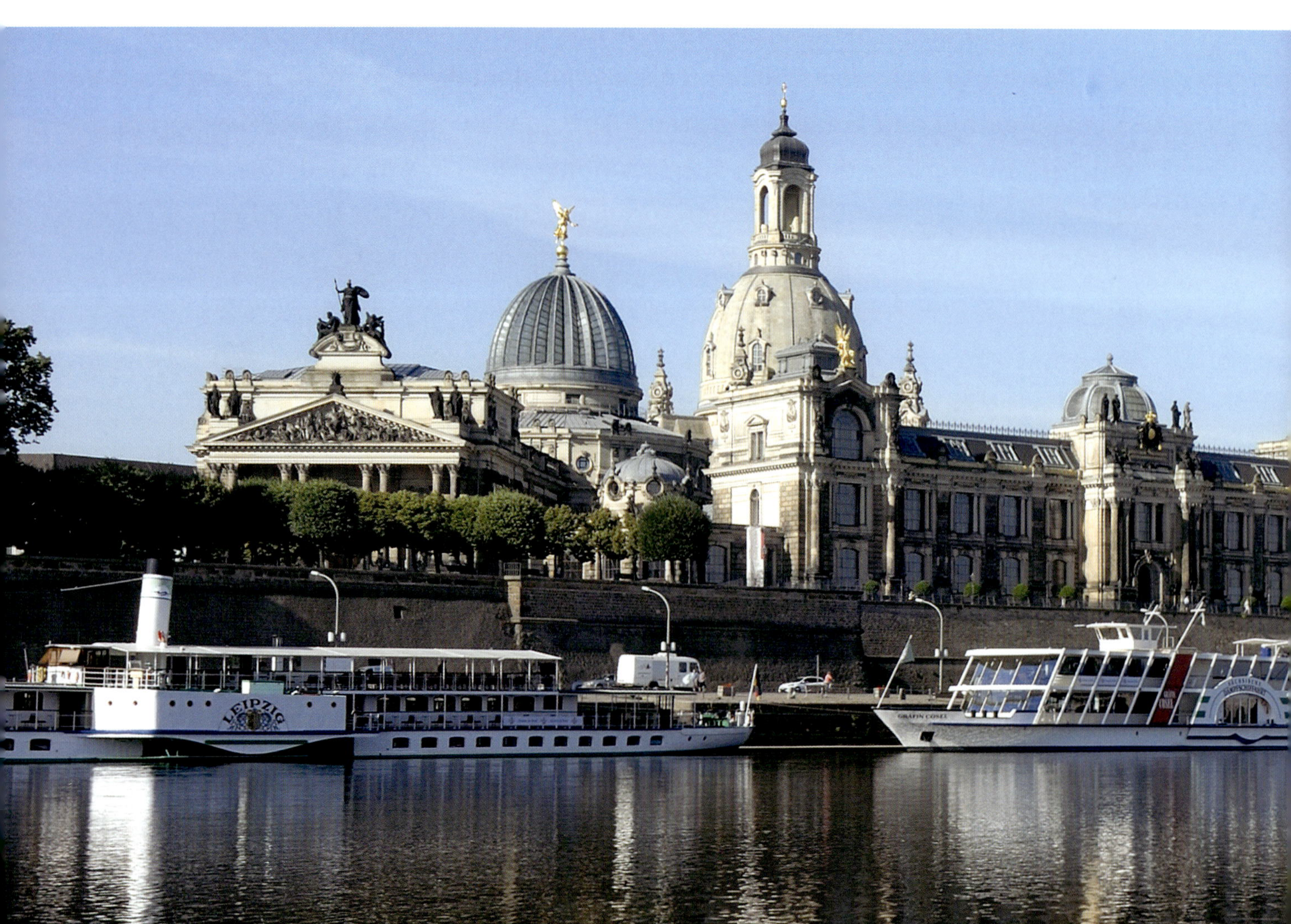

machen. Und er wollte an einem *prächtigen* Hof Musik machen. Und so entschied er sich für – Dresden. Dresden *hatte* damals, wie Versailles, einen herrlichen Hof, ungefähr so großartig wie der bei Paris. Und in Dresden regierte der König von Polen. Und das war König August. Und August war nicht nur der König von Polen, sondern auch der Kurfürst von Sachsen. Die Menschen in Dresden waren begeistert, dass Marchand *dorthin* kam. Denn Louis Marchand war immerhin *auch* einer der besten Musiker der Welt.

Und so kam es, dass ein Beamter am Hofe des Königs in Dresden vorschlug, dass man doch einen Wettstreit ausrufen könne. Und zwar,

***Das ist Louis Marchand.***

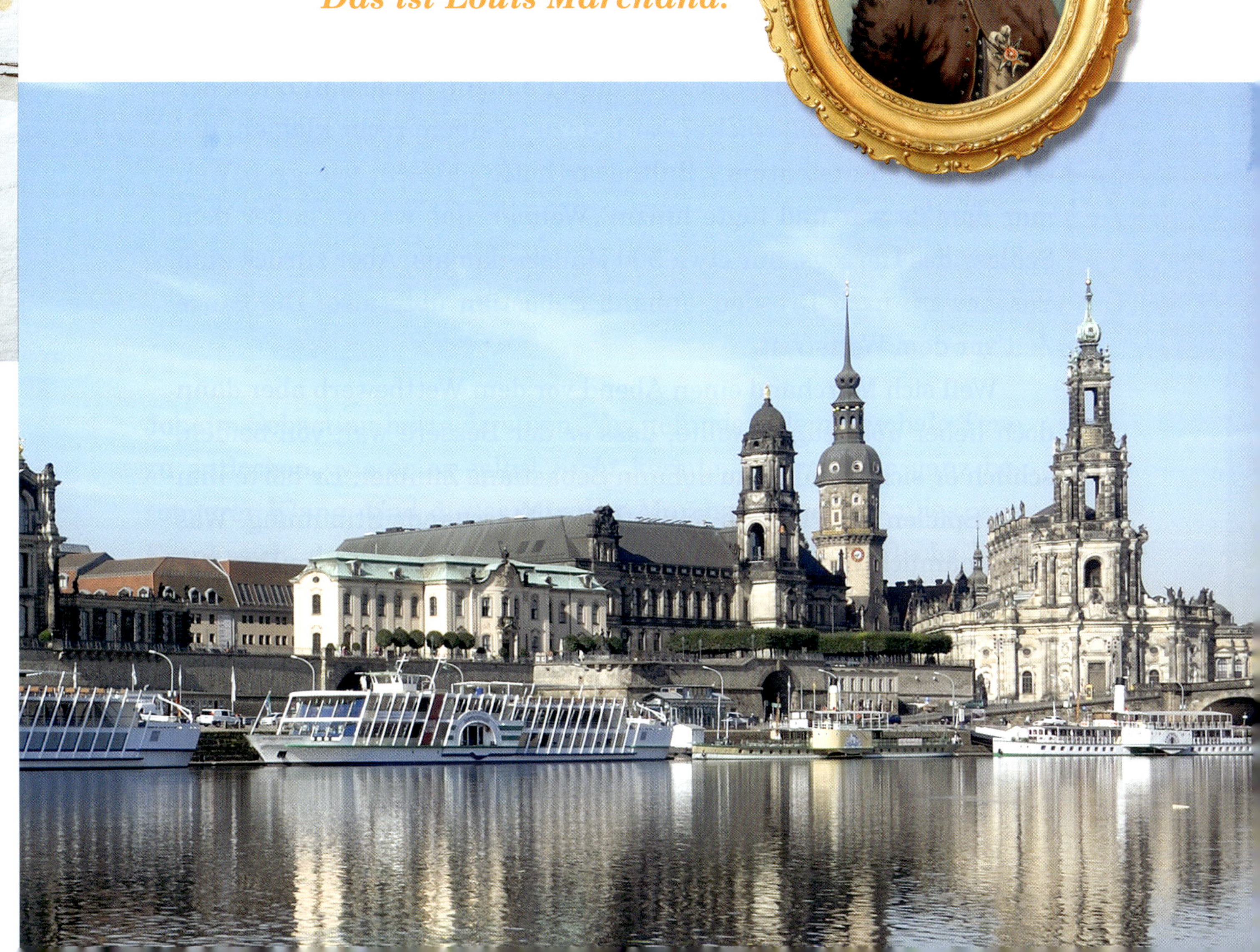

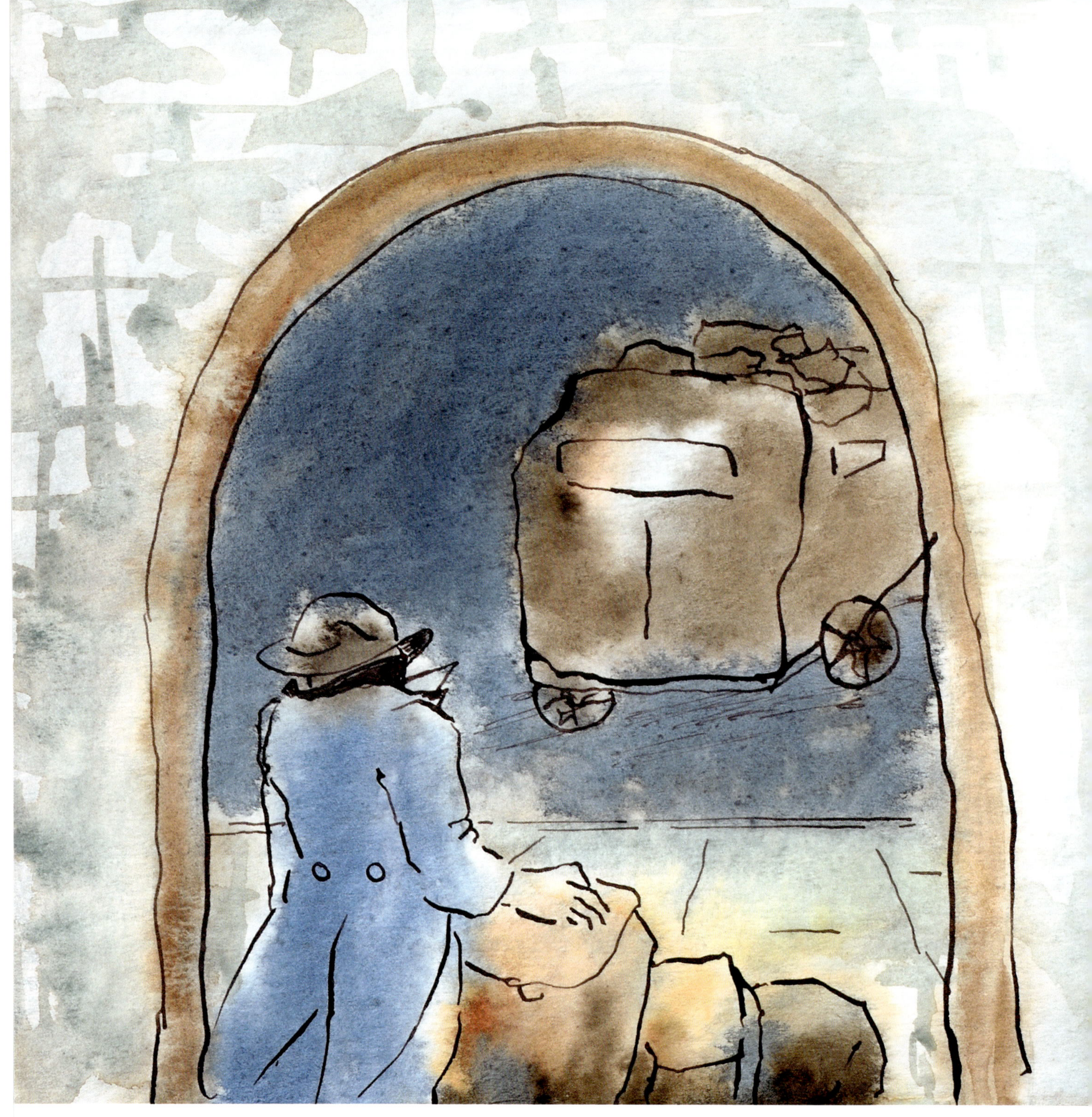

Sebastian Bach sein Cembalo *stimmte*. Das Wort *wohltemperiert*, ein schwieriges Wort und noch schwieriger zu erklären, *das* hatte Louis Marchand bereits früher gehört. Jetzt *wusste* er auch, zu welcher grandiosen Musik es führte.

Ganz, ganz heimlich, aber sofort, packte Marchand am Abend vor dem Wettstreit wieder seine Koffer und verließ, noch in der

Nacht, den Hof in Dresden. Am nächsten Tag, dem Tag des Wettstreites, war die gesamte Gesellschaft mit Rang und Namen in Dresden im Schloss versammelt. Natürlich war der König dabei und die vielen Beamten und Minister seiner Regierung. Johann Sebastian war bereit. Wer aber kam nicht hinter dem Vorhang hervor auf die Bühne? Es war Louis Marchand, der inzwischen schon weit von Dresden entfernt in seiner Postkutsche saß. *Damit* war der Wettstreit entschieden. Johann Sebastian hatte ihn gewonnen. *Er* spielte für sein Publikum: für den König und die Minister, die hohen Beamten des Königs und für die feine Gesellschaft von Dresden. Sie alle waren begeistert. Sie bejubelten Johann Sebastian und der war mächtig stolz." „Konnte er auch sein", meinte Vitus und strahlte über das ganze Barockengel-Gesicht. So, als ob er selbst mit Johann Sebastian verwandt gewesen wäre. „Ist ja 'n Ding!", schüttelte Vitus den Kopf. „Dieser Louis Marchand. Zuerst spielt er nur ein halbes Konzert für den *einen* König. Und dann drückt er sich vor einem Wettstreit bei dem *anderen* König." Balthasar freute sich über die Begeisterung von Vitus und darüber, dass er diese spannende Geschichte nun doch nicht vergessen hatte, zu erzählen. „Jetzt, Vitus", fuhr Balthasar fort, „jetzt weißt du, was sich kurz vorher zugetragen hat, kurz bevor Herzog Wilhelm von Sachsen-Weimar *so* verärgert war, dass er genau diesen Johann Sebastian Bach ins Gefängnis werfen ließ. Und das nur einige Wochen, *nachdem* man ihn in Dresden so sehr gefeiert hatte."

Balthasar schaute auf seine Armbanduhr. Ja, auch kleine Barockengel tragen heute Armbanduhren. Allerdings, natürlich kleine Barockengel-Armbanduhren. Sie mussten ja passen: zu den Barockwölkchen, zu den Barockgemälden, zu den barocken Bauten und eben zu allem in dieser Zeit damals. Allerdings kann man keine Barockengelchen irgendwo mit ihren Armbanduhren sehen. Nicht auf

Gemälden, nicht, wenn man sie in Stein gemeißelt sieht und auch nicht, wenn man ihnen im Traum begegnete. Denn immer, wenn ein kleiner Barockengel im Dienst gewesen ist, und auch heute noch, dann legen sie vorher ihre Armbanduhren auf ihre Nachttische. Aber in ihrer Freizeit ... – ja, da waren sie besonders stolz auf ihre Barockengel-Armbanduhren. Und was sah Balthasar, als er auf seine Armbanduhr blickte? Es war bereits sechs Uhr am frühen Abend, also schon sehr bald Zeit zum Schlafengehen.

„Was meinst du, Vitus – willst du nach so viel spannender Geschichte nicht ein wenig länger musizieren, als sonst am Abend?" Vitus nickte begeistert. „Wenn dir mein Spiel gefällt, Balti, na klar, dann mache ich das." Gesagt, getan, auch Vitus setzte sich wieder aufrecht hin und stimmte, ganz wie richtige Musiker, zunächst seine Geige. Anschließend begann er zu spielen. Und wieder war Balthasar begeistert. Mehr noch: Balthasar war so begeistert, dass er Vitus bat, unbedingt mehr als nur zwei Werke zu spielen. Balthasar machte die Augen zu, um noch besser zuhören zu können. Er wollte die Musik noch mehr genießen – *das* konnte er mit geschlossenen Augen am besten. Aber, noch bevor er es selber merkte, fiel er in einen tiefen, tiefen Barockengelchen-Schlaf. Vitus spielte, wie er meinte, fast besser als Johann Sebastian und auch besser als dieser Franzose Marchand ohnehin. Er *hatte* ja auch viel geübt. Auch er war immer früh fleißig gewesen, wie Johann Sebastian es über sich auch gesagt hatte.

Aber – das fragte sich Vitus – warum war Johann Sebastian nur früh so fleißig? Das wollte er am nächsten Morgen seinen allerbesten Freund fragen. Er, Vitus, war auch am Mittag fleißig und am Nachmittag und am Abend. Nach drei wunderschönen Stücken musste er heftigst gähnen. Und das gleich nochmals. Auch er war etwas müde geworden, denn Musik zu spielen war auch ganz schön anstrengend.

Sie aber auch noch beinahe *fehlerfrei* zu spielen, *das* war nun schon *sehr* anstrengend. So machte auch er sich aus einem Teil seiner kleinen, weißen Barockwolke ein herrlich, duftiges und weiches Kopfkissen, bettete seinen kleinen Kopf mit den Löckchen darauf und fiel in einen herrlichen, tiefen Schlaf.

## Kapitel 14

Als Balthasar und sein bester Freund Vitus am nächsten Morgen aufwachten, und zwar fast in derselben Minute gleichzeitig, da war es noch dunkel. Verwundert rieb sich Vitus die Augen und überlegte: „Warum ist es denn dunkel, wenn wir jetzt nicht mehr müde sind, Balti?" Balthasar war noch ein wenig verschlafen, aber er konnte sich erinnern, dass sie gestern beide schon sehr früh eingeschlafen waren. „Na, wenn wir beide schon am frühen Abend schlafen, dann sind wir natürlich nicht lange genug müde am Ende der Nacht", erklärte er es seinem allerbesten Freund. „Aber, das ist irgendwie noch nicht alleine der Grund", dachte er und plötzlich fiel es ihm ein: „Und es ist schon ein wenig Herbst." Das war Vitus überhaupt nicht klar. Sommer, Herbst, Winter – was hatte das denn *damit* zu tun, ob es morgens hell war oder, wie heute, eben noch dunkel. Er schaute Balthasar fragend an. „Vitus", begann Balthasar, „im Sommer sind doch die Tage länger als im Winter. Und im Frühjahr und im Herbst sind sie eben nur ein wenig länger hell als im Winter. Im Frühjahr wird es immer früher hell und später dunkel. Und irgendwann, da ist das ganz genau umgekehrt. Und wenn man nicht sehr, sehr, wirklich früh aufwacht, dann merkt man das nicht. Aber weil wir gestern schon *so* früh geschlafen haben, deshalb ist es jetzt noch dunkel und wir können auf den Morgen warten. Was hältst du denn davon, wenn du noch ein solch' tolles Werk von Johann Sebastian spielst, um den Morgen heute zu begrüßen?" Na, da war Vitus doch sofort begeistert. „Mit einem Musikwerk von Johann Sebastian Bach den Morgen begrüßen." Das hatte Balti toll gesagt. Und so begann Vitus wieder zu spielen und Balthasar nutzte die Zeit, um sich noch einmal ganz genau zu überlegen, was denn da alles in Köthen passiert war.

Plötzlich hörte Vitus auf zu spielen. Ganz plötzlich. „Warum spielst du nicht weiter, Vitus?", fragte Balthasar seinen Freund. „Warum musste Johann Sebastian nur *früh* fleißig sein? Und nicht *mittags* und auch nicht *am Nachmittag*?" Das fiel Vitus ein. Das wollte er unbedingt noch wissen. „Vitus", begann sein Freund, „Johann Sebastian musste nicht früh am Morgen fleißig sein, sondern früh im Leben – das heißt, er hat schon sehr früh in seinem Leben begonnen, fleißig Musikinstrumente zu spielen." „Ach so", sagte Vitus, „da – hätte ich wirklich auch selber drauf kommen können."

Heute war wieder Müsli-Tag. Und so freuten sich die beiden auf eine riesige Portion. Ganz frische Erdbeeren gab es darin und es war lustig, wie diese kleinen roten Erdbeerstückchen, mit den lustigen grünen Punkten darauf, in der herrlichen, weißen Milch herumschwammen. Mit gut gefüllten Barockengel-Bäuchlein waren die beiden danach bereit, sich wieder ganz und gar der Geschichte dieses berühmten Musikers aus Eisenach zu widmen.

Feierlich begann Balthasar: „Johann Sebastian zog also nach Köthen. Zu Fürst Leopold, den er einige Zeit vorher zum ersten Mal getroffen hatte. Fürst Leopold machte selber Musik und deshalb erfüllte er Johann Sebastian so manchen Wunsch, wenn der dafür versprach, noch bessere Musik machen zu können. Beide hatten sie Spaß an der Musik, die die beiden mit einer *wirklich* guten Kapelle machen konnten. Manche der Musiker am Hof von Fürst Leopold waren eben ganz ausgezeichnete Musiker." „Besser als Johann Sebastian?", warf Vitus ein. „Nein", lachte Balthasar, „besser als Johann Sebastian war *keiner*. *Er* war ja der Beste." „Auch besser als Fürst Leopold?" „Das allerdings sowieso", lachte Balthasar wieder. „Fürst Leopold hat ja nur zum Spaß musiziert. Und seine Musiker waren Musiker *von Beruf*. So wie andere Bäcker sind oder Steinmetz oder Fuhrmann oder Schreiner. Aber *diese* Herren Musiker waren wirklich gute, eigentlich hervorragende Musikanten und Fürst Leopold gab für sie auch sehr viel Geld aus.

Johann Sebastian und auch Maria Barbara gefiel dieses Leben in Köthen und am Hof von Fürst Leopold. Der wurde schnell Johann Sebastians Freund." „Waren sie auch so gute Freunde wie wir?", unterbrach ihn Vitus. „Vielleicht schon, aber ob sie nun *die allerbesten Freunde für immer* waren, das weiß auch ich nicht. Vielleicht aber schon. In Arnstadt wollte Johann Sebastian ja nicht mehr bleiben und in Mühlhausen stritten sich die Pfarrer, wer nun im Recht gewesen war. In Weimar, da wollten beide ganz sicher nicht für immer sein. Aber in Köthen war nun zum allerersten Mal im Leben von Johann Sebastian und seiner Maria Barbara alles ganz anders. In Köthen konnte er sich mit seiner Frau und den vier Kindern das ganze weitere Leben sehr wohl vorstellen. Hier wollte er *für immer* bleiben. Hier war er glücklich. Hier konnte er herrlich Musik machen und der Fürst war sein Freund. Man achtete ihn und er durfte sogar Instrumente kaufen, wenn er meinte, dass dann eines seiner Werke *noch* viel besser klingen würde. Diese kleine Stadt Köthen war nicht zu groß und auch wiederum nicht zu klein. Er hatte

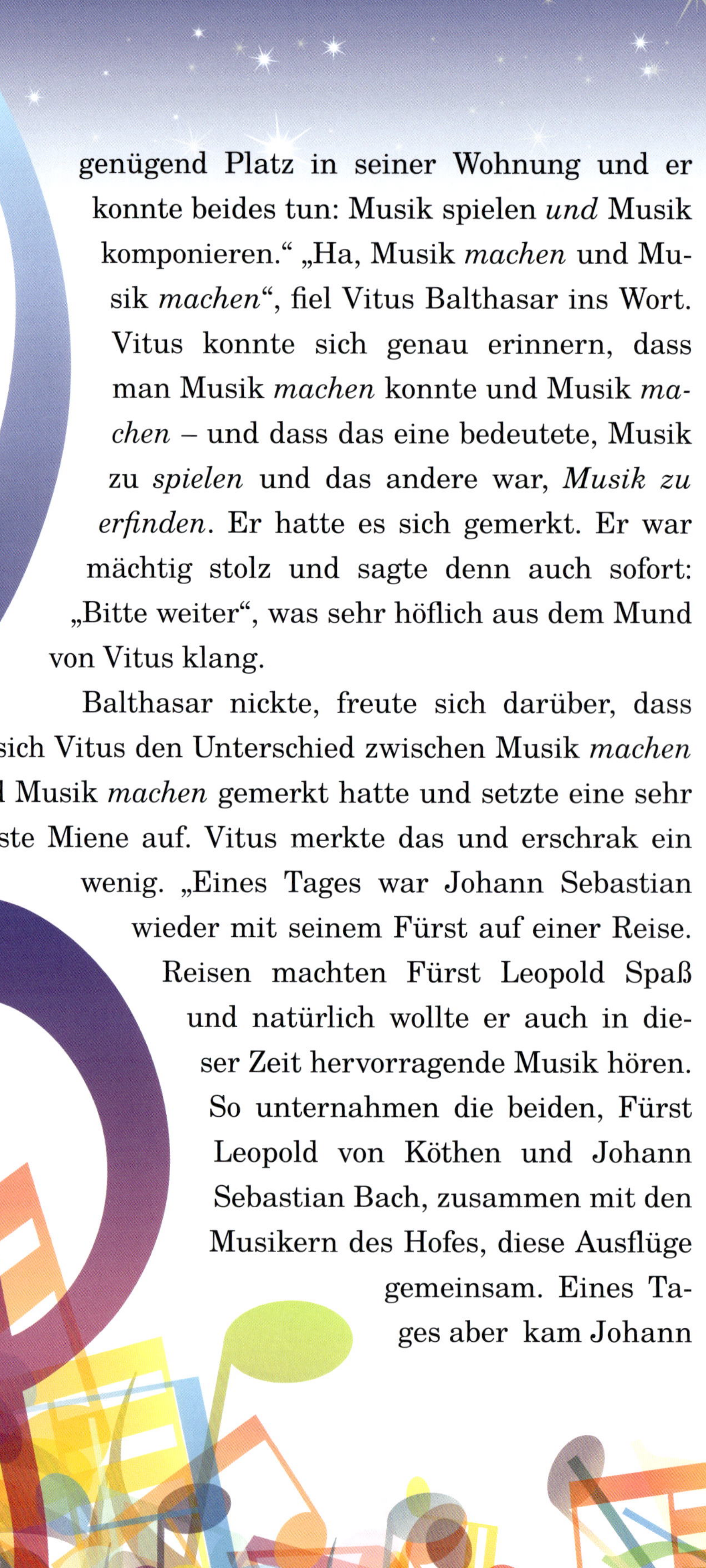

genügend Platz in seiner Wohnung und er konnte beides tun: Musik spielen *und* Musik komponieren.“ „Ha, Musik *machen* und Musik *machen*“, fiel Vitus Balthasar ins Wort. Vitus konnte sich genau erinnern, dass man Musik *machen* konnte und Musik *machen* – und dass das eine bedeutete, Musik zu *spielen* und das andere war, *Musik zu erfinden*. Er hatte es sich gemerkt. Er war mächtig stolz und sagte denn auch sofort: „Bitte weiter“, was sehr höflich aus dem Mund von Vitus klang.

Balthasar nickte, freute sich darüber, dass sich Vitus den Unterschied zwischen Musik *machen* und Musik *machen* gemerkt hatte und setzte eine sehr ernste Miene auf. Vitus merkte das und erschrak ein wenig. „Eines Tages war Johann Sebastian wieder mit seinem Fürst auf einer Reise. Reisen machten Fürst Leopold Spaß und natürlich wollte er auch in dieser Zeit hervorragende Musik hören. So unternahmen die beiden, Fürst Leopold von Köthen und Johann Sebastian Bach, zusammen mit den Musikern des Hofes, diese Ausflüge gemeinsam. Eines Tages aber kam Johann

Sebastian von einer solchen Reise zurück – sie waren übrigens in Karlsbad gewesen – und seine Maria Barbara war gestorben. Mit nur 35 Jahren. Und schlimmer noch: Man hatte sie auch schon begraben. Und so blieb Johann Sebastian nichts anderes übrig, als nun alleine am Grab seiner geliebten Frau zu trauern. Natürlich nicht ganz alleine, denn seine Kinder waren ja auch dabei. Dass eine Tochter oder ein Sohn starb, und er verlor ja mit seiner Frau drei von sieben Kindern, das wusste er bis zu diesem Tag zu ertragen. Dass aber seine Maria Barbara nach so kurzer Zeit bereits sterben könnte – daran hatte er im Traum nicht gedacht.

Und so kam es, dass er *nur noch* seine Musik hatte. Und seine vier Kinder natürlich, die ihn jeden Tag ablenkten. Lange, lange Zeit wurde es – nur einen Tag nach dem anderen und ganz, ganz langsam – ein klein wenig besser mit seinem Leid. Viele, viele Monate trauerte Johann Sebastian um seine Maria Barbara. Aber irgendwann schließlich fiel ihm eine Sängerin am Hof des Fürsten Leopold auf. Sie sang so wunderschön und Johann Sebastian mochte sie mit der Zeit immer mehr und mehr. Lange eineinhalb Jahre nach dem Tod seiner Maria Barbara – und das war wirklich lang für einen Witwer mit einem Haushalt und vier Kindern – heiratete Johann Sebastian Bach *noch* einmal. Seine zweite Frau hieß Anna Magdalena und mit ihr hatte er in den folgenden Jahren weitere Kinder gehabt: Nicht nur vier dieser Kobolde, die im Haus bereits tobten, sondern ganze dreizehn! *Noch* dreizehn Kinder mehr.

Johann Sebastian hatte also wieder geheiratet. Auch in diesem Jahr hatte sich Fürst Leopold ebenfalls verliebt. Und auch er hatte seine Liebe geheiratet. Doch die Frau von Fürst Leopold hatte keine Freude an Musik. Und sie hatte schon gar keine Freude daran, Musik zu *spielen*. Und deswegen wandte sich auch der Fürst immer mehr vom Musikspiel ab. Für die Freundschaft zwischen Johann

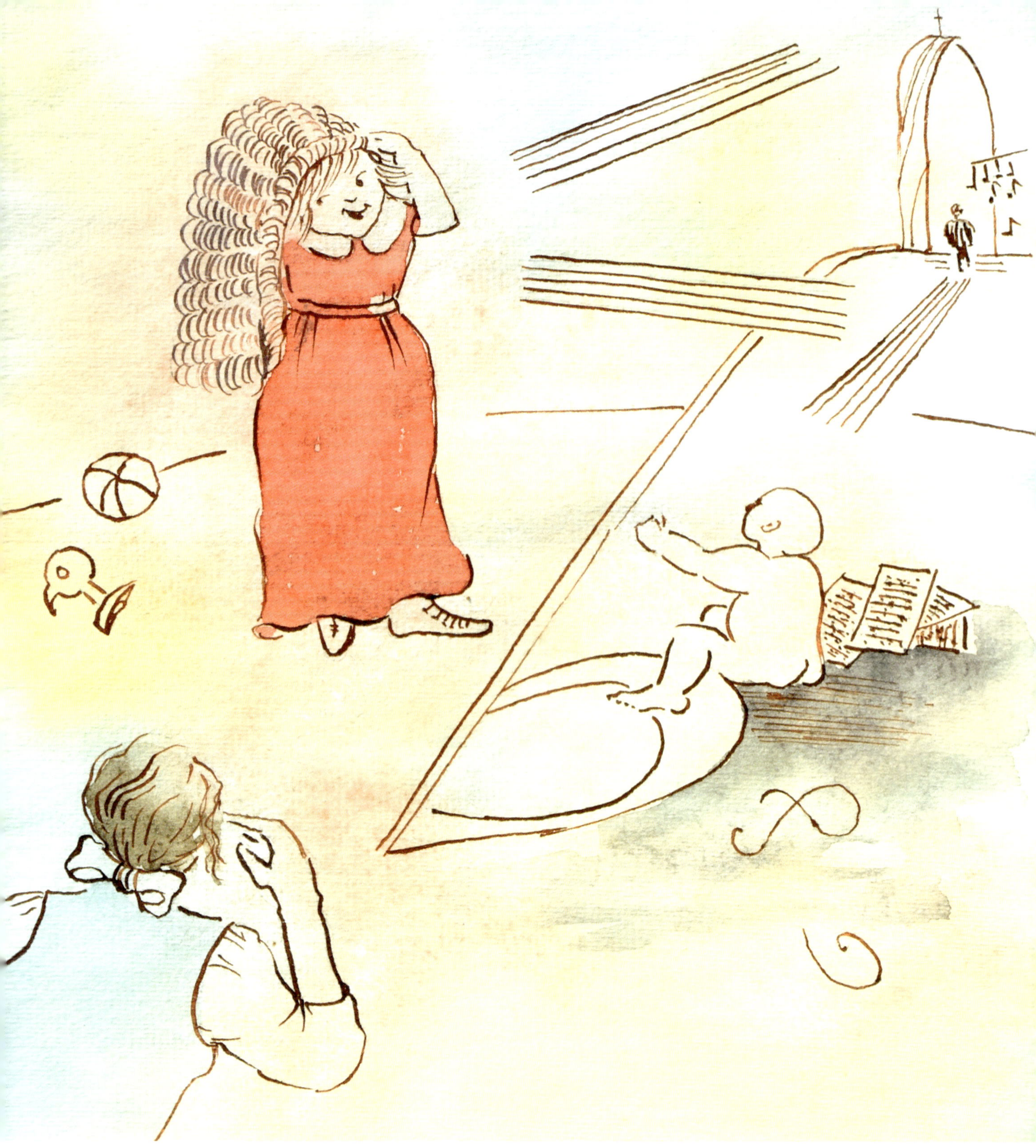

Sebastian und seinem Fürsten war das natürlich ganz und gar nicht gut. Vieles in Köthen erinnerte Johann Sebastian in der Zeit nach dem Tod seiner ersten Frau noch an sie. Natürlich machte ihn das immer noch und immer wieder ein wenig traurig.

Als Vater hatte Johann Sebastian Bach jede Menge Verantwortung für die Ausbildung aller seiner Kinder, und in Köthen gab es natürlich keine Universität. *Zu* allem passierte es dann, dass zuletzt auch immer weniger Geld für ihn und für seine Musik zur Verfügung stand. So kam eines zum anderen und Johann Sebastian entschied sich schließlich, schweren Herzens, Köthen zu verlassen. Nur: Er verließ Fürst Leopold nicht im Streit. Die beiden blieben sogar noch sehr, sehr lange Freunde."

„Hunger!", platzte Vitus heraus. „Da hat also Johann Sebastian endlich, endlich einen Arbeitsplatz gefunden, der ihm gefällt und auch eine Stadt gefunden, die er mochte und niemand macht ihm Ärger oder streitet. *Und* er kann Musik *machen* und Musik *machen*, wie es ihm Spaß macht – und dann stirbt seine Frau. Das ist schlimm", bemerkte Vitus trübsinnig. Er musste fast ein wenig weinen, als er nochmals darüber nachdachte. Aber Balthasar merkte das und wollte seinen allerbesten Freund Vitus aufheitern. „Richtig, Vitus, aber solche schlimmen Dinge passieren. Sogar heute passiert so etwas Schlimmes noch, obwohl die Medizin immer *besser* und *besser* wird. Aber – Johann Sebastian *hat* ja dann schließlich eine neue Liebe gefunden. Und es *wurde* dann auch jeden Tag immer ein bisschen besser. Durch seine Musik hatte er ebenfalls viel Trost." „Stimmt", sagte Vitus und war schon nicht mehr so betrübt. „Hunger!", sagte Vitus wieder und die beiden allerbesten Freunde fingen an zu überlegen, was es denn heute wohl zum Mittagessen geben würde. Was es dann gab, ist leider nicht überliefert, an dieser Stelle fehlt in der Erzählung von Balthasar und Vitus eine ganze Seite. Aber wenigstens war diese Seite für die Geschichte von Johann Sebastian nicht ganz so wichtig. Schlimmer wäre gewesen, wenn eine andere Seite gefehlt hätte. Oder gar zwei oder drei Seiten.

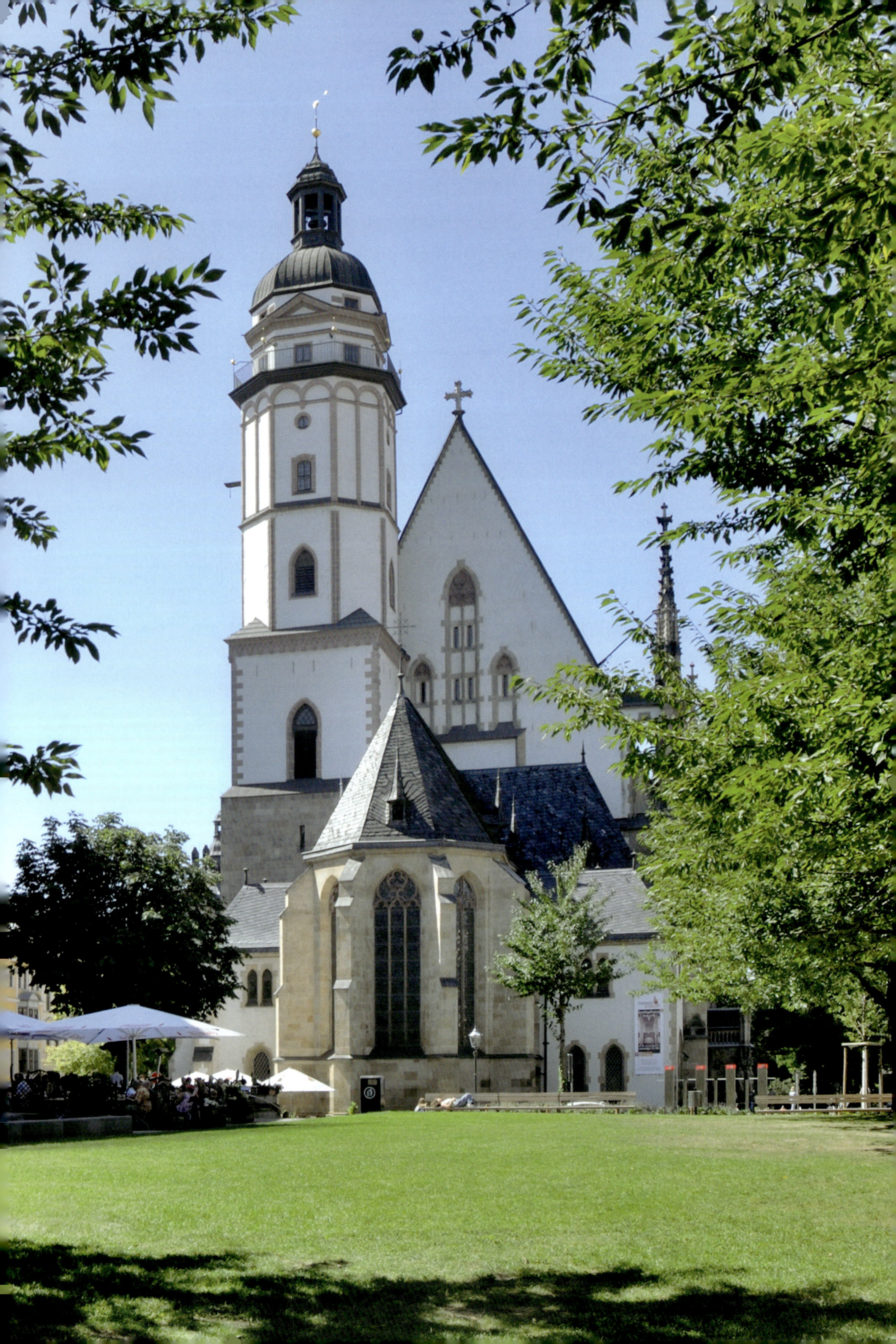

# *Kapitel 15*

In der Geschichte *ist* aber bekannt, dass Balthasar und Vitus mit zwei gut gefüllten Bäuchen bereit waren für *die* Stadt in der Geschichte des Musikers, in der Johann Sebastian 27 Jahre gelebt hat. Und das – war Leipzig.

„Leipzig war schon 1723 eine herrliche und auch eine große Stadt gewesen. Prunkvolle Gebäude gab es dort. Und sehr viel mehr Menschen, als in Köthen, wohnten in Leipzig. Mehr noch: Leipzig war riesig und Köthen war winzig. Und Leipzig war auch wichtig. Und dort suchte man einen neuen *Thomaskantor*." „Thomaskantor", juxte Vitus „ist das vielleicht ein Kantor, der Thomas heißen muss? Dann war Johann Sebastian ja ganz sicher *nicht* der Richtige! Und überhaupt, was um alles in der Welt ist denn ein Kantor?", fragte Vitus, der sich gerade sicherlich am meisten selbst über den Spaß mit dem *Thomas* im Namen des Thomaskantors freute. „Also pass auf Vitus. *Kantor* ist ein Beruf. Ein Kantor ist zuständig für alles, was musikalisch in einer Kirche passiert. *Er* bestimmt über die Musik, *er* legt fest, wann welches Orgelstück gespielt wird und *er* ist verantwortlich für die Auswahl der Lieder, die in einer Gemeinde gesungen werden." „Und *der* muss dann Thomas heißen." Vitus kugelte sich vor Lachen auf seiner kleinen, weißen Wolke. „Thomas, der Kantor in Leipzig. Johann Sebastian Bach war dann also Thomas Johann Sebastian, Kantor in Leipzig. Oder Johann Sebastian Thomas Bach. *Das* ist wirklich schwer zu merken." „Vitus, Vitus, nein – halt, stopp! Das ist alles ganz, ganz anders, als du denkst. Pass auf: In Leipzig steht die *Thomas*kirche. Und der, der in der Thomaskirche Kantor ist, *der* ist dann der *Thomas*kantor." Es war einen Moment still. „Und", setzte Vitus nach „sagen wir einmal, die Kirche würde Annakirche heißen – dann wäre er der *Anna*kantor, richtig?" „Richtig,

***Das ist die Thomaskirche in Leipzig.***

Vitus“, bestätigte Balthasar. „Dann ist es gar nicht so schwer: *Thomaskantor*, *Annakantor* – *das* konnte man sich gut merken. Na, da waren die in Leipzig aber begeistert, als Johann Sebastian Bach sich entschied, Thomaskantor zu werden, nicht wahr?“, plapperte Vitus.

„Ganz im Gegenteil, Vitus. In Leipzig hatte man *lange* nach dem Richtigen gesucht. Sogar viele Monate lang. Und einige Musiker *wollten* sogar nicht einmal nach Leipzig. Aber *schließlich* hat Johann Sebastian diese Stelle bekommen. Und stell' dir 'mal vor, was der Rat von Leipzig über Johann Sebastian gesagt haben soll.“ Balthasar machte ein sehr ernstes Gesicht. Vitus erschrak, wie schon einige Male bei der Geschichte von Johann Sebastian zuvor, aber doch nicht zu sehr. „Keine Ahnung“, sagte Vitus trocken. „Sie haben gesagt, wenn sie schon nicht den Besten bekommen, und damit hatten sie die gemeint, die gar nicht nach Leipzig *wollten*, dann tut's eben ein *Mittelmäßiger*. Und mit dem *Mittelmäßigen*, da meinten sie unseren Johann Sebastian.“ „Das“, sprudelte es aus Vitus heraus und er war entsetzt, „*das* haben sie *genau* so gesagt, die im Rat von Leipzig?“ „Nun, vielleicht nicht Wort für Wort. Da müsste ich nun in den Protokollen nachschauen – aber, ja, ganz genau so haben sie es gemeint.“ „Pro - to - kol - le“, schon wieder so ein schwieriges Wort, das Vitus noch nie in seinem ganzen Leben gehört hatte. „Was sind denn *Protokolle*, Balti?“ Balthasar erklärte, dass ein Protokoll ist, wenn sich zwei Menschen – oder auch mehr Menschen – unterhalten und einer schreibt alles ganz genau auf. Wort für Wort. Und *was* er aufgeschrieben hat, das nennt man dann ein *Protokoll*. „Aha“, sagte Vitus nur und sprach dieses Wort noch zweimal vor sich hin, „Ein Pro - to - koll – das ist dann ein Protokoll.“

Balthasar erzählte weiter: „Und als ob es nicht schon hässlich genug war, Johann Sebastian als *mittelmäßig* zu bezeichnen, gaben sie ihm auch noch ganz genaue Anweisungen im Vertrag. Nicht einmal die Stadt durfte er ohne offizielle Bitte verlassen. *Was* er tun sollte, *wie* er es tun sollte, *wie oft* er was tun sollte, *wie lange* er etwas tun sollte, alles das schrieb ihm der Rat vor. Und um Himmels willen durfte seine Musik bloß nicht zu spannend sein. Und nicht zu lang. Und nicht zu unterhaltend." „Das haben sie gesagt?", wollte Vitus schon wieder wissen. Vitus nahm aber auf einmal alles wirklich ganz, ganz genau. „Also, Vitus, wenn du es nun so ganz genau wissen willst: Nein, *so* steht es nicht im Protokoll, aber ich habe es ein wenig spannender erzählt. Damit *du* daran auch Freude hast. Aber, das ist *alles* wahr und es *ist* so passiert." „Aha", sagte Vitus wieder. *Hat* er denn nur kurze Musik gemacht?" „Nicht der *Johann Sebastian*", schmunzelte Balthasar, „seine Matthäus-Passion ist sogar fast dreieinhalb Stunden lang! Typisch Johann Sebastian eben. Aber das alles war natürlich keine gute Grundlage für eine schöne Zusammenarbeit, zwischen Johann Sebastian und dem Stadtrat von Leipzig. Und dann war da in Leipzig auch noch etwas *ganz* Besonderes: Es gab nicht nur *eine* Kirche und auch nicht nur *fünf* Hauptkirchen. Sondern es gab auch viele weitere kleine Gemeinden – und Johann Sebastian war *für alle* zuständig. Er musste alles können. Und jedem sagen, was er zu tun hatte. Eine mächtige Aufgabe. Und eigentlich wollte er doch am liebsten *nur* Musik machen." „Und Musik *machen*", ergänzte Vitus. „Richtig, Vitus.

In Leipzig gab es also den Stadtrat, dann die Universität und außerdem die Thomasschule, neben der Thomaskirche. Selbstverständlich gab es mehr Schulen, aber die sind für unsere Geschichte jetzt nicht so wichtig. Und *überall* gab es einen oder mehrere wichtige Menschen, die sagten, was *am wichtigsten* war. Und *das* war ganz sicher nicht der richtige Ort, um einfach nur herrliche Musik zu machen." „Und Musik zu *machen*." Vitus hatte an diesen beiden *machen* inzwischen seine helle Freude gefunden. „Johann Sebastian wollte eigentlich *nur* musizieren und *nur* komponieren. Aber einmal gefiel einem seiner Vorgesetzten *dies* nicht, das er tat. Ein anderes Mal gefiel einem anderen Vorgesetzten *etwas anderes* nicht, das er tat. Und so machte Johann Sebastian die Arbeit in Leipzig immer weniger Spaß. Immer gab es Ärger. Oft beschwerte er sich beim Rat der Stadt. Meistens allerdings hörte der Johann Sebastian aber nicht einmal an.

Schließlich, und das schon nach sehr kurzer Zeit in Leipzig, wollte Johann Sebastian nur noch eines: Er wollte ganz schnell wieder weg. Weg von Leipzig. Irgendwo anders hin. Johann Sebastian war in dieser ersten Zeit in Leipzig so verärgert und so traurig und so böse, dass er einen ganz berühmten Brief schrieb. Und ihn an Georg Erdmann schickte." „An Georg Erdmann. *Das* war doch", Vitus überlegte kurz „das war doch Johann Sebastians Schulfreund. Den er in Ohrdruf getroffen hat und mit dem er dann nach Lüneburg gewandert war. Und dort zusammen mit ihm gelernt hatte. Richtig, Balti? Richtig? Habe ich mir das richtig gemerkt?" Anerkennend sagte Balthasar, stolz darauf, wie viel sich Vitus von der ganzen Geschichte über Johann Sebastian Bach so gut merken konnte: „Vitus, da bin ich *richtig* stolz auf dich!" Und Vitus wurde ein klein wenig verlegen. „Also, was hat Johann Sebastian denn geschrieben? An seinen Freund." „Er hat sich bitterlich beklagt: Alles war nicht so gewesen, wie er es erhofft hatte. Und wie schwer er es hatte mit dem Rat der Stadt Leipzig. Und dass das Leben dort so teuer war. Johann Sebastian hat auch von seinen Kindern erzählt und wie viele von allen noch lebten. Und wer wie gut Musik machen konnte. Und dass er inzwischen zum zweiten Mal wieder geheiratet hatte, nachdem Maria Barbara so früh gestorben war. Dieser Brief von Johann Sebastian ist auch deshalb so berühmt, weil man nicht mehr viele Briefe von Johann Sebastian hat. Fast alle anderen sind verloren gegangen.“ „Ach, das ist aber jammerschade“, sagte Vitus, der so einen Brief ungeheuer spannend fand. Dieser Brief war immerhin 300 Jahre alt, also *ungefähr* 300 Jahre.

„Aber warum ist denn Johann Sebastian nicht einfach umgezogen? Musste er denn wieder um Erlaubnis fragen?“ überlegte Vitus. „Nein, Vitus“, sagte Balthasar, es wurde ganz plötzlich besser in Leipzig. Alles in Leipzig wurde plötzlich viel, viel besser. Das war, als ein Herr Gesner der Rektor der Schule wurde, Johann Matthias Gesner. Und *der* mochte Johann Sebastian sehr. Er mochte nicht nur ihn, sondern auch seine Musik. Und – eigentlich alles, was Johann Sebastian so machte und auch, *wie* er es machte. Plötzlich hatte Johann Sebastian wieder viel, viel mehr Spaß an seiner Arbeit. *Leider* – war dieser Rektor Gesner nur kurze vier Jahre Leiter der Thomasschule. Danach kam *wieder* einer, mit dem Johann Sebastian gar nicht zurechtkam. Spannend ist – und das ist wirklich ein ganz großer Zufall: Beide Rektoren vor Herrn Gesner und nach Herrn Gesner hießen gleich. Nämlich Ernesti. Aber beide waren nicht verwandt.“ „Gibt’s doch gar nicht“, sprudelte es aus Vitus heraus, „was für ein komischer Zufall. Johann Sebastian konnte beide nicht leiden und sie hießen auch noch beide gleich.“ „Auf jeden Fall machte es Johann Sebastian wieder weniger Spaß, immer weniger und immer, immer weniger. Und so tat er mehr und mehr, was er am liebsten tat: Er komponierte. Ganz berühmte Werke hat er komponiert, zum Beispiel diese Matthäus-Passion und die Johannes-Passion.“

„Und das Oster-Oratorium“, sage Vitus so nebenbei wie bierernst. Balthasar glaubte nicht, was er da gehört hatte. *Was* hatte Vitus da gesagt? Das *Oster-Oratorium*? Nicht, dass das nicht stimmte. Nein, gerade weil es *richtig* war, war Balthasar ganz durcheinander. *Wie* konnte Vitus das wissen? Er überlegte, ob er vorher schon etwas davon erzählt hatte. Ob er das *Oster-Oratorium* schon einmal erwähnt hatte. Aber nein, Balthasar war sich sicher: *Davon* hatte er noch nichts erzählt. „Vitus, wo um Himmels willen weißt du das her? Es ist *richtig*, aber davon habe ich noch nicht erzählt.“ Vitus freute sich mächtig, dass ihm diese Überraschung wirklich gelungen war. Er grinste von einem Barockengel-Bäckchen zum anderen: „Das willst du wohl jetzt wissen, woher ich *das* weiß!“ „Natürlich, Vitus, raus mit der Sprache.“ Der kleine Vitus hörte gar nicht mehr auf zu schmunzeln und er wusste nicht, ob er sich so sehr freute, weil er etwas so Wichtiges gewusst hatte. Oder ob er sich freute, weil er seinem allerbesten Freund Balthasar eigentlich überhaupt nicht verraten *wollte*, wie *er* so etwas wissen konnte. Mindestens *jetzt* noch nicht! „Balti-Lirium, Balti-Hasi, Balti-Mausi, das sage ich dir, wenn du mir die Geschichte von Johann Sebastian zu Ende erzählt hast. Einverstanden?“ „Nun war *Balthasar* etwas ungeduldig. Und auch ein ganz klein wenig beleidigt. Aber nicht wirklich richtig. Weil er also noch so lange weitererzählen sollte, bis er dieses außerordentliche Geheimnis erfahren würde. Schließlich schmunzelte er wieder. Er freute sich daran, dass auch Vitus einmal sehr viel mehr wusste als er selbst.

„Sind denn noch viele spannende Abenteuer in Johann Sebastians Leben passiert?“, fragte Vitus, der nun *selbst* ungeduldig wissen wollte, wie viel von dieser wunderbaren Geschichte noch übrig war. Und, wann *er* denn wohl sein *Johann-Sebastian-Bach-Geheimnis* erzählen konnte. „Zwei ganz besonders spannende Geschichten will ich dir aus der Leipziger Zeit von Johann Sebastian noch erzählen. Die eine Geschichte ist der *Präfekten-Streit*.“ „Nein, nicht schon wieder“, rief Vitus, „nicht *schon wieder* so ein schwieriges Wort. *Thomas-*

*kantor* hatten wir zuletzt. Davor war es *Perfektionist*. Und jetzt ist es ein Konfekten-Streit." „*Präfektenstreit*, Vitus, Prä - fek - ten. Aber, wenn du es nur einfach ein paar Mal sagst, und dann auch noch darüber schläfst, dann ist auch dieses Wort ganz einfach zu merken. Ein *Präfekt* war zu Johann Sebastians Zeit ein Schüler aus einem der Chöre – es waren ja so viele Chöre, wie es wichtige Kirchen in Leipzig gab und das waren fünf. Meist war der Präfekt der beste oder der älteste Sänger von allen. Und diese Schüler waren dann die Stellvertreter von Johann Sebastian in allen Kirchen." „Logisch, Balti, Johann Sebastian konnte ja immer nur in *einer* Kirche sein." „Richtig, Vitus.

Diese Präfekten auszusuchen, das war Johann Sebastians Aufgabe. Also, *eine* seiner vielen Aufgaben. Wenn du dir merkst, dass ein *Präfekt* ein Stellvertreter von Johann Sebastian war und meist einer der älteren Schüler, dann brauchst du dir nichts außerdem zu merken." Das schien auch für Vitus einfach. „Präfekt. Präfekt. Präfekt. Und der Streit hieß Präfekten-Streit", sagte er vor sich hin. „Und diese Präfekten haben miteinander gestritten. Haben sie sich gehauen?" „Nein, Vitus, das war ganz anders. Johann Sebastian wollte natürlich *den* Schüler als Präfekt, der die Aufgaben am besten meistern konnte. Aber Johann Sebastians *Vorgesetzter* wollte einen Präfekten, der *ihm* besser gefiel. Nur verstand *der* aber nichts von dieser Aufgabe. Und so kam alles durcheinander. Johann Sebastian schickte den Präfekten seines Chefs nach Hause. *Der* setzte ihn dann aber wieder ein." „Das ist ja wirklich ein Durcheinander. Da blickt ja keiner mehr durch!" „Richtig, und alles klappte dann plötzlich auch nicht mehr so, wie Johann Sebastian das so gerne wollte. Und wie es nötig war, um in den vielen Kirchen von Leipzig den Gottesdienst perfekt – und auch pünktlich – durchzuführen. Und was tat Johann Sebastian einmal wieder?“, fragte Balthasar. „Er beschwerte sich.“ „Richtig, Vitus, er beschwerte sich beim Rat der Stadt. Die Ratsherren aber gaben ihm *nicht* recht. Und so wurde das Durcheinander immer, immer größer.

Schließlich beschwerte sich Johann Sebastian in Dresden, beim König selbst. Er bat *ihn*, zu entscheiden und *der* entschied, dass Johann Sebastian wenigstens sein Gehalt bekam. Das hatte ihm der Rat der Stadt Leipzig wegen dieses Streites ebenfalls gekürzt. Überhaupt wäre Johann Sebastian am liebsten nach Dresden gezogen und hätte *dort* Musik gemacht“, „und Musik *gemacht*“, ergänzte Vitus schnell in die Lücke, die eigentlich nur zum Luft holen für Balthasar gedacht war. „Und so hat Johann Sebastian beim König in Dresden dann auch mehrmals um den Titel eines *Hofcompositeurs* gebeten. Nach einiger Zeit der Geduld war es schließlich so weit: Der König in Dresden machte Johann Sebastian zum Königlich Polnischen und Kurfürstlich Sächsischen Hofcompositeur. Und *darauf* war Johann Sebastian dann auch mächtig stolz!“ „*Das* wäre ich auch gewesen, wenn ich Königlich Polnischer und Kurfürstlich Sächsischer Hofbarockengel geworden wäre. *Das* kann ich dir aber garantieren, Balthasar!“, sagte Vitus vergnügt. „Und die Ratsherren in Leipzig mit ihren wichtigen Perücken haben sicher ganz schön dumm aus der Wäsche geschaut. Und aus ihren Perücken.“ „Nein, Vitus, Dresden war für den Leipziger Rat ganz, ganz, ganz weit weg gewesen. Dieser Titel für Johann Sebastian, sogar vom König selbst vergeben, beeindruckte den Leipziger Rat *überhaupt* nicht. Und so wurde es für Johann Sebastian auch *mit* dieser seltenen und beeindruckenden Auszeichnung einfach nicht leichter in Leipzig.“ „Was für ein Jammer“, sagte Vitus leicht bedrückt. „Nur weil dem Rat Musik nicht wichtig war. Das ist aber schade.“

„Vitus, was hältst du davon, wenn wir jetzt noch eine Kleinigkeit essen, du dann noch ein bisschen von der wunderschönsten Musik spielst, wir anschließend gemeinsam die Sterne zählen und du mir dann verrätst, warum du das mit dem Oster-Oratorium wusstest.“

„Nein, nein, nein. Nö, nix da! Auf gar keinen Fall“, freute sich Vitus und es sprudelte wieder einmal nur so aus ihm heraus. „Pustekuchen, Pustekuchen. Nix da. Gar nix da. Wenn *du* mit der Geschichte fertig bist, *dann* sage *ich*, woher ich es weiß. Nicht, wenn du mit der Geschichte *heute* aufhörst. Da wird nix draus, da wird nix draus.“ Vitus freute sich diebisch. Er rollte und wiegte sich auf seiner kleinen, weißen Barockengel-Wolke hin und her. Und er grinste und feixte abwechselnd. „Nö, nö, nö – da bist du ganz falsch gewickelt. Mein lieber, ach was sage ich, mein liebster Balta-Johannissimus“. Vitus schienen offensichtlich die selbst gebastelten Spitznamen langsam auszugehen. Aber so eine Gelegenheit, sich ungestraft einen neuen Spitznamen für seinen *allerbesten Freund für immer* auszudenken, durfte er nicht verstreichen lassen. „Aber *das* mit dem Abendessen, das ist eine gute Idee, das mit dem Musik machen auch. Und *dann* die Sterne zählen – das finde ich ebenfalls toll. Nur – mein Geheimnis: Das bleibt mein Geheimnis.“

Und so aßen sie zu Abend. Dann kam *der* Teil des Tages, den Balthasar so liebte, nämlich, wenn Vitus diese wunderschöne Musik *zauberte*. Also, er zauberte sie ja *nicht wirklich*, aber wenn Vitus spielte, dann hörte sich das alles irgendwie an, wie gezaubert. An diesem Abend zählten die beiden dann doch keine Sterne mehr. Denn Balthasar war vom Erzählen von der schlimmen Zeit von Johann Sebastian in Leipzig sehr, sehr müde geworden. Und nachdem Balthasar eingeschlafen war, sagte sich auch Vitus, dass von den Sternen sicherlich keiner wegfliegen würde. Und morgen würden sie sehr wahrscheinlich alle noch an ihrem Platz sein. Also genauer: morgen Abend. Denn tagsüber – waren sie ja *doch* alle weg.

# Kapitel 16

Vitus hatte einen seltsamen Traum. Er träumte von Johann Sebastians Musik. Aber jeder fünfte Ton hörte sich – irgendwie – falsch an. Er hörte genauer hin, aber da war wieder einer: wieder einer dieser falschen Töne. Und plötzlich hörte er auch ganz deutlich Worte. „Verflixt und zugenäht – das klappt einfach nicht." Er überlegte und überlegte. Dann wusste er es. Es war die Stimme von seinem allerbesten Freund Balthasar. Vitus machte die Augen auf. Da saß Balthasar direkt neben ihm. Auf *seiner* Wolke. Am Cembalo. Und versuchte, nach den Noten von Johann Sebastian zu spielen. Aber ganz offensichtlich wollte ihm das, so auf Anhieb, nicht richtig gelingen. „Vitus, gut, dass du aufgewacht bist. Ich drücke die richtigen Tasten. Aber es kommen immer wieder auch falsche Töne.", behauptete Balthasar, der ja nun *nicht* für Musik zuständig war. Sondern für das ganz besonders gute Erzählen von wunderschönen Geschichten. „Dann wirst du wohl auch nicht die *richtigen* Tasten gedrückt haben", meinte Vitus ruhig. „Aber Johann Sebastian selbst", begann Balthasar und drehte sich feierlich auf der kleinen Bank vor dem Cembalo um, „Johann Sebastian selbst hat gesagt, dass Klavierspielen eigentlich gar nicht so schwer ist: Man muss nur zur richtigen Zeit auf die richtige Taste drücken. Aber – es hört sich falsch an. Warum klappt das nicht bei mir?" Vitus räusperte sich, seine Meinung als Fachengel war jetzt gefragt. Er merkte plötzlich, wie *sein* Wissen von einem zum andern Moment wichtig wurde. „Wie erkläre ich's ihm?", das war seine Sorge im Moment. „Balthasar, das klappt nach einer Weile ganz bestimmt. Aber, auch ich hab's nicht gleich geschafft. Du weißt ja gar nicht, *wie* lange und immer wieder ich jedes Stück von Johann Sebastian geübt habe. Bis jeder Ton dann tönte, wie ich das auch wollte. Ich wette, du hast auch dein Erzählen geübt, als ich nicht dabei war." Balthasar nickte heftig und wurde nachdenklich. „Hab' ich", bestätigte er, „und du meinst, wenn ich das am Cembalo nur lange genug übe, dann werde ich auch so gut sein wie du?“ „Na,“, meinte Vitus, „vielleicht nicht ganz so gut wie *ich* – aber eben fast.“ Vitus war sehr stolz darauf, dass er ehrlich war und es Balthasar ganz vorsichtig gesagt hatte, dass *er* wohl immer besser bleiben würde, beim Musik machen. So wie eben Balthasar am besten von ihnen beiden Geschichten erzählen konnte. „*Du* hast also in meinem Traum am Cembalo gespielt“, prustete Vitus heraus. Aber er sagte nichts von den falschen Tönen. Er schmunzelte, als er bemerkte, dass sich, ohne dass er es gemerkt hatte, Traum und Wirklichkeit wieder einmal vermischt hatten.

„Und jetzt interessiert dich, wie ich vom Oster-Oratorium gewusst habe.“ „Klar doch, Vitus, raus damit.“ „Nix da, *wieder* bist du reingefallen. Erst die Geschichte. Und ab geht die Post.“ Vitus war ausgesprochen fröhlich und ausgesprochen zufrieden mit sich. Das hatte er gut gemacht, fand er. Wenn er auch wusste, dass *das* gerade schon ein wenig frech gewesen war.

„Also, Vitus, dann geht es weiter. Nun kommt

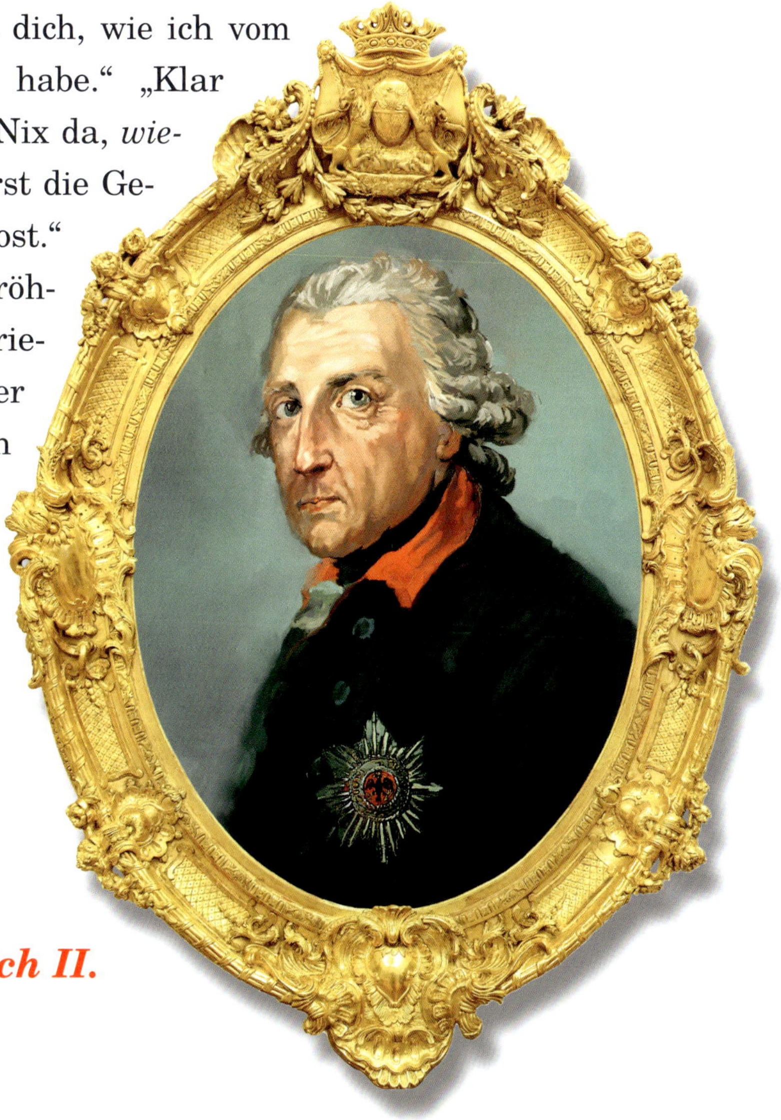

***Das ist König Friedrich II. von Preußen.***

die Geschichte von *noch einem* König. Und von *noch* einem Musiker, der ebenfalls Bach hieß. Und gleichzeitig von *dem* Tag, der wohl der tollste im Leben des Komponisten *Johann Sebastian Bach* war." „Da bin ich jetzt aber wirklich gespannt", meinte Vitus. „Noch ein König, also sind es dann drei? Und sicherlich geht es jetzt um den englischen König." „Nein, Vitus, du hast nun über den französischen König gehört, dann über den in Dresden. Und jetzt erzähle ich dir eine Geschichte von Johann Sebastian und einem der berühmtesten Könige jemals. *Das* war der bekannteste *preußische* König. Der residierte – das heißt, er wohnte und herrschte in Berlin und Potsdam:

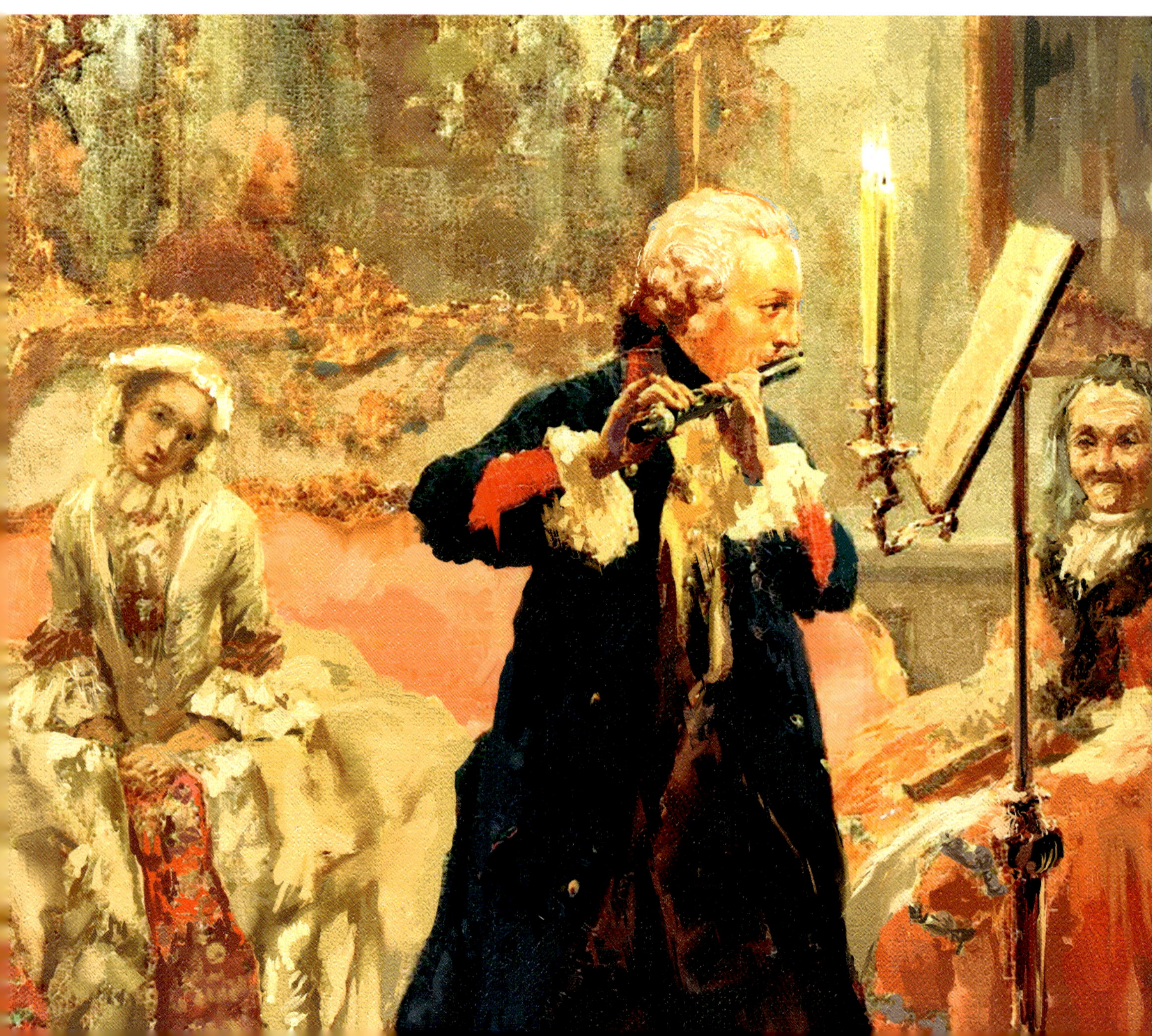

König Friedrich der Zweite von Preußen. Und in König Friedrichs Kapelle spielte nun ebenfalls ein berühmter Bach. Und das war?“ Balti machte eine seiner Pausen. Damit alles noch spannender wurde. „Na?“, sagte Balti und schaute Vitus fragend an, doch der zuckte nur mit den Schultern. „Das war Johann Sebastians Sohn Carl Philipp Emanuel.

Auf einem ganz, wirklich *ganz* berühmten Gemälde sieht man Johann Sebastians Sohn am Cembalo sitzen. Der König steht in der Mitte des Bildes. Er spielt vor einer kleinen Gesellschaft auf der Flöte.“ Vitus war beeindruckt: „Also gibt es zwei berühmte Musiker, die

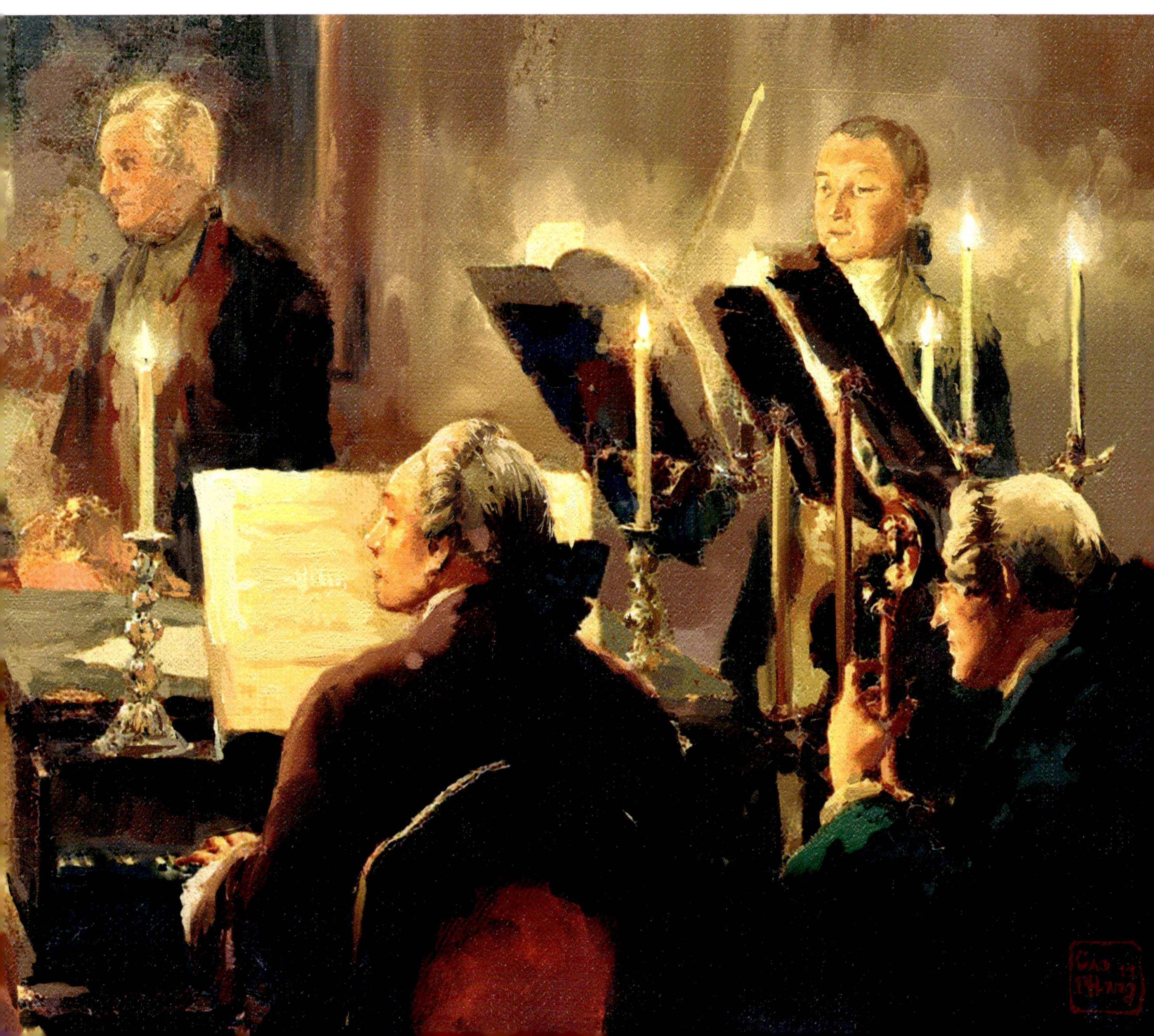

beide Bach heißen?“ Vitus war etwas durcheinander. „Die meisten Menschen kennen Johann Sebastian, also den Papa. Aber nicht seinen berühmten Sohn.“ Balthasar setzte sich wieder einmal ganz feierlich und aufrecht hin. Dann sagte er: „Es gab nicht nur *einen* berühmten Sohn von Johann Sebastian, sondern viel, viel mehr als einen.“ Das war wirklich sehr verwirrend für Vitus und er glaubte, dass er *das* auch mit einer *guten* Erklärung nicht sofort verstehen würde. Doch da hatte er nicht mit dem Ehrgeiz seines allerbesten Freundes für immer, Balthasar, gerechnet. Denn der wollte es *so* erklären, dass Vitus es auch ganz leicht verstand. „Also, Vitus, ich mache dir einen Vorschlag. *Darum* kümmern wir uns jetzt noch nicht. *Das* ist auch jetzt nicht wichtig. Und ich verspreche dir, *später* erkläre ich es dir. Und dann verstehst du es ganz genau. Aber nicht“, plötzlich war Balthasar schon wieder still, „nicht, wenn du mir nicht *vorher* dein Geheimnis um das Oster-Oratorium erklärt hast.“ Und Balthasar hatte dabei ein breites, wirklich ein sehr breites Schmunzeln auf dem Gesicht. Er war sich sicher: Wären da nicht seine Barockengelchen-Ohren gewesen, dieses Schmunzeln hätte einmal rund um seinen Lockenkopf gereicht. „Okay“, sagte Vitus, „Dann haben wir einen Deal.“ „Was ist *das* denn für ein Wort aus dem Mund eines kleinen Barockengels – *ein Deal*?“, entrüstete sich Balthasar. „Na, ein Geschäft eben, ein Pakt, eine Abmachung – so heißt das doch heute!“ „Also gut, Vitus, einen *Deal*. Den haben wir dann also sicherlich.“ „*Weiter*“, drängte Vitus, der nun gar nicht mehr richtig wusste, an welcher Stelle es gerade weitergehen sollte. War ihm nun die Geschichte von Johann Sebastian am wichtigsten? Wollte er lieber wissen, wie viele berühmte Söhne der berühmte Johann Sebastian nun hatte? Oder wollte er erzählen, wieso er vom *Oster-Oratorium* wusste? Da war er sich gerade ganz und gar nicht sicher – aber eigentlich war das auch nicht ganz so wichtig.

„Carl Philipp Emanuel Bach hatte an seinem Arbeitsplatz viel von seinem Papa erzählt. Und der König von Preußen hatte natürlich auch von anderen gehört, *wie* gut der Vater von Carl Philipp Emanuel auf vielen Instrumenten spielen konnte. Und so ließ König Friedrich Johann Sebastian Bach nach Potsdam rufen. Und wenn ein König einen ruft, dann lässt man sich eigentlich nicht so lange Zeit, um zu ihm zu eilen. Nicht einmal, wenn man so gut komponiert und musiziert wie Johann Sebastian Bach. Und so packte der Königlich Polnische und Kurfürstlich Sächsische Hofcompositeur Johann Sebastian Bach schnell ein paar Sachen zusammen und bestieg die Postkutsche von Leipzig nach Potsdam. Kaum war Johann Sebastian in Potsdam in einem kleinen Wirtshaus angekommen, da klopften auch bereits die Boten des Königs an die Türe seiner Unterkunft. Diese Boten hatten die Aufgabe, *alle* Besucher, die jeden Tag in Potsdam ankamen, dem König zu melden. Und diese Bediensteten am Hofe König Friedrichs sagten zu Johann Sebastian, der König und sein Orchester erwarteten ihn. Und zwar nicht *bald*, sondern *sofort*.

Johann Sebastian, der die beschwerliche und auch lange Reise gerade hinter sich hatte und natürlich auch ein wenig müde war, konnte sich nicht einmal mehr umziehen. Und er konnte sich auch nicht einmal ein wenig frisch machen. *Sofort* bestieg er also die bereitstehende Kutsche. Natürlich war es jetzt eine königliche Kutsche. Diese königliche Kutsche brachte ihn zu *seiner Majestät*. Zum König von Preußen, also zu Friedrich von Preußen, den man lustigerweise auch den *Alten Fritz* nannte." „Und der war einer der berühmtesten Könige der Welt", sagte Vitus, der am Anfang dieses Teils der Geschichte gut aufgepasst hatte. „Stimmt, Vitus. Als Johann Sebastian schließlich im Schloss in Potsdam ankam, rief Friedrich der Große: ‚D*er alte Bach ist da!*' Klar, der *junge* Bach *war* ja schon bei ihm. *Der* saß ja am Cembalo. Nun wollte der König von Johann Sebastian, dass der sich etwas Neues zu spielen ausdachte. Zu einem Thema, das er, der König, *sich selbst* überlegt hatte. Und *weil* der König kein richtiger Musiker war, mindestens keiner wie Johann Sebastian oder wie Carl Philipp Emanuel, schlug Johann Sebastian ihm vor, etwas Eigenes ganz kurzerhand zu erfinden und ihm vorzuspielen. Der König war begeistert. Er bat Johann Sebastian von einem Instrument zum anderen, um ihn auf jedem etwas spielen zu lassen. Eigentlich war es ja keine Bitte: Wenn *ein König* etwas wollte, war es *immer* ein Befehl. Aber auch Könige haben nicht immer nur Befehle gegeben, sondern hin und wieder um einen Dienst auch *gebeten*.

Und so spielte und spielte Johann Sebastian. Nicht nach Noten, sondern einfach so, wie es ihm gerade einfiel. Und das klang dann so perfekt, wie es nur ein *Johann Sebastian Bach* schaffte. Der König war sehr beeindruckt. Und Johann Sebastian entschloss sich, für diesen berühmten König ein ganz berühmtes Werk zu komponieren. Das wollte er sofort nach seiner Rückkehr nach Leipzig tun – und so tat er das auch. Es war das berühmte *Musicalische Opfer*. Er *widmete* dieses Werk sogar dem König, das heißt, er schrieb auf das Titelblatt, dass er es speziell für König Friedrich von Preußen komponiert hatte. Vor und *für* Friedrich den Großen zu musizieren, *das* war ganz sicherlich der Höhepunkt im Musikleben von Johann Sebastian. Ein wenig schade ist es allerdings, dass sich dieser große König niemals bei Johann Sebastian bedankt hat. Und dass der auch die Arbeit von Johann Sebastian nie bezahlte. Aber so war das eben mit den Berühmten der Welt“, schloss Balthasar das Kapitel mit dem *weiteren* König und dem zweiten Bach.

„Ach übrigens, Vitus, wie versprochen: Nicht nur Carl Philipp Emanuel war damals *noch* so berühmt wie sein Papa. Auch der *zweite* Sohn, der musizierte, und der *Dritte* und auch ein *Vierter* waren ebenfalls so berühmt wie ihr Vater.“ Vitus schlug die Hände über dem Kopf zusammen. „Das werde ich nie verstehen, warum kennen dann so viele Menschen Johann Sebastian, aber viel, viel weniger Menschen kennen einen der vier berühmten Söhne? Auch ich habe ja noch nie vorher von diesen Söhnen gehört!“ „Das, lieber Vitus, erkläre ich dir etwas später“, sagte Balthasar. „*Dann* weißt du auch das. Und du kannst dir das ganz sicher auch merken. *Denn* – du bist schlau.“ „Bin ich das?“, freute sich Vitus und schmunzelte. „Ja“, sagte Balthasar, „du wirst schon sehen.“

## *Kapitel 17*

„Johann Sebastian musizierte und komponierte noch viele, viele Jahre in Leipzig“, fuhr Balthasar wieder fort. „*Irgendwie* – vertrug er sich schon mit dem Rat in Leipzig und mit den Rektoren der Thomasschule. Aber miteinander Spaß – den hatten sie ganz sicherlich keinen. Inzwischen hatte Anna Magdalena dreizehn Kinder geboren, aber von denen überlebten traurigerweise nur die Hälfte. Die anderen starben schon bei der Geburt oder als sie noch sehr, sehr klein waren. Und so war das Leben für Johann Sebastian und seine zweite Frau Anna Magdalena auch ein ständiger Wechsel zwischen Vorfreude auf ein nächstes Kind, manchem Glück über die Geburt

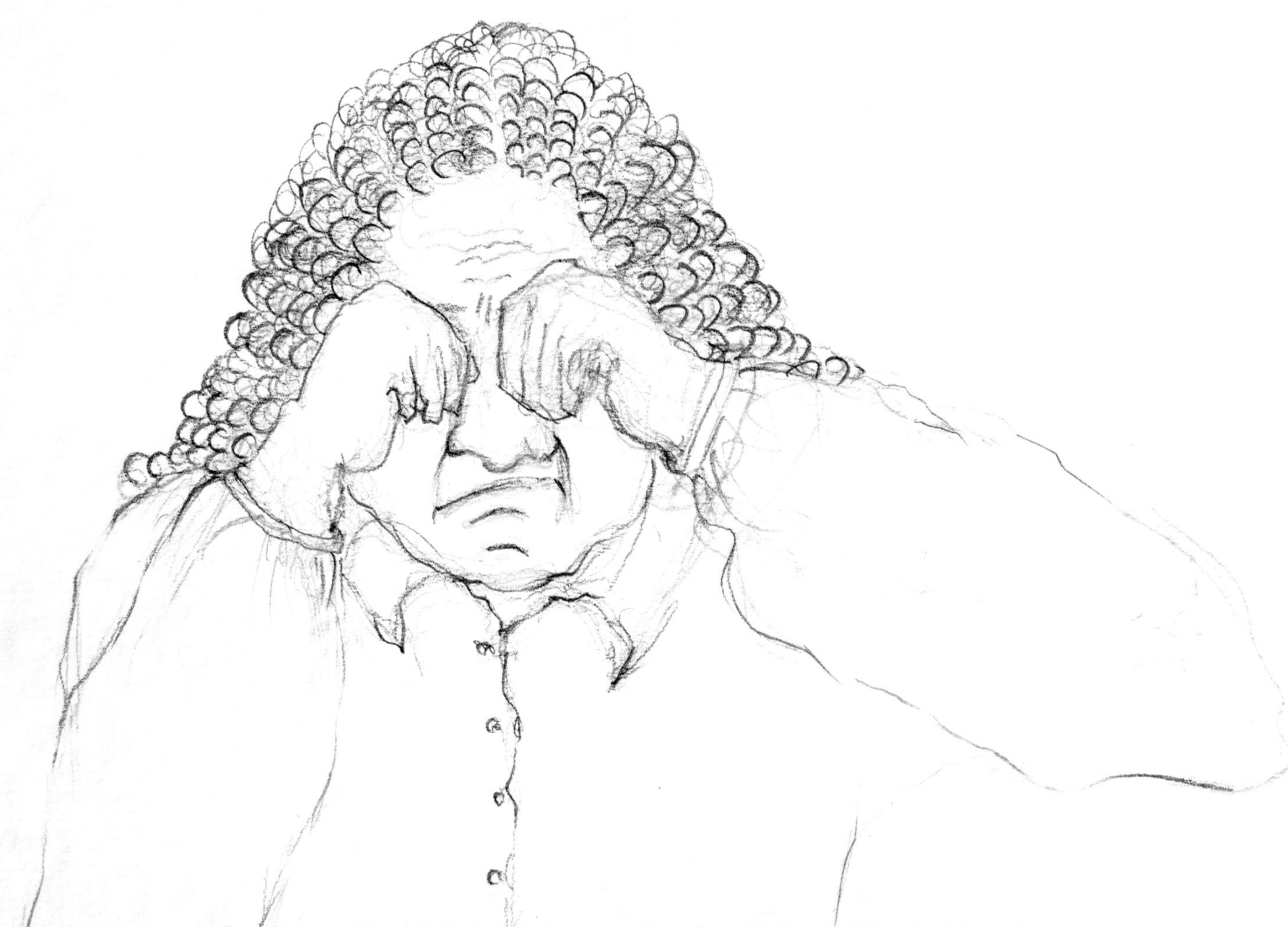

und ganz tiefem Leid, wenn wieder einmal ein Kind gestorben war. Eines allerdings war es in der Wohnung von Johann Sebastian und seiner Familie, gleich neben der Thomaskirche, immer: Es war lebhaft. Und turbulent und lustig auch. Es war ein ständiges Durcheinander von Singen, Kindergeschrei, Üben und dem Klang der verschiedensten Musikinstrumente. *Ruhig,* war es in der Wohnung der Bachs praktisch nie. Doch – vielleicht – doch. Nämlich 1750!

1750 verlor Johann Sebastian nämlich sein Augenlicht. Er konnte nicht mehr sehen. Er war blind. Sein ganzes Leben schon war er ein wenig sorglos mit seiner Gesundheit umgegangen.“ „Er hat ja auch bei Mondlicht Noten abgeschrieben. In Ohrdruf.“ sagte Vitus ganz, ganz leise. „Ja, Vitus, und jetzt war Johann Sebastian immerhin schon 65. 1750 war das ein stolzes Alter. Auf jeden Fall war er sehr, sehr krank geworden. Genau zu dieser Zeit war ein berühmter Augenarzt aus London auf einer Reise durch Europa in Leipzig. Dieser Engländer operierte den alten Johann Sebastian. Beim ersten Mal war die Operation allerdings nicht erfolgreich. So operierte er ihn noch ein zweites Mal. Damals klappten *alle* Operationen noch lange nicht so gut wie heute. Und auch die Zeit *nach* einer Operation war ganz, ganz anders, als sie es heute ist.

Und so wurde Johann Sebastian nicht nur immer schwächer, weil er ohnehin krank war, sondern auch deshalb, weil ihn die Behandlung nach der Operation ganz besonders schwächte. *Dann* – etwa ein halbes Jahr später – passierte plötzlich ein richtiges Wunder: Johann Sebastian *konnte* plötzlich wieder sehen. Für einen Moment schien alles wieder gut zu werden. Doch schon am selben Tag wurde er mit einem Schlag *so* krank, dass er bereits zehn Tage danach dann *doch* gestorben ist. Die Leipziger Bevölkerung trauerte sehr um ihren Thomaskantor. Aber dem Rat der Stadt kam *das* wohl ganz gelegen. Der Rat *hatte* sich nämlich bereits nach einem Nachfolger umgesehen. Und das, als es noch gar nicht sicher war, ob Johann Sebastian vielleicht *doch* wieder gesund geworden wäre. Aber der Rat mochte den jetzigen Thomaskantor eben nicht. Überhaupt gar nicht. Johann Sebastian war ja auch kein einfacher Mensch. Und er war auch kein einfacher Musiker. *Er* war ein Perfektionist.“ „Du weißt, dass *ich* weiß, was ein Perfektionist ist – das wolltest du wissen, Balti, richtig? Jemand, der alles ganz, ganz wirklich gut machen will. Besser als alle anderen.“ „Richtig, Vitus. Und weil sich Johann Sebastian mit dem Rat der Stadt Leipzig nie richtig verstanden hatte – bekam er nicht einmal ein besonderes Begräbnis. Und für einen Grabstein hat der Rat kein Geld ausgegeben. Nach 27 Jahren Dienst für die Kirchen in der Stadt. Man begrub ihn einfach an einer Mauer der Johanniskirche.“

„Was, da gab es nicht einmal eine schöne Beerdigung und einen Grabstein? Nicht einmal *das*, obwohl er *der* Thomaskantor war und

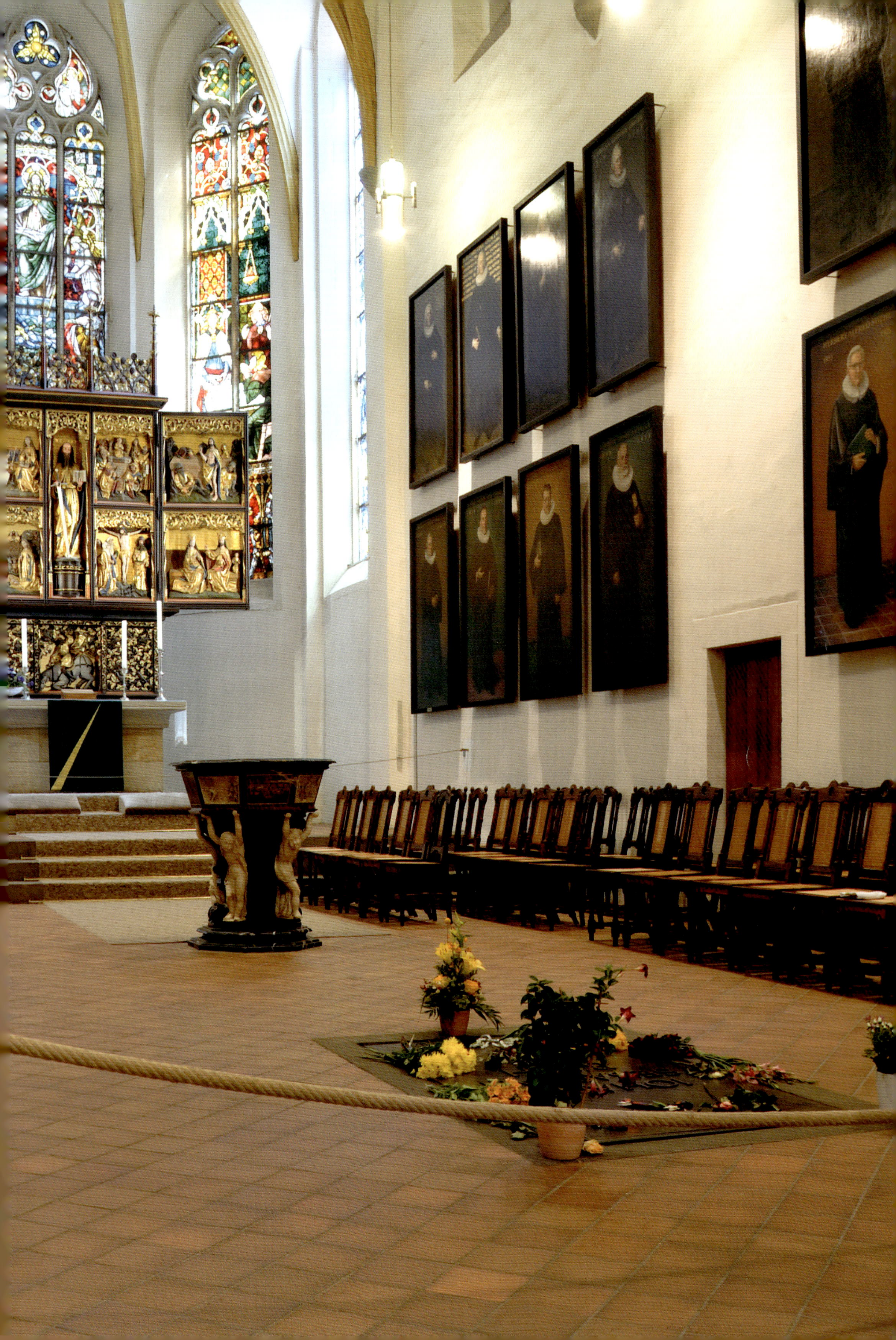

man später feststellte, dass er sogar der berühmteste *Musiker* der Welt werden würde." „So berühmt wie seine vier Söhne", sagte da Vitus. „Nein, Vitus, Johann Sebastian ist nicht nur viel, sondern superviel berühmter als seine vier Söhne. Und er ist es noch heute. Seine vier Söhne sind *nicht mehr* so berühmt. Aber davon – erzähle ich dir ja jetzt gleich! Versprochen! Johann Sebastians Frau Anna Magdalena hatte auch nicht genügend Geld für eine *schöne* Beerdigung. Und es war auch niemand von der feinen Gesellschaft in Leipzig zu Johann Sebastians Begräbnis gekommen.

Viel, viel später hat man ihn schließlich in ein anderes Grab gelegt." „Warum *das* denn nun?", fragte Vitus sichtlich erstaunt. „Man hat ihn wieder ausgegraben, weil man den Platz neben der Friedhofsmauer brauchte: Für ein Fundament, um die Johanniskirche zu vergrößern." antwortete Balthasar. „Bei der nächsten Beerdigung waren dann schon viel mehr Menschen dabei, als beim ersten Mal. Und es war auch feierlicher." „Und *wann* kam er dann dorthin, wo er heute ist? Überhaupt: *Wo* ist denn eigentlich Johann Sebastian heute?" „Heute, mein lieber Vitus", sagte Balthasar feierlich zu seinem allerbesten Freund, „heute hat Johann Sebastian einen *richtigen* Ehrenplatz. Er ruht in *der* Kirche, in der er 27 Jahre in Leipzig der Thomaskantor gewesen ist. Ach, da fällt mir ein, Johann Sebastian Bach war natürlich auch der *berühmteste* Thomaskantor. Jemals! Seit *er* dieses Amt leitete, heißt jeder Thomaskantor danach, also *der Erste, der Zweite, der Dritte* und so weiter." „Dann gibt es irgendwann *den 100. Thomaskantor nach Johann Sebastian Bach?*", meinte Vitus, „Das ist ja 'mal eine Ehre." Vitus saß mit offenem Mund da und wiederholte, „das ist 'mal eine Ehre!

***Johann Sebastians Grab in der Thomaskirche.***

War denn Johann Sebastian reich, als er gestorben ist?", fragte Vitus ein klein wenig betroffen. „Nein, Vitus, das war er nicht. Du kannst dich doch an den Brief an Johann Sebastians Schulfreund erinnern, den er in den ersten Jahren in Leipzig schrieb?" „Ja, Balti, an Georg Erdmann, richtig?" „Richtig. Da klagte er doch über die hohen Preise. Und so kam es, dass er nicht viel Geld sparen konnte. Anna Magdalena musste nach Johann Sebastians Tod sogar den Rat der Stadt Leipzig um Geld bitten, aber sie bekam kaum etwas. Zehn Jahre lang lebte sie noch, nachdem Johann Sebastian gestorben war. Und sie hatte in dieser Zeit sehr wenig Geld. Sie musste viele, viele Werke von ihrem Johann Sebastian verkaufen." Balthasar machte eine kleine Pause.

„So, und jetzt, mein lieber allerbester Freund von allen, lieber Vitus, erzähle ich dir noch ganz, ganz schnell von den vier berühmten Söhnen von Johann Sebastian. Einen kennst du ja schon!" „Klar, den Carl Philipp Emanuel. Der, der für König Friedrich den Großen gespielt hat." „Ja. Und weil der das auch in Berlin tat, war Carl Philipp Emanuel der *Berliner* Bach. Weil Carl Philipp Emanuel aber später nach Hamburg zog, war er gleichzeitig auch der *Hamburger* Bach. Carl Philipp Emanuel ist also heute noch der Berliner Bach *und* der Hamburger Bach.

Der älteste Sohn von Johann Sebastian war Wilhelm Friedemann. Auch er wurde ein berühmter Musiker. Johann Christoph Friedrich war dann der erste berühmte Sohn, den Johann Sebastian mit Anna Magdalena hatte und schließlich war da noch Johann Christian Bach. Der hat zuerst in Italien, und zwar in Mailand, musiziert. Deswegen hieß er später der *Mailänder* Bach. Von Mailand zog er nach London und war deswegen *gleichzeitig* auch der *Londoner* Bach!" „Das", und Vitus stöhnte wirklich laut und hörbar auf, „das, lieber Balthasar, ist wirklich kompliziert. Eigentlich – *viel* zu

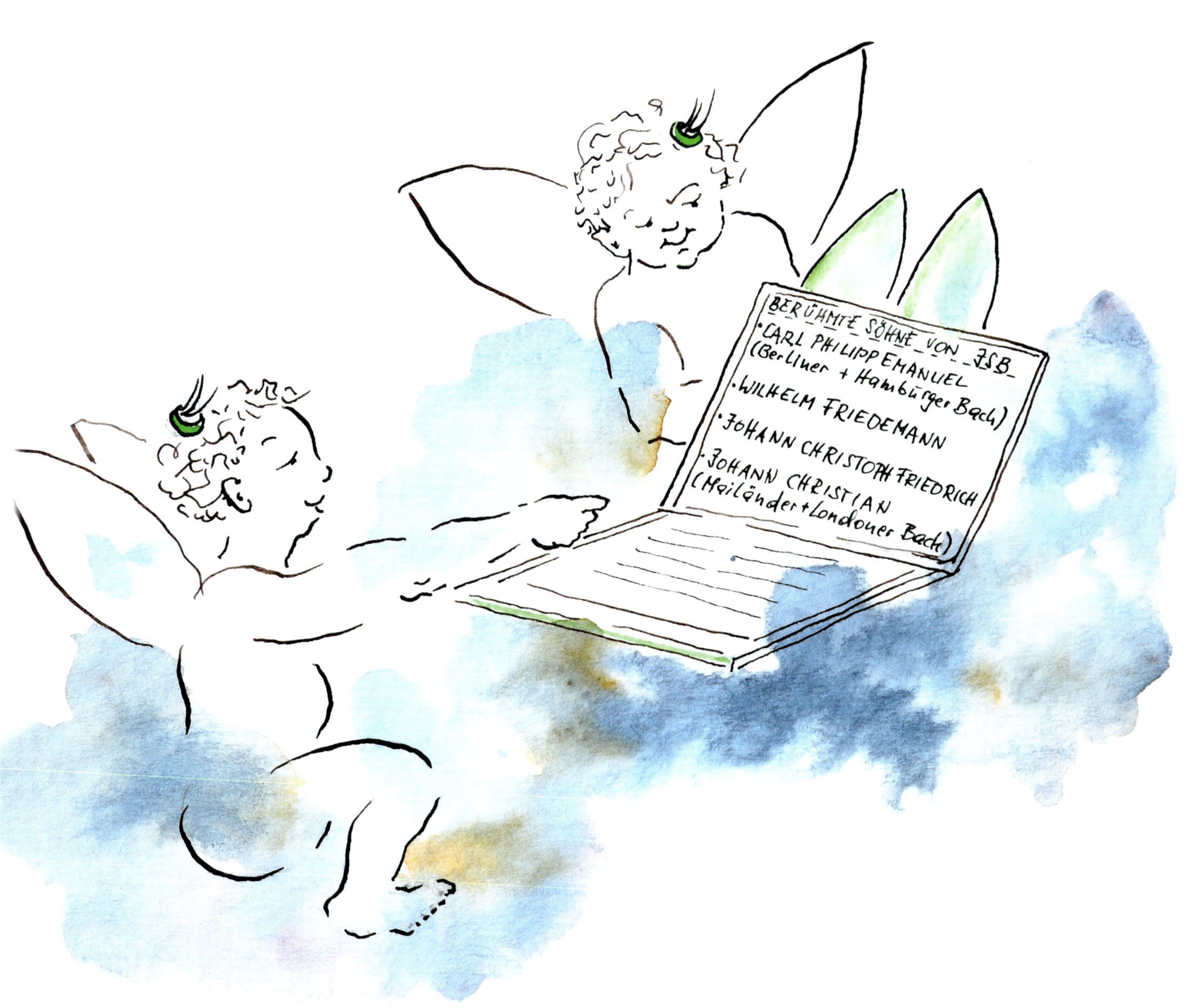


kompliziert, um sich davon auch nur *einen* Namen zu merken. Ich glaube, *das* schaffe ich nicht.“ Vitus schaute traurig daher. „Das brauchst du auch nicht, Vitus“, sagte Balthasar milde und Vitus strahlte wieder. „Das mit *dieser* Musikerfamilie ist *alles* sehr, sehr kompliziert. Nicht einmal die Besten der Besten können sich das alles richtig merken.“ Balthasar lächelte weiter. „*Da* bin ich aber froh“, meinte Vitus. „Jetzt“, sagte er plötzlich. „Jetzt was?“, fragte Balthasar. „Erzähl du mir, warum diese vier Söhne von Johann Sebastian *damals* berühmt waren, aber *heute* eben nicht mehr.“

„Gut, Vitus, versprochen ist versprochen. Als Johann Sebastian im Sommer des Jahres 1750 gestorben war, fand man schon kurz danach seine Musik ein wenig altmodisch. Aber die Musik seiner Söhne, *die* war zu dieser Zeit angesagt, *diese* Musik war damals modern. Und Johann Sebastians Söhne reisten auch durch Europa und hörten dort andere, damals moderne Musik. Die wundervollen Werke von Johann Sebastian dagegen wollte in dieser Zeit nach seinem Tod beinahe niemand mehr hören. Und so kam es, dass schon bald nur noch sehr wenige Musiker Johann Sebastians Musik spielen wollten. Die *besten* dieser Künstler allerdings wussten *immer*, *wie gut* der Komponist Johann Sebastian Bach gewesen war. Und wenn man in dieser Zeit, als der Meister schon gestorben war, aber seine Söhne noch lebten, gefragt hat, wer denn nun berühmter gewesen war – dann war die Antwort: Alle vier Bach-Söhne sind berühmter als Johann Sebastian. So ging das ganze achtzig Jahre lang. Achtzig Jahre: Das ist *so* lang, dass viele, viele Großväter nicht einmal Achtzig Jahre alt *sind*." „Das *ist* lang! Das ist sogar *superlang*.", warf Vitus ein.

„Aber *dann* passierte schließlich etwas *ganz, ganz* Spannendes und *das* ist der Grund, warum Johann Sebastian heute wieder berühmter, ach was, viel berühmter ist, als seine vier Söhne. Natürlich fand man auch die Musik der Söhne irgendwann nicht mehr so spannend wie *die* Musik, die danach modern war. Und da passierte es: *Ein* Musiker, ebenfalls ein ganz toller Komponist – es war dieser Felix Mendelssohn Bartholdy, ich habe dir ja ganz am Anfang die Geschichte von ihm erzählt – der liebte die Musik von Johann Sebastian so sehr, wie sonst keine andere überhaupt. Und er wollte unbedingt eines der schönsten Werke von Johann Sebastian wieder vor einem richtig großen Publikum aufführen. Er entschied sich für die Matthäus-Passion." „Die Johann Sebastian in Leipzig *tongedichtet*

***Das erste Bach-Denkmal in Leipzig, von Felix bezahlt.***

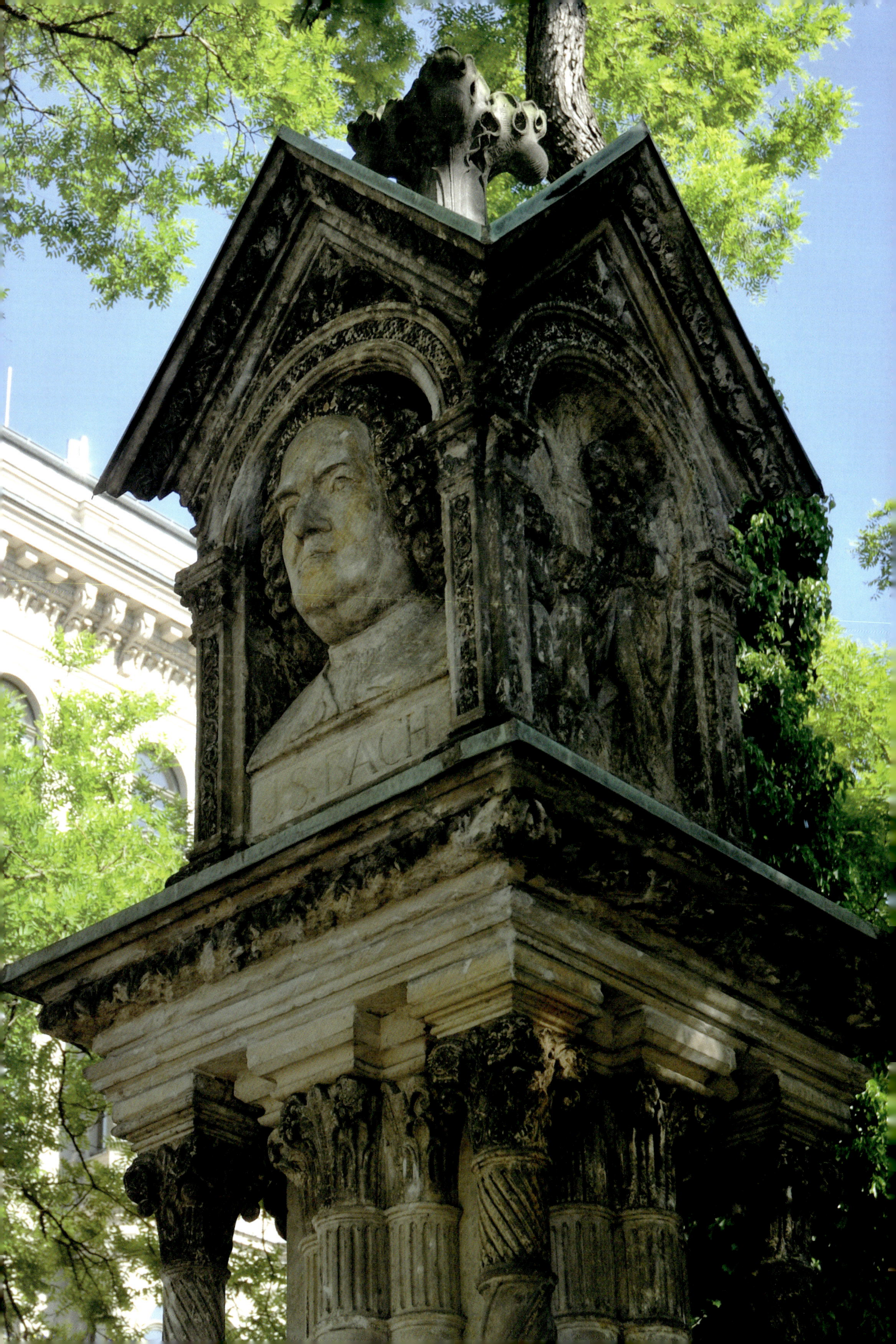
J. S. BACH

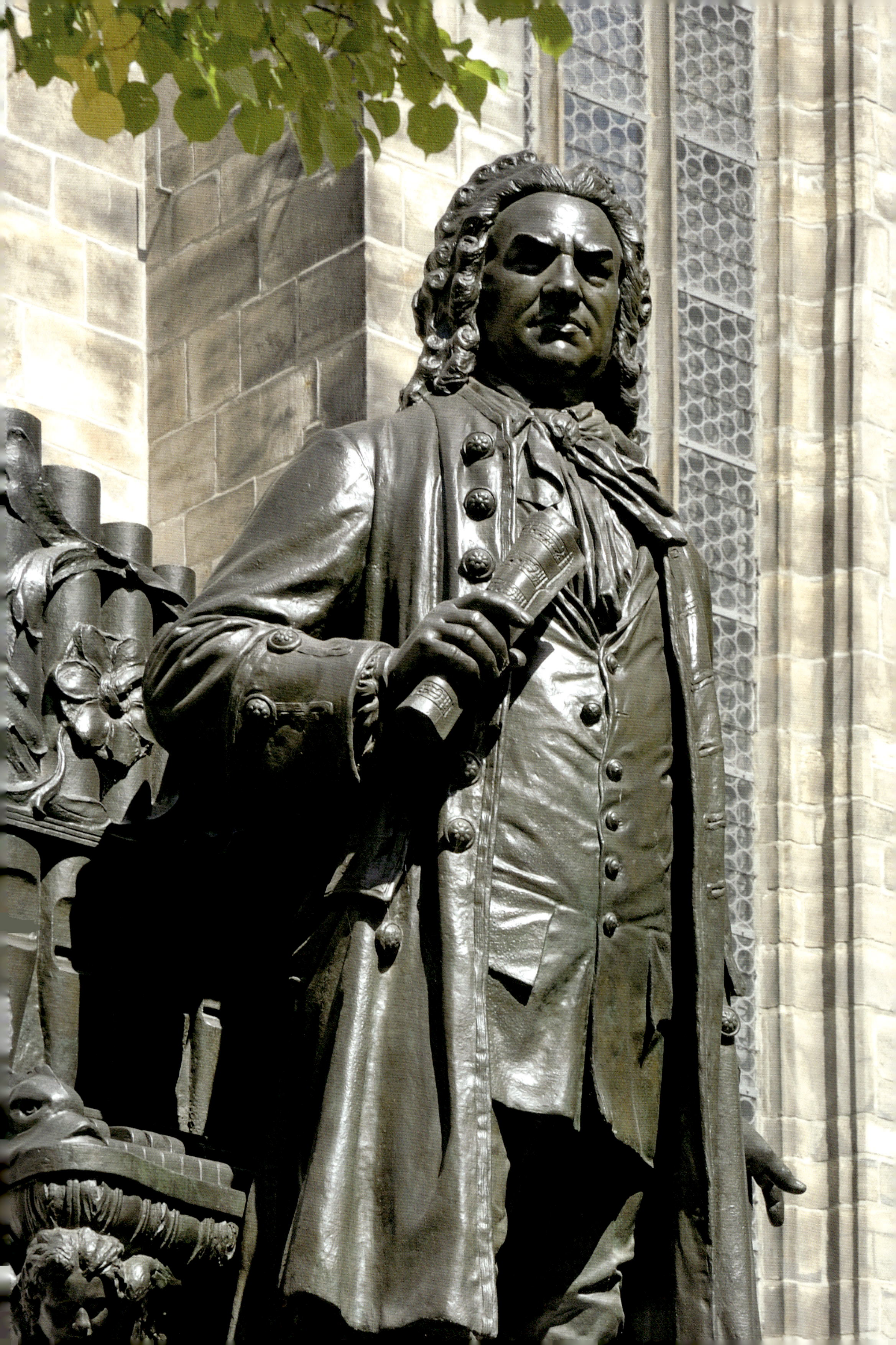

hat“, sagte Vitus stolz. „Ja, Vitus. Dieser Felix Mendelssohn Bartholdy hat sie gekürzt und dann aufgeführt. Das Publikum – war begeistert.

In dieser Vorstellung hörten die Menschen zum ersten Mal wieder, *wie* toll Johann Sebastians Musik *wirklich* war. Zuerst in Berlin, dann in Frankfurt und schließlich sogar in *ganz* Deutschland. Überall begeisterte man sich immer mehr und immer mehr an Johann Sebastians Musik. So kam es, dass er immer berühmter und immer berühmter wurde. Als er in Deutschland *so* bekannt war, wie *mehr* schon fast nicht ging, da wurde er wenige Jahre später auch in England, in Holland, in Frankreich und in vielen weiteren Ländern in Europa berühmt. Und schließlich haben auch immer mehr Menschen in Amerika seine Musik angehört. Sie waren begeistert.

Immer mehr Musiker gründeten auf der ganzen Welt einen Bach-Chor oder ein Bach-Orchester. Oder einen Bach-Verein. Heute gibt es solche Menschen, die Johann Sebastians Musik besonders mögen, immer, immer mehr auf der Erde. Viele berühmte Musiker und auch andere wichtige Menschen haben tolle Sachen über Johann Sebastian gesagt. So was nennt man ein Zitat.“ „Aha“, sagte Vitus und Balthasar erzählte weiter: „Inzwischen ist Johann Sebastian *so* berühmt, dass er über 150 Mal auf Briefmarken zu sehen ist.“ Vitus überlegte und meinte „das – ist aber weniger, als es Sterne gibt.“ „Ja, Vitus, von fast nichts gibt es mehr als es Sterne gibt. Weil du von Sternen sprichst: Ein paar Sterne haben inzwischen sogar den Namen Johann Sebastian Bach. Um ihn zu ehren.“ „Nein, Balti, du Gauner. Jetzt willst Du mich noch mal auf den Arm nehmen.“ „Vitus, das würde ich doch *niemals* machen“, feixte Balthasar und lachte. „Im Ernst, es stimmt: gleich mehrere Sterne

***Das allerberühmteste Bach-Denkmal ist in Leipzig.***

sind nach Johann Sebastian Bach benannt. Ach und übrigens: Johann Sebastian wird immer noch *immer berühmter und berühmter*." „Wie soll *das* denn gehen? Irgendwann ist doch Schluss. Oder nicht?" Vitus war etwas unsicher. „Es geht: Inzwischen wird Johann Sebastian auch in Japan und in China immer berühmter. Immer mehr Chinesen und immer mehr Japaner haben inzwischen Freude an klassischer Musik."

„*Klassische* Musik, was ist denn *das* nun? Wie nur kann ein soooo kompliziertes Wort jetzt noch ganz am Ende deiner Geschichte auftauchen? Das kann doch gar nicht sein. Also Balti, nun aber hoppla-hopp: Zuerst, was ist klassische Musik? Dann, wie viele Chinesen mögen denn Johann Sebastian?" „Gut, Vitus, gerne hoppla-hopp: Klassische Musik ist *die* Art von Musik, die Johann Sebastian gemacht hat. Und viele andere Musiker, die das auch noch bis heute tun. Das, was du im Fernsehen meist siehst, das ist moderne Musik. Und klassische Musik ist *alle* Musik, die nun eben nicht moderne Musik ist. Musik, die man aber eben *immer* gerne hört. *Wenn* man sie mag." Kann man sie denn *nicht* mögen?" fragte Vitus erstaunt. Aber Balthasar überhörte diese Frage absichtlich. „Und die Chinesen? Sind das wirklich *soooo* viele Menschen? Mehr noch als Amerikaner?" fragte Vitus und Balthasar nickte. „Mehr auch, als in Europa leben?" setzte Vitus nach und Balthasar nickte wieder. „Etwa auch mehr als in Europa leben und in Amerika – *zusammen*?" Ein letztes Mal setzte Balthasar sich zurecht, zupfte links und rechts die kleine, weiße Barockengel-Wolke zurecht und sagte feierlich „es sind nicht nur mehr Menschen als in Europa und in Amerika zusammen: Es sind sogar viel, viel mehr Menschen als das. Noch sind es nicht wirklich viele Chinesen, die Musik von Johann Sebastian lieben, aber – es werden immer mehr. Und wenn immer mehr Menschen auf der ganzen Erde die wundervolle Musik von ihm hören, dann ist er ganz, ganz sicher der aller berühmteste Musiker der Erde – und das für *alle* Menschen, die dann leben."

Hätte Balthasar vorgelesen, dann hätte er jetzt sicherlich ganz feierlich die letzte Seite umgedreht und dann den hinteren Deckel seines Buches zugeschlagen. Aber – Balthasar hatte die Geschichte von Johann Sebastian ja erzählt und eben *nicht* vorgelesen. „Und nun bist du mir noch eine Antwort schuldig, lieber *allerbester Freund für immer*, lieber Vitus."

Vitus überlegte, es fiel ihm ein und er strahlte über das ganze Gesicht. „Das Oster-Oratorium", sagte Vitus. „Ja, das Oster-Oratorium. Wie hast du davon gewusst?" „Balti, du hast geträumt. In der Nacht. Du hast von Johann Sebastian geträumt und da hast du im Schlaf gesprochen. Du hast berichtet über Johann Sebastians Kompositionen. Und da hast du es gesagt. Und ich habe es mir gemerkt. Und *du* hast es nicht rausgekriegt. Also habe ich gewonnen." Balthasar konnte sich zwar nicht erinnern, dass sie ein Spiel spielten, in dem man gewinnen oder verlieren konnte. Aber er fand es so toll, dass sich Vitus so vieles aus dem Leben des berühmten Musikers Johann Sebastian Bach gemerkt hatte, dass er nur anerkennend sagte: „Ja, Vitus, das ist richtig: *Du* hast gewonnen."

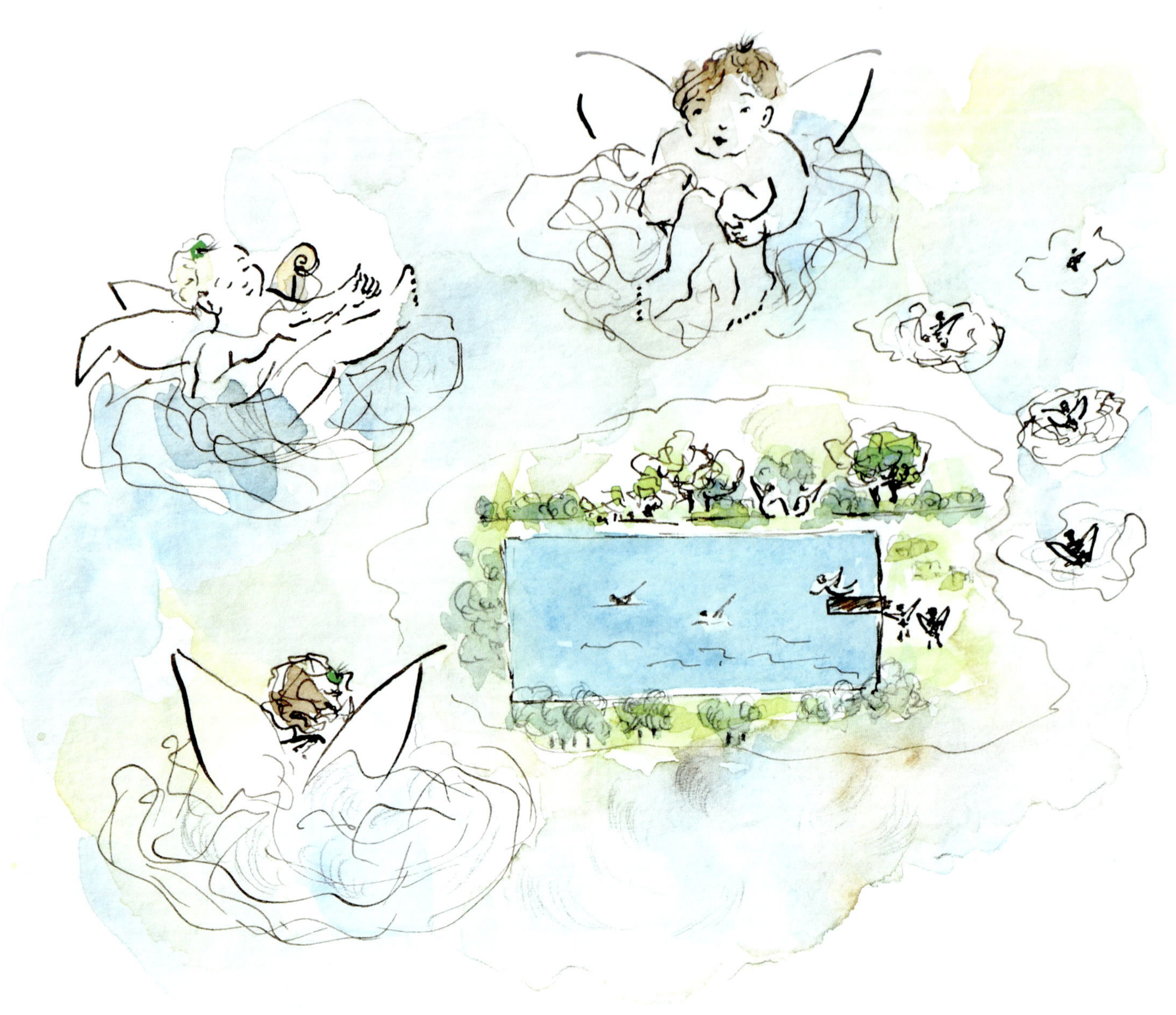

Beide kleinen Barockengel freuten sich, dass Vitus jetzt die ganze Geschichte vom Komponisten Johann Sebastian Bach kannte und dass Balthasar so viele schöne Musikwerke von diesem tollen Musiker gehört hatte. Es war ein warmer Tag geworden, eigentlich war es sogar ein heißer Tag. Und so freuten sich die beiden kleinen Barockengel, denn für heute war ein Besuch im Freibad geplant. Natürlich in einem richtigen Barockengelchen-Freibad. „Mit Schnörkeln überall", sagte Vitus und beide lachten herzlich und freuten sich auf den Ausflug.

***Ende***

# Epilog

Vitus und Balthasar hatten einen traumhaften Tag im Barockengelchen-Freibad zusammen mit ihren vielen, vielen Freunden verbracht. Sie hatten inzwischen auch zu Abend gegessen und Vitus hatte da zwei ganz wichtige Fragen.

„Balthasar“, begann er. „Nun musst du mir noch verraten, was denn ein Epilog ist und warum denn in manchen Büchern noch etwas steht, wenn sie eigentlich schon zu Ende sind.“ „Das mache ich gerne, Vitus“, entgegnete Balthasar. „Ein Epilog ist ein Wort, das Erwachsene verwenden. Man kann es auch ein Nachwort nennen. Und was es ist? Nun, wenn die eigentliche Geschichte in einem Buch schon fertig ist, dann gibt es manchmal noch etwas, das der, der es geschrieben hat, erzählen möchte. Und das kommt dann dort in diese allerletzten Zeilen auf die allerletzte Seite. Das – ist dann ein Epilog. Also: noch ‘was hinten dran.“

„Na, da bin ich aber froh“, sagte Vitus, „dass hier ein Epilog ist, denn ich habe da ja noch eine ganz, wirklich ganz wichtige Frage. Also, noch eine Frage: In einer der Geschichten hast du erzählt, dass in der Geschichte über Johann Sebastian Bach eine Seite gefehlt hat. Aber: Es ist doch eine Geschichte. Und eben kein Buch. Wie kann denn dann eine Seite fehlen?“

Balthasar schmunzelte: „In der Geschichtenschule lernen wir Barockengelchen natürlich viele Geschichten. Wir lernen sie, indem wir gut, eigentlich sehr gut zuhören. Aber danach haben wir ja auch noch unsere Hausaufgaben. Und weil man sich keine so langen Geschichten wirklich richtig gut merken kann, ohne sie oft, ja wirklich sehr oft zu üben, müssen wir alle hin und wieder auch einmal nachschauen. Nachschauen, wie es an der einen oder an der anderen Stelle weiter geht. Und das – tun wir natürlich in unseren Büchern. Den Büchern mit den Geschichten. Und jetzt, lieber Vitus, weißt du auch, warum ich auf dem Titel von diesem Buch eben – ein Buch – auf

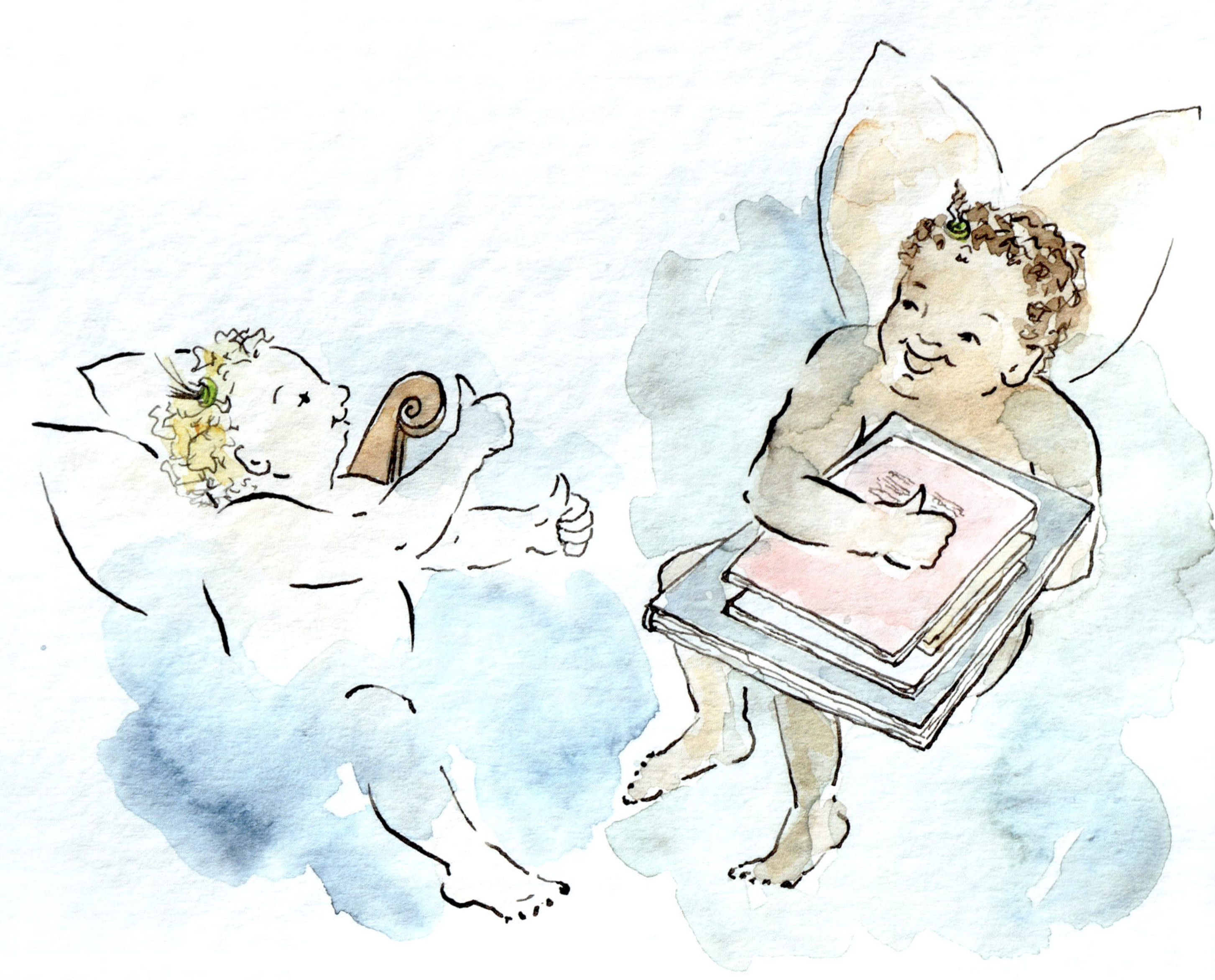

meiner kleinen, weißen Barockengel-Wolke halte. Ja, und auf dieser Seite ist dieses Bild auch noch einmal." Jetzt freuten sich beide, weil Balthasar schließlich wirklich *jede* Frage, die Vitus eingefallen war, beantwortet hatte.

***Ende. Dieses Mal wirklich.***

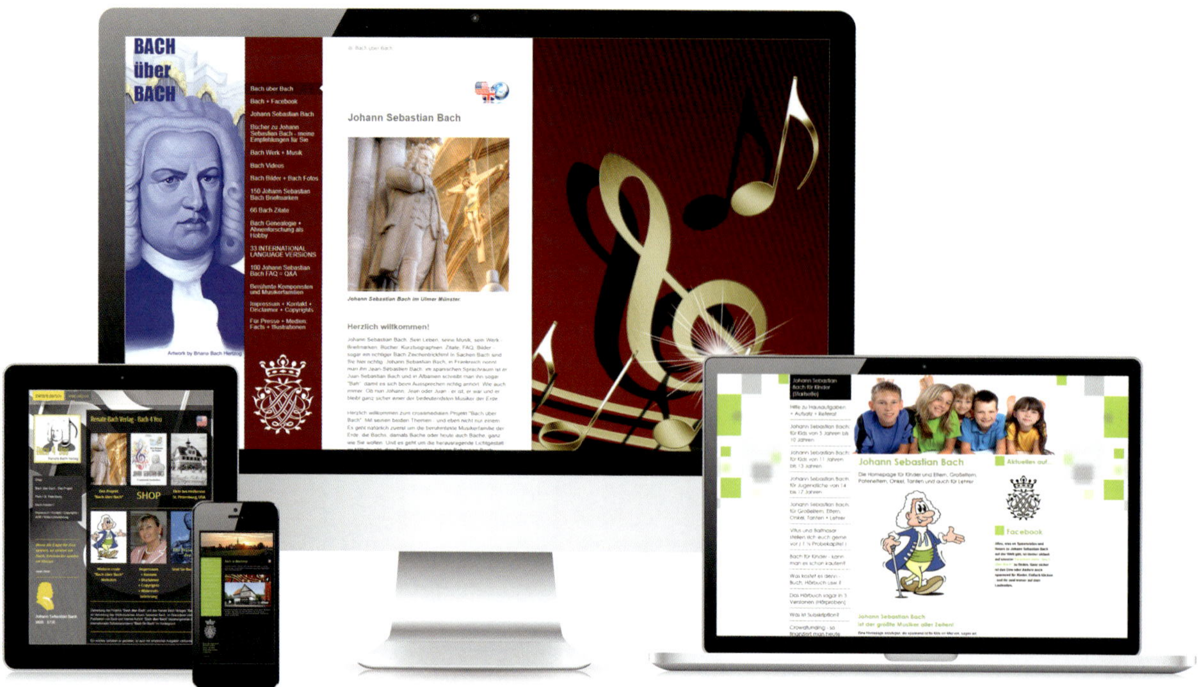


## *Das internationale Bach-Projekt: Homepages, Videos, Bücher, Musik, Kalender, Bilder, Antiquitäten – Spaß!*

www.BachUeberBach.de
www.BachOnBach.com
www.Johann-Sebastian-Bach-fuer-Kinder.de
www.Johann-Sebastian-Bach-for-Children.com
www.Bach-in-Wechmar.de
www.Bach4You.de
www.Bach4You.com

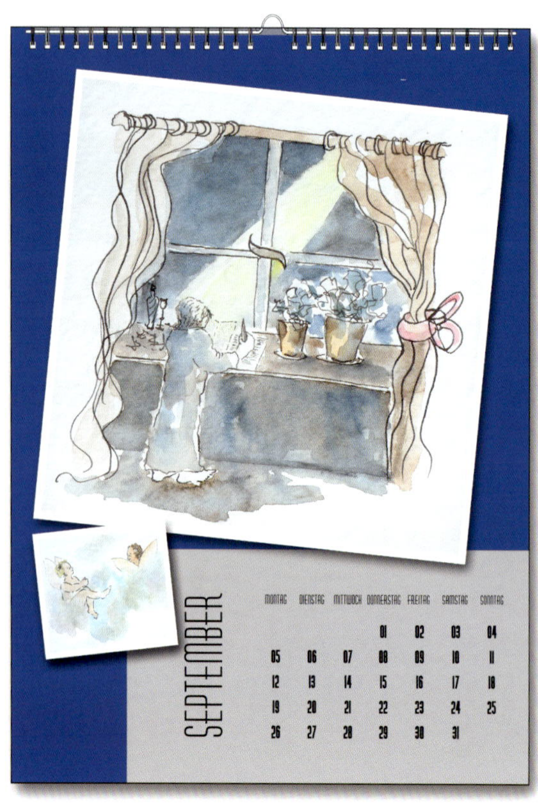


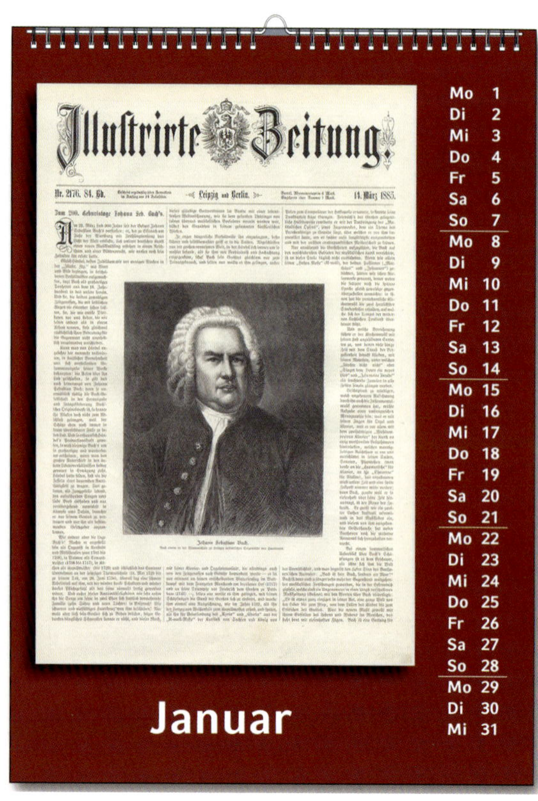

## *Geschenke über Geschenke!*

Hier ist eine kleine Auswahl an spannenden Präsenten zum Thema unseres internationalen Bach-Projektes: Kalender, auch von Mai bis Mai und von Oktober bis Oktober usw., Bilder, Zinnfiguren, Puzzles, weitere Bücher, Hörbücher, eine Audiocollage mit den schönsten Zitaten, gemischt mit Bachs Musik, bis hin zu einem Buch mit den schönsten Briefmarken zum Thema Bach. Das alles gibt es auf dem Portal „Bach 4 You“, dort kann man manche Geschenkidee entdecken. Einfach ‘mal „dorthin klicken“ – ... und ein wenig stöbern.

***www.Bach4You.de***

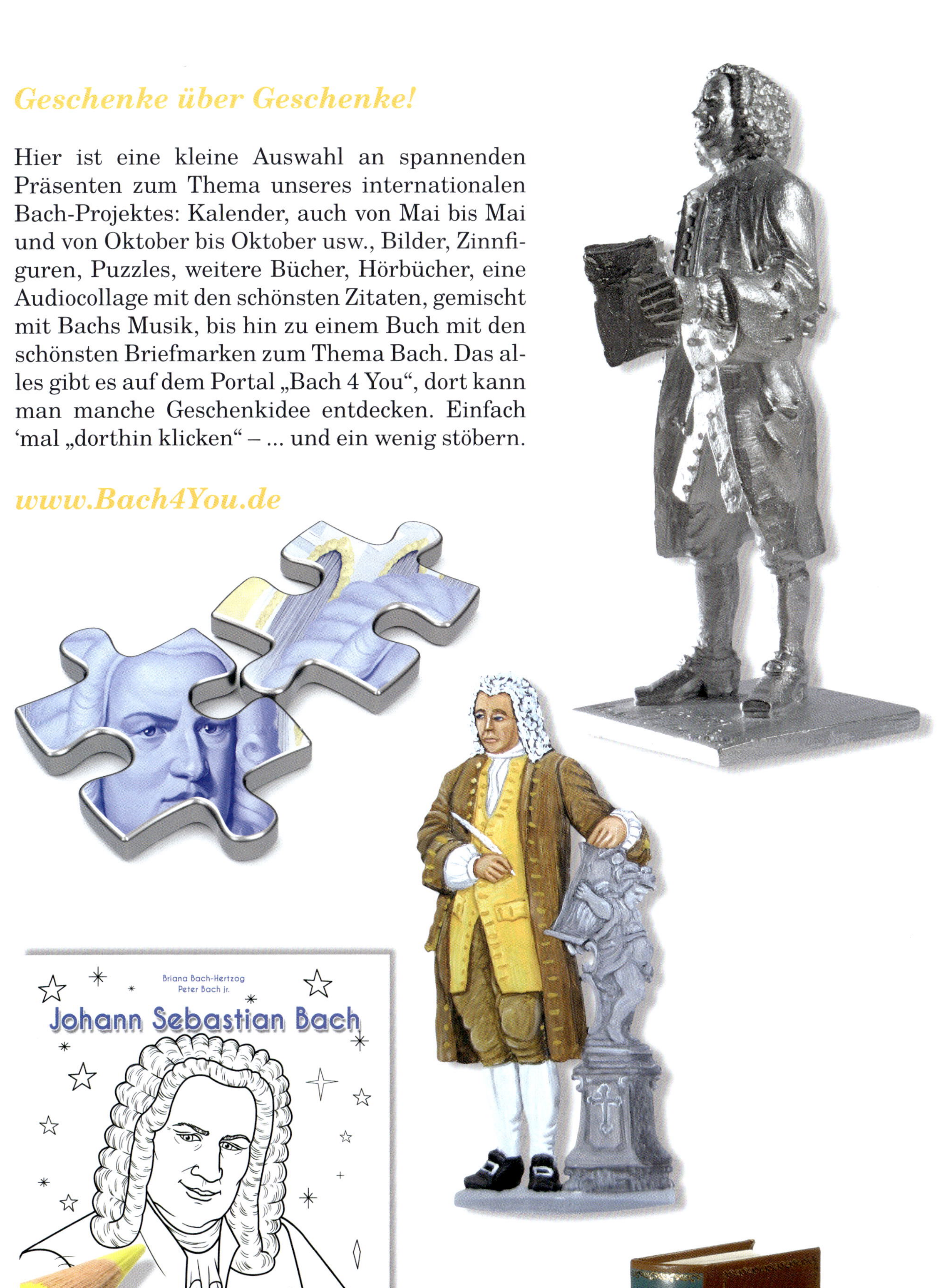

Wichtiger Hinweis: Alle Angaben in diesem Buch wurden mit großer Sorgfalt recherchiert. Im Zweifelsfall sind Eckwerte aktuellen Biografien entnommen. Sowohl in der sehr frühen Genealogie, wie auch einzelne Erlebnisse von J. S. Bach werden von verschiedenen Biografen in verschiedenen Publikationsjahren leicht unterschiedlich dargestellt.